Le monde des
IMPRESSIONNISTES

Le monde des IMPRESSIONNISTES

Les chefs-d'œuvre, les lieux, les hommes et les événements qui les inspirèrent

ROBERT KATZ ET CELESTINE DARS

casterman

LE MONDE DES IMPRESSIONNISTES

Cet ouvrage est l'adaptation française de
"The impressionists in context"
publié en 1991 par
Acropolis Book

Conception et production
Anness Publishing

Desford Road, Enderby
Leicestershire LE9 5AD

Direction éditoriale • Joanna Lorenz
Editeur • Lee Stacy
Graphisme • Atkinson Duckett Consultants
Direction artistique • Tony Paine
Maquette • Fiona Russel

Edition française et traduction
Carine Dechaux et Lillo Canta
Mise en page de la version française • Stéphane Olivier / Monogram

ISBN 2-203-60802-1 (3)
O/ 15204

Imprimé Italie
Dépôt légal : octobre 1994 ; D.1994/0053/227.

Couverture avant : **Monet** *Nymphéas*, **1908, huile sur toile, 91,5 x 81 cm.**
Couverture arrière : **Renoir** *Paysage à Guernesey*, **1883, huile sur toile, 46 x 56 cm.**

SOMMAIRE

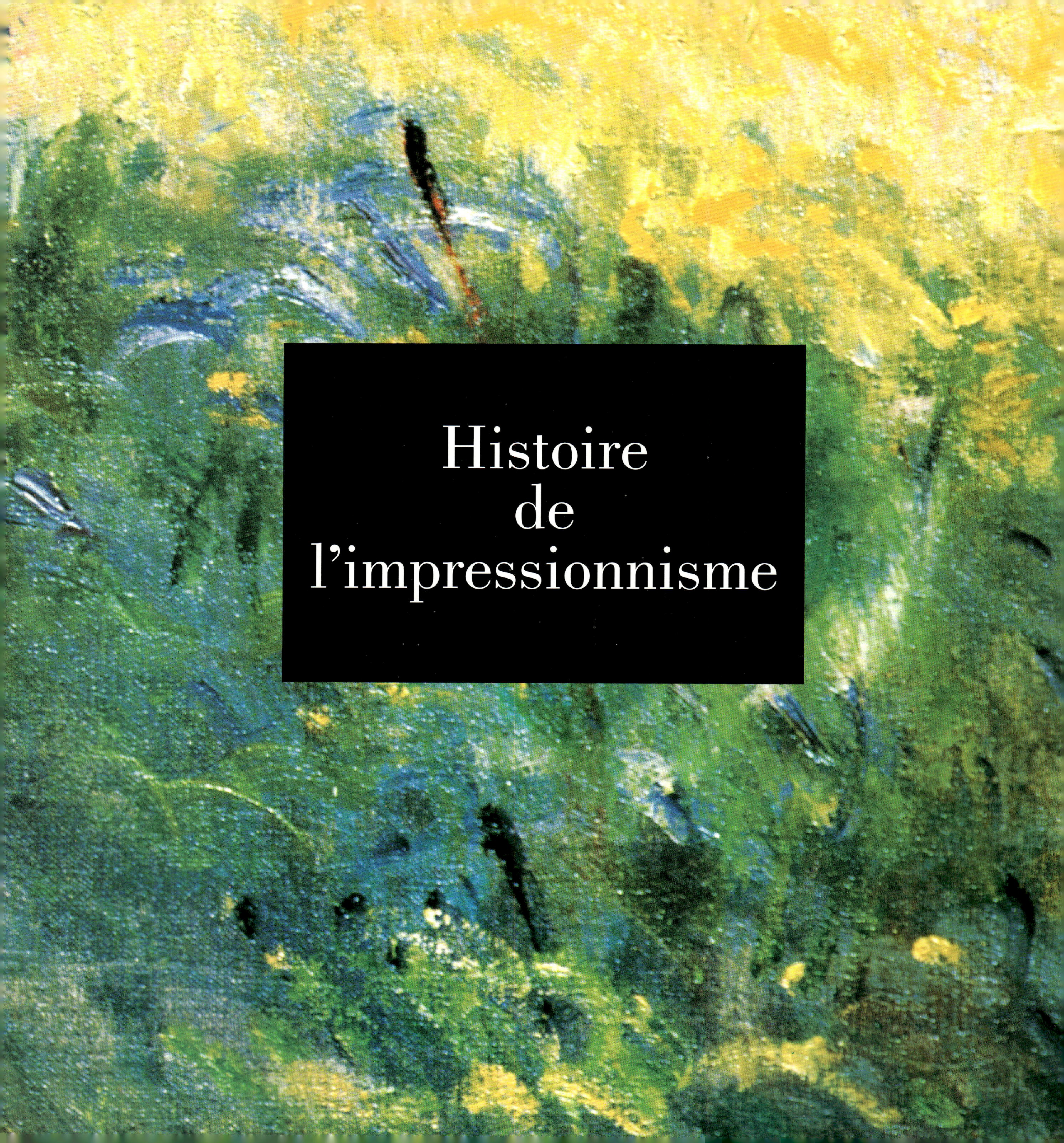

Histoire de l'impressionnisme

L'impressionnisme en France

Les peintres impressionnistes n'ont pas choisi leur appellation. Elle leur a été imposée par un critique hostile à leur art. Malgré l'ironie qu'il recelait au départ, le terme désignera rapidement un groupe d'artistes dont l'intention n'était assurément pas de créer un mouvement artistique radical et uni dans le but de choquer ou de révolutionner l'histoire de l'art. Ils se rencontrèrent à Paris autour des années 1860, soit dans des écoles d'art que tous abandonnèrent, soit dans des cafés. Ils se rendirent compte qu'ils voulaient peindre des paysages, des vues de villes et des scènes de la vie quotidienne d'une manière différente.
Ils décidèrent d'organiser une exposition de leurs œuvres parce qu'aucun d'entre eux n'avait acquis le droit de figurer au Salon, le rendez-vous majeur du marché de l'art parisien dont les jurés étaient notoirement incompétents et réactionnaires.
Si la première exposition du groupe égratigne à peine la toute puissance du Salon officiel, elle cristallise néanmoins l'attention de la critique et pousse les jeunes impressionnistes sous les feux de la rampe. Ils furent laminés par les critiques établis, mais soutenus par certains écrivains comme Baudelaire ou Zola qui considéraient leur peinture comme une révolution radicale et le point de départ de l'ère moderne. Pourtant, les impressionnistes, pour la plupart issus d'une classe moyenne voire bourgeoise politiquement conservatrice, ne cherchaient pas à critiquer la société bouillonnante et en perpétuelle mutation dans laquelle ils vivaient.
Ils demeurèrent fidèles à certains principes esthétiques qui, à quelques exceptions près, les tinrent éloignés de la représentation des scènes de pauvreté extrême causées par l'industrialisation galopante, des explosions de violence ou de guerre qui ponctuaient leur époque.

Jongkind
Le Marché Sainte-Catherine à Honfleur (détail)
1865, huile sur toile
42 x 66 cm
Collection privée

Pissarro
Autoportrait
1873
Amsterdam, Rijksmuseum

Avril 1874 : le choc de la nouveauté

En somme, l'œil impressionniste est dans l'évolution humaine l'œil le plus avancé, celui qui, jusqu'ici, a saisi et rendu les combinaisons de nuances les plus compliquées connues.

Jules Laforgue, 1883

15 avril-15 mai 1874 : la première exposition de la Société anonyme des artistes peintres, graveurs,... ouvre ses portes pendant un mois au 35 du boulevard des Capucines à Paris qui n'était autre que l'atelier du célèbre photographe Félix Nadar qui le leur avait cédé gratuitement. L'exposition est accessible pour un franc de dix heures à six heures en journée et de vingt heures à vingt-deux heures en soirée. Parmi les vingt-neuf exposants, figuraient Paul Cézanne, Edgar Degas, Armand Guillaumin, Claude Monet, Berthe Morisot, Camille Pissarro, Pierre-Auguste Renoir et Alfred Sisley.

L'exposition tourne rapidement au désastre financier. Les membres de la Société anonyme qui organisent l'exposition espèrent que les ventes réalisées soient directement proportionnelles à l'intérêt que le public porte à l'événement. En effet, bien que près de 3 500 personnes visitent l'exposition en un mois, peu de ventes sont réalisées, aucune œuvre de Degas ou de Morisot n'est achetée, tandis que Renoir est contraint de baisser le prix de *La Loge* de 500 à 425 francs pour en assurer la vente. Le public se déplace en nombre par attrait de la nouveauté et pour assister à la gestation de ce nouveau mouvement, de cette "cause célèbre" tant décriée par le monde de l'art.

Louis Leroy, critique et dramaturge mineur, crée, dans le journal satirique *Charivari* du 25 avril 1874, un compte rendu ironique de l'exposition impressionniste sous la forme d'une visite imaginaire qu'il fait en compagnie d'un peintre fictif de paysage, Joseph Vincent. Après avoir implacablement critiqué la plupart des artistes présents à la manifestation, Leroy s'en prend tout particulièrement, portant de la sorte la satire à son sommet, à une peinture de Claude Monet :

Il était réservé à M. Monet de lui donner le dernier coup.
- Ah! le voilà, le voilà! s'écria-t-il devant le numéro 98. Je le reconnais, le favori de papa Vincent! Que représente cette toile? --
- Voyez au livret.
- Impression, soleil levant.
- Impression, j'en étais sûr. Je me disais aussi, puisque je suis impressionné, il doit y avoir de l'impression là-dedans... et quelle liberté, quelle aisance dans la facture! Le papier peint à l'état embryonnaire est encore plus fait que cette marine-là!...

Monet avait choisi le titre de son tableau en toute hâte pour le catalogue de l'exposition, ne voulant pas l'appeler simplement "paysage". En choisissant ce titre, il a permis involontairement à Leroy de bâtir sa fiction ironique. Son article paru dans la revue *Charivari* du 25 avril 1874 est consacré à "l'école impressionniste".

Leroy choisit sans le savoir un titre qui était destiné à lui survivre, et de quelle façon!

Mais que peignent réellement ces "impressionnistes" d'aussi inacceptable? Leroy met en tout cas le doigt sur une des qualités évidentes de leur œuvre. Ceux qu'il faut désormais nommer les "impressionnistes" adoptent une manière de peindre aussi choquante que neuve pour le public de l'époque. Campé devant *Le Boulevard des Capucines* de Claude Monet, le compagnon imaginaire de Leroy déclare :

- Ah! ah! ricana-t-il à la Méphisto, est-il assez réussi celui-là!... En voilà de l'impression, ou je ne m'y connais pas... Seulement veuillez me dire ce que représentent ces innombrables lichettes noires dans le bas du tableau!
- Mais, répondis-je, ce sont des promeneurs.
- Alors, je ressemble à ça quand je me promène sur le boulevard des Capucines? Sang et tonnerre! Vous moquez-vous de moi, à la fin?

Leroy, bien sûr, est capable de comprendre les intentions de l'artiste et ce que le coup de pinceau de Monet entend communiquer, mais l'esthétique du très officiel, respecté et respectable Salon que ce critique véhicule, s'attache avant tout à la finesse, au fini de l'œuvre et à l'observation des convenances en matière du choix des sujets. Le public ne pouvait voir *Le Boulevard des Capucines* ou *Impression, soleil levant* de Monet, ou encore les ballerines de Degas qu'au travers des recommandations officielles et les regarder d'un point de vue conservateur.

Pour beaucoup, les tableaux impressionnistes se résumaient à des taches, des coups de pinceau et des éraflures chargés de pigments colorés. En acceptant de regarder les œuvres à une certaine distance, le public aurait deviné des formes intelligibles. La technique impressionniste (en réalité chacun des impressionnistes développait la sienne propre), alliant à la fois une nouvelle conception de la couleur à l'originalité des sujets, principale cause de l'échec de la première exposition, fut la risée du Tout-Paris.

De nos jours, l'impressionnisme représente une étape décisive de la révolution artistique qui, depuis le scandale que provoqua *Le Déjeuner sur l'herbe* d'Édouard Manet au début des années 1860, donna réellement naissance à l'art moderne.

Au début de ces années, Frédéric Bazille, Monet, Renoir et Sisley se rencontrent à Paris dans l'atelier du peintre suisse Charles Gleyre, tandis que Pissarro y côtoie Monet et Cézanne. L'impressionnisme créatif ne dura tout au plus qu'une bonne décade après laquelle une forme stylistique diluée de l'impressionnisme fut adoptée par de nombreux peintres suiveurs plutôt que créateurs. Son influence néanmoins se marque encore aujourd'hui.

La tenue d'une exposition indépendante en dehors du Salon – l'exposition annuelle de l'Académie des beaux-arts qui se tenait dans les salons d'Apollon du Louvre et ensuite au Palais de l'Industrie – ravivait la discussion autour de la légitimité d'une telle institution de plus en plus remise en question. Jusque-là, l'Académie des beaux-arts décidait seule de la participation d'un peintre au Salon. Sans cette consécration officielle, l'œuvre d'un artiste n'avait aucune chance d'être vue par la bourgeoisie qui constituait le seul public potentiel de l'époque.

En outre, le système d'apprentissage auprès d'un maître qui préparait les élèves à l'École des beaux-arts, la voie royale vers l'Académie, était la seule piste possible que pouvait emprunter un artiste pour apprendre et espérer faire une carrière conçue sous le patronage des institutions conservatrices et des maîtres reconnus officiellement. Paradoxalement, l'insistance de Leroy sur le terme "impression" assura la postérité d'un groupe d'artistes qui rejetaient en bloc le Salon qui les avait si souvent écartés.

Ce que le public peu imaginatif et les critiques comme Leroy trouvaient grossier, peu soigné et insignifiant dans les œuvres impressionnistes exhibées dans l'atelier de Nadar correspond exactement à ce qu'apprécieront les

Fantin-Latour
Portrait d'Edouard Manet
1867
Chicago, Art Institute

générations futures. Jules Laforgue (qui mourut trois ans plus tard à l'âge de 37 ans) écrivait en 1883, en guise de présentation à une exposition consacrée à Pissarro, Degas et Renoir à Berlin un remarquable essai sur les impressionnistes.

Il y évoque les qualités fondatrices de l'impressionnisme, le considérant comme un phénomène vital et durable. Le poète attache une attention particulière à la manière dont les impressionnistes parviennent à rendre sur la toile les variations lumineuses et colorées, ainsi que les transformations des formes transmises directement à l'œil de l'artiste à un moment particulier.

Renoir
Portrait de Claude Monet
1875
huile sur toile
85 x 60 cm
Paris, musée d'Orsay

Dans un paysage baigné de lumière dans lequel les êtres se modèlent comme des grisailles colorées, où l'académique ne voit que la lumière blanche, à l'état épandu, l'impressionniste la voit baignant tout non de morte blancheur, mais de mille combats vibrants, de riches décompositions prismatiques.
Où l'académique ne voit que le dessin extérieur enfermant le modelé, il voit les réelles lignes vivantes sans forme géométrique, mais bâties de mille touches irrégulières qui, de loin, établissent la vie.
Où l'académique voit les choses se plaçant à leurs plans respectifs réguliers selon une carcasse réductible à un pur dessin théorique, il voit la perspective établie par les mille riens de tons et de touches, par les variétés d'états d'air suivant leur plan non immobile, mais remuant.

L'art du Second Empire

"Arrêtez, Monsieur le Président, c'est ici le déshonneur de la France!"
J.L. Gérôme au président Loubet, 1900

Pissarro, Manet, Degas, Sisley, Monet, Bazille et Morisot sont tous nés entre 1830 et 1841, période pendant laquelle des événements dramatiques et bouleversants eurent lieu en France. À la fin de 1830, le roi Charles X abdique à la suite de la révolution parisienne de juillet et est remplacé par le duc d'Orléans Louis-Philippe qui assuma le rôle de lieutenant-général de la France. Louis-Philippe, bien qu'il poursuit une politique du juste milieu, vécut un règne pénible et fut contraint d'abdiquer en 1848, lors de la grande révolution parisienne qui marqua l'avènement de la Seconde République; cette république qui proclama le Suffrage universel et l'Abolition de l'esclavage.

En décembre 1848, Louis-Napoléon, neveu de Napoléon Ier, fut élu président de la République. Trois ans plus tard, après le coup d'État de 1851, Louis-Napoléon devint l'empereur Napoléon III. Il marqua le début de son règne par la liquidation de la dissidence et la suppression de la presse, tandis que dans le même temps il régularisait le prix du pain et encourageait le développement de l'industrie et du commerce. La France, en retard sur certains pays européens, connut, sous le règne de Napoléon III, un développement des institutions bancaires telles que le Crédit agricole, le Crédit lyonnais et le Crédit mobilier, ainsi que des chemins de fer et des usines. En tant que responsable des arts et de la peinture en particulier, Napoléon III et son ministre des Arts, le comte de Nieuwerkerke, promulguent des réformes, mettent en place un système pratique de patronage et d'éducation et favorisent la production artistique par de nombreuses commandes publiques.

En 1863 eut lieu le Salon des Refusés, une manifestation regroupant les peintures précisément "refusées" par le Salon officiel. Cette réaction, en discréditant le pouvoir et l'autorité des critiques officiels, marque le début d'une nouvelle ère artistique plus libre. Napoléon III en porte une certaine responsabilité car, s'il favorise le style académique léché pétri de références érudites classiques et centré sur des sujets bibliques, certains peintres romantiques tels que Delacroix auront la possibilité de mener une brillante carrière sous son règne. L'empereur jeta toutefois l'anathème sur les peintres réalistes dont les œuvres consacrent des "sujets communs" qui se manifestent essentiellement sous la houlette du bouillant, et socialiste de cœur, Gustave Courbet.

Le nouveau courant artistique qui succède à Courbet tire ses sujets non seulement de la nature mais aussi de la classe moyenne prospère qui constitue le fondement du Second Empire. *La Musique aux Tuileries* d'Édouard Manet, peinte en 1862, est considérée comme une des premières peintures de la vie contemporaine urbaine décrivant les loisirs de la classe moyenne composée de travailleurs et d'artistes. Ce spectacle est représentatif d'une nation qui, grâce à la politique menée par Napoléon III, est devenue suffisamment compétitive sur le plan économique pour profiter de sa nouvelle réussite et de sa confiance en elle.

Pour faire progresser son pays, Napoléon III a entrepris une série de guerres victorieuses contre l'Autriche, la Russie et la Chine. Les Expositions universelles organisées à Paris en 1855 et 1867, pour faire concurrence à l'Exposition britannique de 1851, proclament haut et fort au pays et au monde entier qu'il faut compter désormais avec la France. Hélas, les caprices de l'histoire française sont liés à Napoléon III. En 1870, au moment où il vient de prendre des mesures de libéralisation politique, il juge à tort que le pays est prêt pour se lancer dans une nouvelle guerre contre la Prusse, sous un prétexte diplomatique. Les Français étaient tellement convaincus que la victoire leur était acquise qu'ils envoyèrent les officiers au front avec de simples cartes de la Prusse. Désorganisée, mal dirigée, et sous-équipée face aux redoutables pièces d'artillerie Krupp tant admirées lors de l'Exposition de 1867 à Paris, les armées françaises subirent de lourdes défaites qui se soldèrent par des pertes territoriales importantes, comme celle de l'Alsace-Lorraine. Les Prussiens entraient dans Paris en septembre 1870, signant ainsi la chute imminente du Second Empire. Après le défilé des troupes ennemies dans la capitale et les tentatives du gouvernement républicain pour désarmer la Garde nationale, la ville devint le théâtre d'une nouvelle révolution, se concluant par la Commune de 1871. Année terrible selon Victor Hugo, cette révolution dirigée contre le gouvernement se termina par un véritable massacre. En une semaine de guerre civile, vingt mille habitants furent abattus dans les rues de ce qui avait été la "Ville Lumière" et la capitale éblouissante de l'Europe. Deux ans à peine avant que Monet n'expose *Le Boulevard des Capucines*, les boulevards parisiens étaient spoliés de leurs arbres qui allaient finir en bois de chauffage. Les animaux des zoos, y compris les éléphants mais non les rhinocéros (aucun boucher n'ayant les moyens de les acheter), comme les meilleurs chevaux de course, furent consommés par les habitants affamés. Pourtant, les impressionnistes furent à peine ébranlés par ces événements. Aucune trace de ces bouleversements dans leurs peintures, la plupart ayant songé à fuir pour éviter la guerre; seuls Manet et Degas étaient restés à Paris. Manet, anti-impérialiste depuis son adolescence, est le seul à avoir évoqué les événements sanglants de la Commune. Mais il est vrai que Manet et Degas entretenaient une relation particulière avec le reste du groupe.

Degas
Autoportrait au porte-fusain
1854 / 1855
huile sur toile
81 x 64 cm
Paris, musée d'Orsay

Renoir
Autoportrait
vers 1875
Williamstown, Clarck Institute of Art

Mary Cassatt
Autoportrait
vers 1895
New York, Metropolitan Museum of Art

La guerre franco-prussienne et le soulèvement sanglant mais très bref suivi de la chute de la Commune de Paris, marquent la fin du second Empire. L'enfance et l'adolescence des impressionnistes se sont déroulées parallèlement aux changements importants que connut la France, comme la construction à large échelle d'un chemin fer susceptible de rivaliser avec les réseaux anglais et allemand. Entre 1851 et 1859, le chemin de fer français avait multiplié par trois l'étendue de son réseau, facilitant une expansion industrielle en même temps qu'il permettait des communications rapides. Avec des conséquences pour les impressionnistes comme pour les peintres de plein air qui les précédèrent, car le développement du chemin de fer rendait la campagne accessible au citadin. Durant le second Empire et même sous la Troisième République, les grandes villes françaises changèrent de visage, et Paris en particulier, alors que la France rurale ne subissait que de très rares aménagements, excepté ceux d'une industrie chimique aléatoire, dont on devine parfois, rarement, la présence dans les fonds des paysages impressionnistes.

En 1853, Napoléon III avait chargé le préfet de Seine, le baron Georges-Eugène Haussmann, de la reconstruction de Paris. Il se lança dans cette entreprise avec la folie des grandeurs, soucieux de transformer une ville aux rues étroites et engorgées, aux quartiers moyenâgeux, équipée d'un système de transport et d'une infrastructure sanitaire totalement inefficaces – ville, qui plus est, où la bourgeoisie côtoyait la classe la plus miséreuse – en une capitale moderne de l'Europe. Haussmann construisit de grands égouts, qui malheureusement n'écoulaient que les eaux de pluie, et rasa des quartiers entiers du centre de la ville pour dessiner à leur place de larges boulevards avec des trottoirs, des chaussées et des arbres, ce qui devait permettre, en cas de soulèvement populaire, d'exercer un meilleur contrôle. Haussmann déroula ainsi près de quinze kilomètres de nouvelles routes, y compris la rue de Rivoli et le boulevard Saint-Michel. Tout au long de ces boulevards, se dressèrent à une allure stupéfiante des bâtiments modernes dont la hauteur et le style devaient être conformes aux prescriptions du gouvernement. Pendant plus d'une décennie, Paris fut un haut lieu d'architecture, regorgeant de nouveaux immeubles, routes, boulevards et squares. Pour les impressionnistes, la transformation de la cité et de ses banlieues était l'endroit idéal pour créer un art nouveau et moderne, endroit dans lequel l'écrivain Edmond de Goncourt se sentait "étranger à ce qui vient, à ce qui est, comme à ces boulevards nouveaux sans tournant, sans aventures de perspective, implacables de ligne droite, qui ne sentent plus le monde de Balzac, qui font penser à quelque Babylone américaine de l'avenir."

Ils étaient plus fascinés qu'effrayés par le nouveau visage urbain. Les perspectives à perte de vue offertes par les boulevards, la gare Saint-Lazare et les ponts de chemin de fer enjambant les banlieues devinrent les sujets de leurs paysages urbains. L'"Haussmannisation" signifiait en réalité un embourgeoisement de Paris, bannissant du centre de la ville les classes paupérisées. Cependant, derrière ces rues attirantes, se cachaient les bas quartiers de plus en plus à l'étroit et miséreux. Des centaines de milliers de travailleurs avaient dû se reloger dans les banlieues industrialisées et dans les quartiers pauvres, comme Belleville et Menilmontant où ils vivaient mieux qu'auparavant, bien que dépossédés de leur ville.

Dès la fin des troubles provoqués par les bombardements de l'armée prussienne et par la guerre civile, Paris redevint la Ville Lumière qu'elle avait été quelques années auparavant. En 1874, il était difficile d'imaginer que les chiens et les rats avaient été au menu des Parisiens. Même si des combats sporadiques subsistaient encore, la croissance économique du Second Empire reprend sous le couvert de la République. Paris se taille une place de choix dans le concert artistique européen. Les impressionnistes tanguaient entre modernité et tradition. L'impressionnisme était une rupture radicale et choquante avec les conceptions artistiques qui avaient prévalu jusque-là et le point culminant, sans en marquer la fin, d'une série de nouvelles manières de voir.

L'art abstrait du XXe siècle est issu d'expériences artistiques contemporaines comme l'impressionnisme l'était par rapport à Courbet, Corot, Delacroix, Constable et les maîtres anciens. Nous sommes de nos jours envahis par des images impressionnistes, héritage d'une très courte période de l'histoire de l'art qui a persisté dans les voies les plus diverses. Il n'y a pas un mur, une tasse, une carte postale, un puzzle ni même une boîte de chocolats qui ne soit décorée d'une reproduction d'une ballerine de Degas, d'une barmaid de Manet, d'une jeune fille de Renoir sur une escarpolette ou d'une meule de foin de Monet. Parce qu'elles s'ouvrent aux plaisirs révolus des étés parisiens et qu'elles donnent un éclairage séduisant de ce siècle voué au post-modernisme, ces images sont éternelles. Ce sont aussi les chefs-d'œuvre d'une époque capitale et révolutionnaire dans le domaine artistique, ouverte à tous les possibles.

Le sentiment d'émerveillement des impressionnistes face à leur univers s'est mué, au fil des ans, en une image confortable d'une époque révolue. Bien qu'il soit facile de penser qu'avant Monet, Renoir, Sisley et Pissarro, la lumière n'avait jamais été analysée en termes de couleurs prismatiques, que les ombres n'avaient jamais été bleues ou rouges, de fait, cette vision existait déjà potentiellement dans la première moitié du XIXe siècle. Cependant, il est certain que peu après l'apparition de ce groupe d'artistes, les ombres bleues et les cieux verts sont devenus des lieux communs dans le vocabulaire artistique.

Les impressionnistes, ainsi dénommés à la suite de la boutade d'un critique d'art hostile, n'ont jamais publié de manifeste collectif. Ce nom désigne un groupe d'individus qui, pendant une courte période, ont cru que le moment était arrivé d'affirmer une nouvelle conception du monde. Ils firent un bout de chemin ensemble, bien que d'origines sociales très différentes, depuis les patriciens Manet et Degas jusqu'à Renoir, issu de la classe ouvrière, et se dispersèrent dans la France entière. Tous se trouvaient à Paris pendant une période cruciale de l'histoire française; ils se connaissaient, travaillaient ensemble et vivaient fréquemment l'un chez l'autre. Parmi eux, Monet, Sisley et Pissarro désiraient avant tout peindre des paysages. Les autres, Manet, Degas et Renoir, s'intéressaient davantage à la figure humaine et à la vie dans la ville et ses faubourgs. À leur époque, ils étaient accusés d'être des révolutionnaires; leurs défenseurs les tenaient comme les visionnaires d'un monde moderne, nouveau. Leurs détracteurs soutenaient qu'ils avaient perverti des siècles d'idéaux artistiques et de techniques éprouvées.

En un sens, les impressionnistes étaient effectivement des révolutionnaires de par l'utilisation qu'ils firent de la couleur, par le choix des sujets et les méthodes d'exposition et leur revendication du droit de restituer le monde tel qu'ils le voyaient. L'histoire des impression-

Manet
Berthe Morisot au manchon
vers 1869
huile sur toile
73,6 x 60 cm
Cleveland, Museum of Art

nistes est, comme on le constate, noyée sous les contradictions.

Édouard Manet (pour lequel, comme Degas, le terme d'impressionniste ne peut être employé qu'avec une extrême prudence), bien qu'il ait toujours soutenu les jeunes artistes comme Monet, Sisley ou Renoir, n'a jamais pris part aux expositions impressionnistes qui scandalisaient le public. Pourtant, il avait lui aussi fait sensation dix ans plus tôt avec son *Déjeuner sur l'herbe*. Mais s'il fut considéré comme leur chef de file, seule la reconnaissance officielle du Salon l'intéressait. Degas, de la même génération que Manet, participa de 1874 à 1886 aux huit expositions impressionnistes. Monet, Renoir et Sisley s'étaient retirés des expositions dès la fin des années 1870 et Pissarro, politiquement le plus révolutionnaire, se refusait à abandonner Degas (archiconservateur et antisémite notoire) et les expositions malgré que les autres l'en aient supplié. Malgré tous ces paradoxes, il y eut en France, pendant une période très brève mais capitale pour le cours de l'histoire de l'art, un mouvement, une "académie" aux structures vagues et informelles dont les membres s'enrichissaient mutuellement.

À la mort de Claude Monet en 1926, l'impressionnisme était dépassé depuis longtemps – les nouvelles forces s'étant mises à l'œuvre dès 1880. L'époque de Monet et des impressionnistes avait été, pour la France, celle des révolutions, la montée et la chute du Second Empire et l'établissement de la Troisième République. La révolution industrielle commençait à se marquer clairement et Paris avait été reconstruit entièrement après la défaite contre la Prusse et la crise économique. La révolution impressionniste était intimement liée à celle du monde dans lequel ils vivaient. Des innovations, en apparence aussi superficielles que celle de la fabrication quasi industrielle de la peinture à l'huile conditionnée en tubes d'étain, avaient libéré l'artiste des contraintes de l'atelier. Monet avait peint *Le Boulevard des Capucines* depuis la fenêtre de l'atelier de Nadar qui surplombait le boulevard et ainsi inauguré une nouvelle perspective.

Durant les dernières années du XIXe siècle, le style impressionniste s'était largement répandu et avait évolué vers le néo-impressionnisme et le post-impressionnisme. Mais les ondes de choc de l'impressionnisme n'en finissaient pas de se répercuter. En 1900, presque un quart de siècle après la première exposition impressionniste, l'académicien Gérôme, l'un des artistes les plus glorieux de son siècle, lors d'une visite guidée de l'Exposition universelle qu'il commentait en l'honneur du président Loubet, s'arrêta sur ces mots: "Arrêtez, Monsieur le Président, c'est ici le déshonneur de la France."

Monet
La Maison de l'artiste
à Argenteuil
1872
huile sur toile
61 x 74 cm
Chicago, Art Institute

La naissance de l'impressionnisme

Certains courants picturaux du début du XIXe siècle eurent une influence déterminante dans le développement ultérieur de l'impressionnisme. De 1800 à 1830, les paysagistes hollandais et anglais ont joué un rôle marquant sur la peinture de paysage en France et sur l'art en général. Eugène Delacroix – qui influença plusieurs impressionnistes, en particulier Renoir – donna, dans ses tableaux exotiques, un nouvel éclat à la couleur et une virtuosité à son pinceau, révélant ainsi son admiration pour Constable. L'école de Barbizon, formée de peintres attachés à la peinture en plein air, s'essaya au naturalisme dans et aux alentours de la forêt de Fontainebleau.

Ces derniers furent les précurseurs de Monet et de Pissarro, profondément marqués en outre par les œuvres d'Eugène Boudin et de Johan Jongkind.

Vers le milieu du siècle, les réalistes, Courbet en tête, rejetèrent la nature imaginaire et romantique de Delacroix... Toutes ces tendances déterminèrent un contexte propice à l'épanouissement de l'impressionnisme.

En 1863, le Salon officiel refusa un tel nombre d'œuvres qu'une exposition des œuvres refusées s'ouvrit en marge, à la suite d'une réaction populaire. Édouard Manet provoqua un scandale avec son *Déjeuner sur l'herbe*, dans lequel il traite un sujet classique sous une forme moderne, d'une manière choquante. Il devint ainsi, à contrecœur, le chef de file de la jeune génération des Monet, Renoir, Sisley et Bazille qui s'étaient rencontrés l'année précédente dans l'atelier de Charles Gleyre et formèrent le noyau de l'impressionnisme.

Corot
Paysage à Mornex en Savoie (détail)
huile sur toile, 40 x 61,5 cm
collection privée

1820 - 1863 : Du paysage anglais au Salon des Refusés

Mais je sentais qu'au contraire cette couleur n'était ni inertie, ni caprice, mais nécessité et vie. Bientôt s'amoncelèrent derrière elle des réserves de lumière.

Marcel Proust

Monet, Pissarro, Sisley et Renoir, qui s'étaient rencontrés à Paris au début des années 1860, avaient en commun une admiration pour la génération précédente, celle des peintres de paysage qui avaient quitté leurs ateliers pour peindre en plein air dans la campagne parisienne. Afin de retracer les origines immédiates de l'impressionnisme, phénomène artistique né en France, il est utile de reconsidérer les paysagistes anglais et l'engouement que provoqua, sur des artistes romantiques français du début du XIXe siècle comme Eugène Delacroix et Théodore Géricault, la rencontre avec les expériences à l'huile et à l'aquarelle des paysagistes anglais tels que John Constable, J.M.W. Turner et Richard Bonington.

En 1820, l'écrivain français Charles Nodier, dont le salon était un lieu important d'échanges d'idées et d'informations pour le monde artistique, se trouvait à l'exposition d'été de la Royal Academy de Londres. Dans son journal, sous le titre "De Dieppe aux montagnes d'Écosse", il livre son opinion sur cette exposition:

Dans la peinture, le paysage et la marine sont les genres où les Anglais ont le moins de rivaux en Europe. C'est comme dans la nature, et chacun affectionne les richesses de son pays. Quelques-uns de leurs tableaux surpassent presque toutes les idées qu'on peut se faire de la perfection en ce genre; mais la palme de l'exposition est due à un grand paysage de Constable, auquel les maîtres anciens et modernes ont peu de chefs-d'œuvre à opposer. De près, ce sont de larges empâtements de couleurs mal étendues qui offensent le tact à l'égal de la vue, par leur grossière inégalité. De quelques pas, c'est une campagne pittoresque, une maison rustique, une rivière basse dont les petits flots blanchissent sur les cailloux, un char de paysans qui traverse le gué. C'est de l'eau, c'est du ciel...

Lorsque Delacroix vit *La Charrette de foin* au Salon de Paris en 1824, il fut tellement impressionné par la transparence et la brillance du ciel, des arbres, de la terre et de l'eau qu'il reprit aussitôt ses *Massacres de Scio*, un tableau pourtant achevé, pour le retravailler par additions de glacis et de couches de purs pigments de différentes couleurs, dans l'espoir de créer le même effet que le tableau de Constable. L'usage de la couleur et la technique de flochetage de ce dernier, consistant à répartir des éclats de couleurs pour rehausser les formes, furent développés plus tard par les impressionnistes.

Théodore Géricault, romantique comme Delacroix, avait vu *La Charrette de foin* deux ans avant Delacroix à Londres et il avait exprimé son étonnement à Delacroix et à d'autres peintres dès son retour à Paris. L'enthousiasme de Nodier, le choc éprouvé par le critique Delécluze, qui admettait qu'en regard de *La Charrette de foin*, le paysage français était "lourd, insensible et faussé", et enfin l'intérêt que portèrent techniquement Delacroix et Géricault à l'œuvre de ces paysagistes anglais, constituent des jalons essentiels sur la route qui conduit à Monet et Pissarro.

Entre 1820 et 1830, Delacroix et ses contemporains s'intéressent particulièrement aux esquisses de Constable, Turner et Bonington. Afin de capter "avec une perception pure d'un effet nature" les changements incessants dans la qualité des ombres et des lumières, Delacroix observe que dans la nature "la lumière et l'ombre ne sont jamais immobiles". Par conséquent, les peintres romantiques français prirent l'habitude d'exécuter des esquisses à l'huile ou à l'aquarelle - sans que cela implique une manière superficielle. Bien que les "connaisseurs" et les Salons ne leur aient attribué aucune valeur, ces esquisses ont contribué au changement dans la manière de voir le monde autant que de la technique mise en œuvre pour représenter celui-ci. Elles révèlent à un degré remarquable la totalité de vision de l'artiste et d'observation et sont aujourd'hui généralement plus appréciées que les œuvres achevées qui leur succédaient. Delacroix et ses pairs acceptaient pourtant la perte de vitalité, conséquence inéluctable du passage de l'esquisse réalisée en plein air à l'œuvre achevée en atelier. Jusqu'aux années 1820, c'est-à-dire lorsque les œuvres de Constable et des autres paysagistes anglais produisirent leur impact, la peinture française de paysage se targuait d'un passé honorable, quoique ennuyeux. Il est communément admis, à tort, que l'Académie de Paris ne promouvait pas la peinture de paysage. Pourtant, après que les artistes eurent exigé pendant plusieurs années que l'on reconnaisse enfin le genre du paysage, l'École des

Bonington
Le Bassin d'eau à Versailles,
vers 1820
huile sur toile, 43,5 x 54,5 cm
Paris, musée du Louvre
Evitant les clichés, Bonington esquisse les symboles touristiques à l'arrière-plan. Tout est subordonné à l'évocation de l'espace et des volumes.

Constable
Une ferme parmi les arbres, au pied d'un talus
vers 1830
huile sur papier marouflé sur toile
Londres, Victoria and Albert Museum
Exemple de l'approche du paysage par Constable. Le caractère esquissé d'œuvres telles que celle-ci eut une grande influence sur les jeunes peintres français du milieu du XIXe siècle.

beaux-arts crée en 1817 le prix de Paysage historique, un concours quadriennal. Bien que ce dernier ait été supprimé en 1863 - date historique pour les impressionnistes, puisque c'est cette année-là que s'ouvre le premier Salon des Refusés - l'enseignement du paysage suscitait un intérêt croissant au moment où *La Charrette de foin* de Constable était montrée à Paris en 1824.

Ce prix concernait exclusivement le paysage historique et non le paysage d'après nature ou le "paysage champêtre". Pour concourir, les élèves devaient choisir un thème biblique ou classique "d'un type noble ou historique"; les figures ne pouvaient excéder une certaine hauteur afin de ne pas prendre l'avantage sur le sujet réel du tableau, en l'occurrence le paysage. Malgré ces prescriptions, l'enseignement académique du paysage d'après nature n'était pas en retard sur son époque, faisant écho aux recherches de Constable et présageant les théories des impressionnistes. J.B. Deperthes, qui publie sa *Théorie de paysage* en 1818, enseigne aux élèves que le but de la peinture de paysage est de représenter la lumière qui l'inonde au moment précis que l'artiste choisit.

Selon Pierre-Henri Valenciennes - un des fondateurs du prix de Paysage historique - sous la férule duquel Deperthes avait étudié, une étude pour un paysage devait être réalisée d'après nature en deux heures, et s'il s'agissait d'un lever ou d'un coucher de soleil, ce travail ne devait pas prendre plus d'une demi-heure.

Ces deux enseignements n'auraient pas été déplacés dans un manuel consacré à l'impressionnisme. Même des peintres de paysages comme Constable, Bonington, Valenciennes et Deperthes se voyaient contraints de terminer leurs tableaux dans leur atelier. Un tableau réalisé en plein air ne pouvait être considéré comme achevé. En effet, lorsqu'il termine sa *Charrette de foin* dans son atelier londonien, Constable devait dépêcher un apprenti, au fin fond de l'East Anglia, pour qu'il réalise des dessins de la charrette éponyme. Dès son retour, Constable pouvait compléter sa composition. C'était là la méthode la plus efficace.

Les déplacements dans le pays et l'idée qu'une esquisse réalisée en plein air pût être une fin en soi ne furent possibles que grâce à un groupe de peintres connus sous le nom d'école de Barbizon, du nom d'un village situé dans la Forêt de Fontainebleau, au sud-est de Paris. Cette forêt, ainsi que la plaine de Chailly toute proche fournissaient des emplacements aux peintres depuis le milieu du XVIIIe siècle et Valenciennes préconisait d'ailleurs de la substituer à la campagne romaine, paysage tenu en haute estime par les défenseurs d'une position classique.

Constable
La Charrette de foin
1821
huile sur toile
130 x 185,5 cm
Londres, National Gallery
Les paysagistes anglais furent admirés par Delacroix et Géricault pour leur naturalisme dramatique. Delacroix retravailla son tableau Les Massacres de Scio *après avoir étudié le paysage de Constable au Salon de 1824. Ce dernier fut une source d'inspiration pour les peintres de l'école de Barbizon et leurs successeurs, les impressionnistes.*

Lorrain
Ascanius chassant le cerf de Sylvia
1682
huile sur toile
120 x 150 cm
Oxford, Ashmolean Museum
Claude Lorrain fut le maître incontesté du paysage "domestiqué", visant à restituer l'harmonie parfaite de la nature.

Courbet
L'Entrée du détroit de Gibraltar
1848
huile sur toile
18 x 26 cm
Cincinnati, Museum of Art
Les esquisses rapidement brossées n'étaient pas destinées à forcer l'admiration du public, mais l'esthétique de l'esquisse et de l'étude gagna du terrain parmi les paysagistes français vers le milieu du XIXe siècle.

Corot
La Campagne romaine avec l'aqueduc claudien
vers 1826/1828
huile sur toile
21,5 x 33 cm
Londres, National Gallery
Le paysage romain était le paysage classique par excellence enseigné à l'École des beaux-arts. Sa forme idéalisée servira de réservoir à d'innombrables paysages académiques de l'époque.

Troyon
Soir à Barbizon
1859
huile sur toile
66 x 88 cm
Egham, Royal Holloway College
Le jeune Monet s'est particulièrement intéressé aux effets de lumière rendus dans des œuvres comme celle-ci. A l'occasion de l'une de ses premières visites au Salon, il écrivit à son maître et ami Eugène Boudin que les paysages de Troyon l'avaient ravi. Troyon étant l'ami de Boudin, conseille à Monet d'entrer dans l'atelier de Thomas Couture, conseil que Monet ne suivra pas immédiatement.

Entre 1830 et 1850, un groupe de paysagistes, parmi lesquels Constant Troyon, Théodore Rousseau, Virgile de la Peña, François Daubigny, François Millet et Jean-Baptiste Corot, s'installèrent parfois dans cette région pour de longues périodes. Acharné à la peinture de plein air, Daubigny se fit construire un atelier-bateau dans le but de peindre sur place les rives de l'Oise (son exemple sera suivi plus tard par Monet). En 1891, Frédéric Henriet, dans sa biographie *Les Campagnes d'un paysagiste,* décrit Daubigny luttant contre les éléments, après avoir solidement arrimé sa toile au sol, exposé aux quolibets enfantins et aux cornes du bétail, jusqu'à ce que son tableau soit complètement achevé. S'il avait choisi un ciel rempli de nuages poussés par un vent fort, il était toujours prêt à saisir les conditions climatiques qui correspondaient à ce qu'il était occupé à peindre.

L'école de Barbizon est autant redevable aux paysagistes anglais que ne le fut Delacroix,

Delacroix
La Mer du haut des falaises à Dieppe
huile sur toile
collection privée
C'est le type de paysages que Monet voulait s'approprier. Il est remarquable que Delacroix ne s'intéressa pas seulement aux figures exotiques ou romantiques.

même si au sens historique cette manière de peindre s'érigea rapidement en réaction au romantisme de Delacroix et de Géricault, qui ne s'étaient pas intéressés au paysage en tant que genre ou méthode. À peine les romantiques avaient-ils contesté le pouvoir gangrenant du néo-classicisme, tel qu'il était représenté par David et Ingres et enseigné à l'École des beaux-arts, que déjà la peinture de paysage pour elle-même rejetait l'érudition des sujets néo-classiques comme l'extravagance romantique.

Même s'ils admiraient les peintres anglais contemporains, les peintres de Barbizon étaient imprégnés de l'œuvre des paysagistes hollandais du XVIIe siècle, en particulier Van Ruys-

Daubigny
Le Printemps
1857
huile sur toile, 96 x 193 cm
Paris, musée du Louvre
Cette peinture, qui constitue un parfait exemple du paysage de l'école de Barbizon, fut exposée en 1857 au Salon qui venait d'être transféré cette année-là du Salon d'Apollon du Louvre vers le vaste Palais de l'Industrie.

Millet
La Récolte de pommes de terre
1858
huile sur toile, 54 x 65 cm
Baltimore, Walters Art Gallery
La dignité du travail paysan fut le thème de prédilection de Millet, quoique traité de manière sentimentale. Pissarro et, plus tard, Van Gogh, furent influencés par ses représentations des conditions de vie difficiles des paysans. L'œuvre de Millet ne jouissait pas des faveurs du public qui préférait les paysages et les paysans idéalisés.

Rousseau
Le Village de Becquigny
1857
huile sur toile, 63,5 x 100 cm
New York, Frick Collection
La ressemblance avec l'œuvre de Meindert Hobbema peut être une coïncidence, quoique de nombreux artistes visitaient assidûment les musées où ils apprenaient beaucoup en contemplant l'œuvre de leurs prédécesseurs. Baudelaire, cependant, critiqua Rousseau pour son absence de vision personnelle: "Il veut être précis et faire quelque chose de remarquable. Une photographie colorée doit être son idéal."

dael et Hobbema. Théophile Thoré, directeur de l'Académie, qui avait soutenu Rousseau et réalisé une étude sur l'art hollandais, les encourageait en ce sens.

De son côté, le comte de Nieuwerkerke, directeur général des Musées nationaux après 1849, confirme ce que beaucoup pensent lorsqu'il décrit l'école de Barbizon dans des termes incandescents :

C'est de la peinture de démocrates, de ces hommes qui ne changent pas de linge, qui veulent s'imposer aux gens du monde; cet art me déplaît et me dégoûte.

Fort heureusement, le comte de Nieuwerkerke et les autorités françaises éprouvaient de plus en plus de difficultés à définir les raisons de cet appauvrissement du goût.

Hobbema
L'Allée de Middelharnis
1689
huile sur toile
103,5 x 141 cm
Londres, National Gallery
Ce tableau fut peint en atelier même si les artistes du XVIIe siècle ne négligeaient pas l'étude in situ de leur environnement. Ruysdael prévenait ses élèves que la lumière et l'ombre ne restent jamais immobiles; un sentiment que partagera Monet vers la fin de sa carrière.

Jacob Van Ruysdael
Le Torrent
XVIIe siècle
huile sur toile
Amsterdam, Rijksmuseum
Les paysagistes hollandais du XVIIe siècle furent les premiers grands interprètes du genre. Bien qu'elle soit fortement idéalisée, cette scène est représentative de leur approche. Une attention particulière est accordée aux mouvements de l'eau.

La ligne établie depuis les peintres hollandais aux paysagistes français, soucieux de saisir "le moment exact", et passant par la peinture anglaise, devait aboutir à l'éclosion de l'art de Monet et des impressionnistes.

Peindre un paysage signifiait alors se plonger dans la nature, loin du confort et des ressources de l'atelier. En 1841, John Goffe Rand, un portraitiste américain vivant à Londres, mettait au point le premier tube de peinture souple. Son idée fut rapidement reprise par les marchands de couleurs Winsor et Newton. D'après son fils Jean, Pierre-Auguste Renoir aurait dit :

Ce sont les couleurs en tubes, facilement transportables, qui nous ont permis de peindre complètement sur nature : sans les couleurs en tubes, pas de Cézanne, pas de Monet, pas de Sisley, pas de Pissarro, pas de ce que les journalistes devaient appeler l'impressionnisme.

Avant l'invention de ces tubes, fabriqués en étain inactif de manière à éviter toute réaction chimique avec les pigments de couleur, ceux-ci étaient livrés à l'état brut par les marchands et additionnés d'huile par le peintre lui-même; la pâte ainsi obtenue était conservée dans une vessie de porc. Pour en extraire une parcelle de peinture, l'artiste devait percer cette poche et la presser. Durant des siècles, les peintres ont dû se contenter de cette méthode pour utiliser un mélange prêt à l'emploi de pigment et d'huile, même si la durée de conservation dépendait de l'oxydation de l'huile. Les couleurs, à base de pigments coûteux, n'avaient pas une durée de vie très longue. Aussi, le tube d'étain fut une révolution tant pour le marchand de couleurs qui vit augmenter sa clientèle de peintres du dimanche, désireux de s'installer sur les bords de Seine pendant les beaux jours d'été, que pour les artistes professionnels qui pouvaient désormais peindre en toute confiance à l'extérieur, sans aucun problème technique.

Grâce au tube, la couleur avait la consistance du beurre frais, ce qui permettait au peintre de la travailler en empâtements à la brosse et même au couteau - deux méthodes utilisées par les impressionnistes et qui sera portée à un haut degré d'expression par Vincent Van Gogh. La couleur pouvait toujours être délayée à l'huile de lin, de noix ou d'œillette ou diluée dans la térébenthine. De nouvelles couleurs, brillantes, stables et aux propriétés siccatives bien connues apparaissent alors sur le marché. Les progrès réalisés dans le domaine de la chimie minérale et organique durant la première moitié du XIXe siècle, avaient déjà donné naissance au bleu cobalt, au bleu outremer (jadis fabriqué à partir du lapis-lazuli, une pierre très chère et disponible en toutes petites quantités), au jaune de chrome avec ses nuances d'orange, de rouge et de vert, au vert émeraude, au blanc de zinc et au blanc de plomb. Dès les années 1850, les artistes avaient à leur disposition une palette de couleurs plus brillantes, stables et d'un usage facile.

Les quatre détails présentés ici ont été photographiés de près afin de montrer le coup de brosse de quatre maîtres : Manet, Pissarro, Monet et Renoir. Ce qui les rapproche essentiellement est le relâchement et l'immédiateté de la touche par rapport au coup de pinceau concentré et léché des écoles classiques et des artistes conventionnels de leur époque.

Manet
L'Italienne
vers 1860
huile sur toile, 74 x 60 cm
collection privée

En 1839, le chimiste français Eugène Chevreul, responsable des teintures à l'atelier de tapisseries des Gobelins, après avoir constaté une différence de brillance entre les couleurs, publie son ouvrage intitulé *De la loi des contrastes simultanés des couleurs et de l'assortiment des objets colorés considérés d'après cette loi dans ses rapports avec la peinture.*

Il y explique comment la différence entre deux couleurs est davantage visible lorsqu'elles sont posées l'une à côté de l'autre. Il en tire une théorie des couleurs selon laquelle certaines paires de couleurs, par exemple le vert et le rouge ou le violet et le jaune, sont complémentaires. Le savant explicite le phénomène de la rémanence qui se produit lorsque la couleur complémentaire du rouge, en l'occurrence le vert, apparaît sous la forme d'une aura après avoir fixé le rouge pendant un moment. Comme l'avait déjà observé le poète et scientifique allemand Johann Wolfgang von Goethe dans sa *Théorie des couleurs* parue en 1810, dans un coucher de soleil rouge, les ombres projetées sont vertes, c'est-à-dire la couleur complémentaire du rouge. De la même façon, la teinte jau-

nâtre de la neige produit des ombres d'une nuance violette. Delacroix avait déjà utilisé des ombres colorées, les impressionnistes combinèrent leur propre perception avec les théories de Chevreul, qu'ils enrichirent de nouvelles brillances, tandis que les néo-impressionnistes appliquèrent ces principes avec une logique extrême.

Pissarro
Le Poulailler
1877
huile sur toile
55 x 65 cm
collection privée

Renoir
Le Chapeau blanc
1890
huile sur toile
55,5 x 46 cm
collection privée

Monet
Le Chemin rouge
1884
huile sur toile
65 x 81 cm
collection privée

Millet
Le Nouveau-Né
1857/1861
huile sur toile
81 x 99 cm
Chicago, Art Institute
Comme La Récolte des pommes de terre, *ce tableau fut ridiculisé par certains critiques contemporains qui jugeaient vulgaires et indignes les sujets du peintre.*

Courbet
Portrait de Pierre Joseph Proudhon et ses enfants
1853
huile sur toile
147 x 198 cm
Paris, musée du Petit Palais
Cette composition semble parfaitement naturelle à nos yeux, mais elle ne correspondait en rien aux goûts de l'époque.

En attendant, les peintres réalistes François Millet et Gustave Courbet, qui avaient rejeté totalement le néo-classicisme et le romantisme, commençaient, dès 1850 à exercer une grande influence sur de jeunes peintres comme Monet. L'obsession de Millet était de représenter la paysannerie, lui-même étant le fils d'un fermier normand. Des tableaux comme *Les Glaneurs* et *L'Angélus* montrent le travail éreintant ou les prières des paysans, sans paraître aujourd'hui particulièrement réalistes. Leur véritable sujet faisait l'objet d'une controverse féroce entre les détenteurs de la conception traditionnelle selon laquelle le travail des paysans ne se prêtait pas à la représentation picturale et ceux qui, à l'autre extrême, voyaient dans l'œuvre de Millet la matérialisation des valeurs sociales. Malgré les revendications des uns et des autres, Millet resta résolument apolitique.

Ce ne fut pas le cas de Courbet, fils d'un riche viticulteur d'Ornans, près de la frontière suisse. L'art, comme la position politique de Courbet, ne souffrait aucun compromis. Ses sujets étaient, comme Bernard Denvir l'a observé, sans héroïsme, sans histoire et en rien concerné par un quelconque symbolisme religieux ou une propagande patriotique.

Courbet était l'ami et le camarade de l'écrivain Pierre Joseph Proudhon dont le titre de son ouvrage paru en 1850 *Qu'est-ce que la propriété?* avait comme corollaire célèbre *C'est le vol*. Le réalisme à toute épreuve de Courbet lui assura une carrière politique spectaculaire, le conduisant même en prison pour avoir participé à la destruction de la colonne Vendôme, symbole ô combien important situé en plein cœur de Paris. Cependant, son radicalisme pictural et politique ne l'empêcha pas d'exposer deux œuvres au Salon de 1850, *Les Casseurs de pierre* et *L'Enterrement à Ornans*.

Courbet écrivait en 1860 :

Courbet
Une Espagnole
1855
huile sur toile, 81 x 65 cm
Philadelphie, Museum of Art
Comme d'habitude, Courbet ne cherche pas à embellir ses modèles mais à les présenter tels que dans la réalité.

Courbet
Un enterrement à Ornans
1849/1850
huile sur toile, 315 x 668 cm
Paris, musée d'Orsay
Courbet reçut une médaille au Salon de 1850, mais non pour ce tableau. En montrant des représentants du bas de l'échelle sociale, la composition massive et sombre, non conventionnelle, provoqua l'ire des critiques. Le réalisme de Courbet fut influencé par les idées politiques de Pierre Joseph Proudhon, dont il fut un ardent défenseur. En rejetant les sujets historiques et religieux, Courbet devint le chef de file de la nouvelle génération des "peintres de la vie moderne".

Courbet
L'Atelier du peintre
1855
huile sur toile, 360 x 600 cm
Paris, musée d'Orsay
Le tableau porte comme sous-titre "Allégorie du réalisme". En effet, l'artiste a enrichi son tableau de symboles et de figures contemporaines. A droite, assis sur une table, le poète Baudelaire. Au centre à droite, Champfleury. A droite, le troisième en commençant par la gauche, l'écrivain socialiste Proudhon, ami de Courbet. Dans l'ombre à gauche, assis, de profil, le visage à peine déguisé de Napoléon III, détesté par Courbet et ses amis. A gauche, assis, portant un chapeau haut de forme, un journaliste conservateur. Debout, à gauche: un personnage identifié comme le banquier Fould. La femme allaitant un enfant est Iris; elle représente la pauvreté et la déchéance. Le mannequin situé derrière le chevalet a été volontairement mis à l'écart au profit d'un modèle vivant.

Je tiens aussi que la peinture est un art essentiellement concret et ne peut consister que dans la représentation des choses réelles et existantes. C'est une langue toute physique, qui se compose, pour moi, de tous les objets visibles; un objet abstrait, non existant, n'est pas du domaine de la peinture.

En 1855, lors de l'Exposition universelle à Paris, Courbet expose, dans son propre Pavillon du Réalisme qui rivalise avec le Salon officiel, une quarantaine d'œuvres, parmi lesquelles *L'Atelier du peintre* qui représente, sous la forme d'une allégorie du réalisme, les diverses influences qui s'exercent sur l'artiste au travail. Entre 1850 et 1860, la peinture française s'exprime dans des styles divers qui sont tolérés sans être encouragés par les autorités. Si les expériences de l'école de Barbizon et du réalisme ne pouvaient que conduire les jeunes artistes nés entre 1830 et 1840 à emprunter une voie en constante évolution, elles paraissaient par trop révolutionnaires aux yeux du public et des commissaires du Salon. Lorsque les impressionnistes commencent à exposer, vers le milieu des années 1870, les peintres de Barbizon étaient enfin admis au Salon et leurs œuvres atteignaient déjà des cotes intéressantes.

Corot
La Forêt
de Fontainebleau
vers 1855
huile sur toile
39 x 54,5 cm
Londres, National Gallery
L'archétype du paysage de
l'école de Barbizon.

Pissarro, Manet, Degas

Au moment où l'Exposition universelle faisait la joie des Parisiens, Camille Pissarro, Édouard Manet et Edgar Degas, nés respectivement en 1830, 1832 et 1834, avaient atteint l'âge adulte. L'œuvre de Delacroix, âgé alors de 57 ans et jouissant de la reconnaissance populaire, était l'attraction principale, après avoir été encensée par le poète et critique d'art Charles Baudelaire - qui devint plus tard l'ami de Manet. On pouvait aussi y découvrir des tableaux de Daubigny, Corot et Millet, disséminés parmi des milliers d'autres, mais il était surtout difficile de passer à côté de l'exposition parallèle organisée par Courbet.

Pissarro, le troisième fils de parents franco-juifs, avait quitté Saint-Thomas, une colonie danoise située dans les îles Vierges où son père était marchand, pour s'installer à Paris. Camille avait étudié en France avant de retourner travailler dans la boutique paternelle à Saint-Thomas et de prendre ensuite le chemin du Venezuela en 1853 pour travailler avec l'artiste danois Frits Melbye. Finalement, ses parents l'envoyèrent à Paris pour faire des études artistiques. Il arrive dans cette ville en 1855, alors que l'Exposition universelle bat son plein, et s'inscrit à l'École des beaux-arts qu'il quitte très vite pour l'académie Suisse. Cet atelier, situé sur le Quai des Orfèvres, était tenu par un ex-modèle qui, moyennant une rétribution modique et sans proposer d'enseignement, mettait à la disposition des jeunes peintres des modèles et du matériel pour leur permettre d'étudier le modèle vivant, en dessin et en peinture. À l'Exposition universelle, Pissarro fut impressionné par les six tableaux de Corot, lui-même étant devenu un peintre de paysage sous l'impulsion de son ami Melbye. Plus tard, à la recherche d'un maître, il s'adressa à Corot lui-même. Quelques années plus tard, Monet dira de lui qu'il travaillait alors paisiblement dans la lignée de Corot.

Dix ans après l'Exposition universelle, Pissarro exposait officiellement au Salon en tant qu'élève de Corot. À ce moment, il était difficile d'imaginer qu'il deviendrait, avec Monet, un des paysagistes les plus influents du groupe des impressionnistes.

Édouard Manet, fils d'un magistrat parisien membre de la haute bourgeoisie, jouissait, à l'instar d'Edgar Degas, d'une sécurité et d'une indépendance financière. Il s'était inscrit à l'école de Thomas Couture en 1850, où il étudia la peinture pendant six années. Ce dernier avait été l'élève de Paul Delaroche dont *L'Exécution de Mademoiselle Jane Grey* symbolisait bien le conservatisme toujours en vogue basé sur l'œuvre académique de David. Exposé au Salon de 1834, ce tableau avait mis les spectateurs en émoi, sans doute bouleversés à la vue de cette jeune Anglaise, la tête posée sur le billot, qui leur rappelait les exécutions massives

Corot
Dardagny, près de Genève, le matin
1853
huile sur toile
82,6 x 47 cm
Londres, Collection privée
Avant l'invention de la photographie, le style de Corot était influencé par un paysage plat et simple. Celui-ci est traité en à-plats de couleurs et avec le minimum de détails, afin de ne pas atténuer la grandeur de la composition.

Gérôme
Au harem
1848
huile sur toile
150 x 200 cm
Paris, musée d'Art moderne de la Ville
Ce tableau est une pièce académique, avec ces corps parfaits, "à la Ingres", et un sujet qui se prête à une forme acceptable de volupté.

et encore proches dans le temps qui suivirent la Révolution de 1789.

Couture avait provoqué une controverse et s'était taillé une place de choix auprès du public et des critiques avec son immense tableau *Les Romains de la décadence*, représentation d'une orgie romaine qui choqua la société parisienne lorsqu'il fut exposé au Salon de 1847. La même année, sans doute pour tirer parti de sa nouvelle popularité, il ouvrait une école d'art privée à Paris, où il se proposait d'offrir un enseignement principalement basé sur l'art grec ancien, la Renaissance et la grande école flamande. Afin de préciser sa position, il s'insurgeait contre une école classique qui reproduit de façon banale et imparfaite les œuvres du passé et se dressait en adversaire farouche du romantisme.

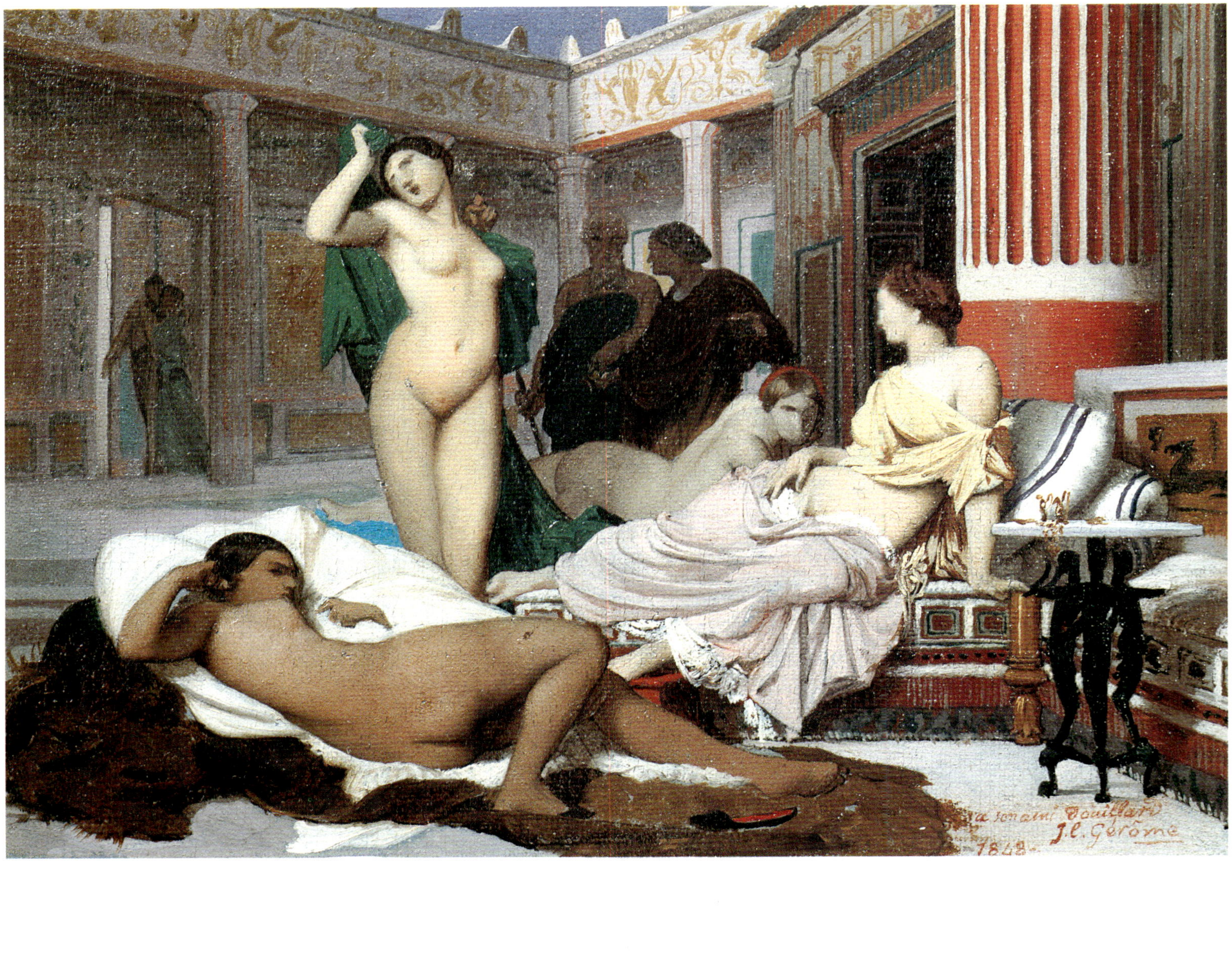

Couture
Les Romains de la décadence
1847
huile sur toile
466 x 775 cm
Paris, musée du Louvre
Avec cette œuvre, Couture récolta un immense succès au Salon de 1847.

Gleyre
Les Apôtres avant leur départ en mission évangélique
vers 1844/1845
huile sur toile, 197 x 294 cm
Montargis, musée Girodet
Le style du tableau est directement inspiré de Raphaël et du Titien. Cette volonté d'imitation des maîtres anciens fut rejetée par les impressionnistes.

Manet
Copie d'après le Dante de Delacroix
1855
huile sur toile
33 x 41 cm
Chicago, Art Institute
Avec son ami Antonin Proust, Manet rendit visite au très respecté Delacroix, auquel il demanda l'autorisation de réaliser cette copie.

Delacroix
Dante et Virgile aux enfers
1822
huile sur toile
189 x 246 cm
Paris, musée du Louvre
Manet et les impressionnistes admiraient réellement le style original de Delacroix. Cette œuvre spectaculaire est encore connue sous le nom de La Barque de Dante.

Afin de préciser sa position, il s'insurgeait contre une école classique qui reproduit de façon banale et imparfaite les œuvres du passé et se dressait en adversaire farouche du romantisme.

Ceci correspondait à l'idéal du juste milieu prôné par Louis-Philippe et surtout rangeait Couture aux côtés de Charles Gleyre et d'Alexandre Cabanel, qui se contentaient de mêler des éléments classiques, romantiques et réalistes dans des peintures qui se voulaient acceptables. Se voulant une allégorie de l'hédonisme contemporain dissimulée sous l'apparence d'un classicisme superficiel, *Les Romains de la décadence* s'opposaient de manière ironique à ce critère du juste milieu qui fut défendu par tous et sévit tant et plus après la mort de Louis-Philippe, bien avant dans la Troisième République. Vers 1850, la classe moyenne naissante aurait été choquée bien davantage si Couture

Degas
Autoportrait au porte-fusain
1854/1855
huile sur toile
81 x 64,5 cm
Paris, musée d'Orsay
L'un des nombreux portraits que l'artiste fit de lui-même dans sa jeunesse.

avait représenté les bourgeois contemporains dans une de leurs activités favorites, la fréquentation des bordels. Huit ans après, c'est pourtant ce que fait Édouard Manet, son élève, lorsqu'il expose au Salon des Refusés de 1863 son *Déjeuner sur l'herbe*. Le scandale provoqué par ce tableau pousse Manet, à contre cœur, en première ligne de ce qui deviendra le mouvement impressionniste.

Du temps où il était dans l'atelier de Couture, Manet se préoccupait moins de choquer Paris que d'intégrer les leçons de son maître et de réfléchir à la manière de détourner la technique académique à ses propres fins. Il passait également de nombreuses heures au Louvre à étudier et à copier les œuvres des maîtres anciens, s'imprégnant en particulier de celles des artistes espagnols comme Vélasquez, Murillo et Ribera. Ses œuvres en garderont le souvenir. Mais il put y observer également les tableaux des frères Le Nain. Son intérêt pour les peintres anciens a fait de Manet une figure charnière dans la longue tradition de l'art européen. Il avait également un tel respect et une telle admiration pour Delacroix qu'il implora la permission, en 1855, de copier sa *Barque de Dante*.

Edgar Degas était le plus jeune étudiant de sa génération à Paris vers le milieu du XIXe siècle. Il ne resta qu'un semestre à l'École des beaux-arts avant d'effectuer un séjour en Italie où vivait une partie de sa famille. Il était le fils de parents franco-italiens qui avaient fait fortune dans la banque. Il s'inscrit à l'École des beaux-arts le 6 avril 1855 après avoir réussi l'examen d'entrée, examen auquel Henri Fantin-Latour fut admis également. Pendant ce court séjour à l'École des beaux-arts, Degas eut comme professeur Louis Lamothe qui lui inspira un respect profond pour l'œuvre de Ingres dont il eut l'occasion, à maintes reprises, de copier les tableaux au Louvre ou dans les collections de familles aisées. En 1856, Degas était à Naples dans sa famille, peignait leurs portraits et visitait les grands musées italiens et se plongeait dans l'œuvre des grands peintres de la Renaissance. Bien qu'il ait été à l'origine de la création, dix ans plus tard, de la Société anonyme, la relation entre Degas et les autres impressionnistes sera toujours marquée par l'expérience italienne et par la priorité qu'il donna à la figure humaine sur le paysage.

Le berceau de l'impressionnisme

En 1862, la France annexe le *Cambodge*, Victor Hugo publie *Les Misérables*, Édouard

Vers le milieu du XIXe siècle, afin de bien préparer leur entrée à l'école, les jeunes artistes s'en remettaient (en même temps que leur bourse!) à des ateliers privés tels que ceux de Charles Gleyre ou Thomas Couture, auprès desquels ils recevaient une formation conventionnelle. La vie d'atelier pour les nouveaux arrivés n'était pas une sinécure. Selon Albert Boime, l'éminent historien de l'Académie au XIXe siècle, le "rapin" devait arriver à l'atelier tôt le matin et prendre en charge les tâches secondaires comme la préparation des chevalets, le nettoyage du sol et des pinceaux ; il faisait encore les courses et devait servir à l'occasion de souffre-douleur aux autres étudiants. Enfin, il devait endurer certaines cérémonies initiatiques avant de pouvoir grimper les échelons de la hiérarchie interne à l'atelier.

Le cours normal des études artistiques consistait à donner d'abord une formation en

Ingres
La Princesse de Broglie
1853
huile sur toile
114,5 x 86 cm
New York, Metropolitan Museum of Art
Degas, en dessinateur minutieux, admirait la perfection du dessin d'Ingres auquel il se référa toute sa vie.

Degas
La Famille Bellelli
1858/1860
200 x 250 cm
Paris, musée d'Orsay
Degas entama une série de portraits lorsqu'il rendit visite à des parents en Italie.

Manet peint *La Musique aux Tuileries* et quatre jeunes artistes, alors inconnus, entrent dans l'atelier de Charles Gleyre, un artiste suisse âgé alors de 54 ans, qui avait été enseignant à l'École des beaux-arts : Claude Monet, l'aîné des enfants d'un grainetier du Havre, Frédéric Bazille, issu d'une famille de viticulteurs de l'Hérault, Auguste Renoir, auparavant peintre sur porcelaine, et Alfred Sisley, le plus âgé du groupe et le fils d'un homme d'affaires anglais. L'art était le seul point commun entre ces quatre hommes. L'atelier de Gleyre avait la réputation d'être abordable et lui-même celle d'être tolérant et accueillant avec ses élèves. Bien qu'il ne fût ni célèbre ni membre de l'Académie, un de ses tableaux, *Les Illusions*, daté de 1843, avait obtenu un beau succès au Salon. Il lui avait valu une médaille et le respect des critiques contemporains. Les maîtres des impressionnistes étaient les produits d'une éthique qui reposait sur des principes du XVIIe siècle.

Degas
Étude pour Sémiramis construisant Babylone
1861
crayon et gouache sur papier gris
30,5 x 21 cm
Paris, musée du Louvre

Degas
Sémiramis construisant Babylone
1860/1862
huile sur toile
151 x 258 cm
Paris, musée d'Orsay

Sémiramis *est le premier tableau d'histoire que Degas peignit à grande échelle. L'étude et la version définitive montrent que l'artiste travaille dans une tradition académique, réalisant des études détaillées de l'œuvre. Malgré ce processus conventionnel auquel Degas se conformera durant toute sa carrière, il n'y a rien de guindé ni d'académique dans cette vision lumineuse et réaliste, qui permet au jeune artiste de fondre ce qu'il a vu dans les musées européens avec sa propre conception de l'art.*

dessin, conformément à une longue tradition, avant que l'élève ne puisse toucher le moindre pinceau. Dans un premier temps, les exercices de dessin n'étaient que des copies de gravures, ensuite de moulages en plâtre ou de sculptures antiques ; le travail d'après modèle vivant venait souvent plus tard. Tous ces exercices étaient ennuyeux et astreignants. Ce n'est que lorsqu'il maîtrisait parfaitement les techniques de dessin que le jeune artiste pouvait aller copier les œuvres anciennes au Louvre, ce que firent Manet, Degas et, à contre cœur, Monet. Le même système d'apprentissage était de règle dans les ateliers de peinture et à l'École des beaux-arts, avec des modalités variant suivant les tendances propres à chaque professeur. La technique de la peinture sur toile était enseignée aussi strictement que le dessin. L'étudiant fournissait d'abord une académie, représentant un nu ou une tête, manifeste de la technique classique d'application de la peinture à l'huile sur la toile en couches, allant des tons les plus foncés aux plus clairs. Ces académies étaient souvent réalisées en nuances de gris ou à partir d'une palette limitée de tons chair, étant entendu que la couleur était secondaire - Delacroix en avait, d'après les professeurs, abusé trop librement - bien que les élèves s'en délectassent déjà. La douceur de la texture et la gradation dans le ton étaient les seuls critères de réussite d'une académie. Pourtant, pour étouffante qu'ait pu être cette méthode, elle n'en fut pas moins utile à Degas et Manet.

En 1862, comme bon nombre d'étudiants avant eux, Monet et les autres travaillaient dans l'atelier de Gleyre, dessinant un modèle de plâtre ou une statue antique. Pour Monet, le passage à l'atelier dut être réellement pesant. Il n'y resta d'ailleurs que huit mois, jusqu'à ce que Gleyre ferme son atelier et se charge ensuite de l'académie Suisse. Le père de Monet, petit hom-

Géricault
Guerrier nu armé d'une lance
1810
huile sur toile
93,5 x 75,5 cm
Washington, National Gallery of Art
Bien qu'il ait été peint un demi-siècle plus tôt, ce type de nu académique était toujours enseigné avec la même rigueur à l'École des beaux-arts et dans les ateliers indépendants comme ceux de Gleyre et de Couture.

Manet
Étude pour La Toilette
1862
craie rouge sur papier
28 x 20 cm
Chicago, Art Institute
Cette étude n'a rien de remarquable en regard des esquisses finement détaillées de Degas.

Monet
Rue de la Bavolle à Honfleur
1864
huile sur toile
56 x 61 cm
Boston, Museum of Fine Arts
Cette interprétation libre est une réminiscence des études de Corot.

Boudin
La Marée près d'Honfleur
1854/1857
26,7 x 36,5 cm
huile sur toile
Londres, collection privée
Cette œuvre s'inspire des études que l'artiste réalisa en Angleterre.

me d'affaires, avait déménagé sa famille de Paris au Havre, sur la côte normande. Monet était beaucoup plus dans son élément près de la mer et de l'arrière-pays qu'au Louvre ou dans un atelier parisien et quelques années plus tard, si bien qu'on le vit affronter les plus effroyables tempêtes pour saisir un paysage. Il s'était rendu à Paris avec la permission de son père pour suivre une formation classique. Au Havre, il avait déjà dévoilé son talent artistique, réalisant quelques caricatures qui lui permettaient de vivre modestement. Il y avait rencontré Eugène Boudin, un paysagiste autodidacte du coin qui l'avait convaincu - de force dira plus tard Monet - de peindre en plein air. Des quatre rapins, Monet était le plus expérimenté et le plus sensible aux théories réalistes de Gustave Courbet qui peignait des scènes de la vie ordinaire, rejetant tous les autres sujets.

À l'époque où il fréquentait l'atelier de Gleyre, il avait déjà fait plusieurs séjours à Paris, avait fait son service militaire dans la colonie française d'Algérie et était un habitué de la Brasserie des Martyrs au 75, rue des Martyrs où se retrouvaient Courbet, le critique d'art Jules Castagnary - qui fut un brillant défenseur de l'impressionnisme -, Baudelaire et François Bonvin, un peintre conventionnel aux vues progressistes. On y discourait souvent à propos de l'œuvre de Manet, même si celui-ci préférait l'atmosphère d'autres cafés.

Auguste Renoir était issu d'une famille de tailleurs, qui avaient quitté Limoges pour Paris peu après sa naissance. Il avait reçu une formation de peintre sur porcelaine chez un maître qui se retira des affaires en 1858. Pour gagner sa vie, il dut alors peindre des éventails, recopiant des tableaux de Fragonard, Boucher, Watteau, avant de fréquenter l'atelier de Gleyre en 1861. La formation artisanale qu'il avait reçue

Renoir
La Forêt de Fontainebleau
vers 1860
huile sur toile
collection privée
Il est difficile de reconnaître dans cette vision robuste et littérale une œuvre de Renoir. L'intérêt qu'il porte aux effets de lumière, dès les premières années de sa production, est évident.

lui fit acquérir une philosophie axée sur la possession de la technique picturale. Comme Manet et Degas, il fit de nombreuses visites au Louvre pour copier les maîtres anciens, ce que Monet répugnait à faire. Comme l'a observé l'historien de l'art John House, en devenant un peintre, Renoir est passé d'un métier à une profession, d'une classe laborieuse à une classe moyenne, même si depuis le début il se considérait comme un "ouvrier de la peinture". Au contraire de Renoir qui, dès les années 1855, avait dû peindre pour vivre, Alfred Sisley et Frédéric Bazille vivaient pour la peinture. Sisley avait évité de justesse une carrière d'homme d'affaires à Londres et Bazille venait d'abandonner des études de médecine lorsqu'il rencontra Monet et Renoir dans l'atelier de Gleyre. Souvent considéré comme le berceau de l'impressionnisme, l'atelier de Gleyre permit à quatre des plus importants peintres du groupe de se rencontrer. Les jeunes artistes sympathisèrent immédiatement dans cette ambiance cosmopolite et réalisèrent très vite qu'ils avaient des intérêts communs, parmi lesquels la peinture de plein air. Aussi, organisaient-ils de fréquentes excursions dans la campagne environnant Paris. En 1921, cinq ans avant sa mort, Monet se souvient de ces moments où dans l'atelier de Gleyre, pendant les séances de dessin d'après modèle vivant, le maître critiquait son travail. Monet restitue le dialogue qui découla de ce moment.

- Ce n'est pas mal, mais le buste est trop lourd, les épaules trop puissantes, les pieds exagérés.
- Mais je ne peux dessiner que ce que je vois.
- Praxitèle prenait les meilleurs éléments

Manet
L'Île de Saint-Ouen (La Pêche)
1860/1861
huile sur toile, 77 x 123 cm
New York, Metropolitan Museum of Art
Ce tableau de transition montre l'influence des maîtres anciens.

parmi cent modèles pour créer une grande œuvre. Quand on veut faire quelque chose, il est nécessaire de s'appuyer sur les anciens.

Il est tentant d'imaginer qu'à l'âge de quatre-vingt-un ans la mémoire de Monet pouvait être défaillante, par exemple au sujet de Gleyre, un professeur qui fut tenu en haute estime par Renoir et par beaucoup d'autres de ses élèves. Néanmoins, on sait que durant son passage à l'atelier de Gleyre, Monet rassembla un soir ses compagnons et leur proposa de quitter cet endroit malsain. En 1921, il affirmait n'être resté que deux semaines dans l'atelier du maître, sous le prétexte qu'aucun des artistes qui promettaient ne pourrait rien faire de bon dans cet endroit.

Il se trompait sur deux points : ils restèrent dans l'atelier de Gleyre jusqu'à sa fermeture en 1864, et lui et ses camarades comptaient parmi les étudiants les plus prometteurs du groupe !

À côté de Monet, Renoir, Bazille et Sisley, Paul Cézanne et Armand Guillaumin, deux artistes plus jeunes qui rejoignirent le mouvement impressionniste, nés respectivement en 1839 et 1841, s'étaient aussi installés à Paris en 1862. Les historiens de l'art du XXe siècle vénèrent le premier comme un créateur talentueux qui dépassa en fin de compte l'impressionnisme, tandis que l'on a souvent oublié Guillaumin, précisément parce qu'il fut un des plus fidèles interprètes du nouveau genre.

Cézanne était arrivé à Paris en 1861, encouragé par Émile Zola, un ami d'enfance d'Aix-en-Provence où le père de Cézanne était banquier. Il avait étudié le droit avant de s'inscrire à l'académie Suisse où il rencontra Armand Guillaumin qui peignait lorsqu'il ne travaillait pas sur la ligne de chemin de fer Paris-Orléans, et Camille Pissarro qui leur fit rencontrer Monet et ses amis à l'atelier de Gleyre.

Peintres de la vie moderne

1862 est certainement l'année des rencontres décisives. Alors qu'il recopiait sur une plaque de cuivre *L'Infante Margareta* au Louvre, Degas fut interrompu dans son travail par

Degas
Étude pour un portrait de Manet
vers 1864
crayon sur papier
41,5 x 28 cm
Paris, musée du Louvre
Degas et Manet se sont rencontrés au Louvre en 1862. Degas était en train de copier un plat en cuivre lorsque Manet l'interrompit pour lui démontrer que sa tentative était vaine.

Édouard Manet. Ce fut le début d'une extraordinaire amitié entre les deux hommes. Ils avaient beaucoup de points communs : issus d'une famille patricienne, ils ne furent jamais réellement influencés par la peinture de plein air. Degas et Manet résistèrent également à l'appel lancé par Courbet pour un art "réaliste et social". Bien que les circonstances les aient liés étroitement aux "vrais" impressionnistes tels que Monet et Pissarro, leur propre intérêt à représenter la vie parisienne les a tenus écartés du reste du groupe.

Manet et Degas s'appréciaient mutuellement (quoique, à certaines occasions, à leur corps défendant) mais leurs opinions politiques et philosophiques étaient contradictoires. De son côté, Manet était un républicain convaincu et un intellectuel à tout crin qui attirait l'attention et prenait plaisir à la compagnie d'écrivains et de critiques empêtrés dans les nouvelles formes artistiques, comme Champfleury, Duranty, Baudelaire et plus tard Mallarmé.

Degas, lui, était très conservateur et se montrait un anti-intellectuel souvent maussade.

Au Salon de 1861, *Le Chanteur espagnol* de Manet est accueilli avec succès. Chargé de réminiscences de Vélasquez et de Goya, répondant à l'intérêt populaire pour les sujets espagnols, le tableau montre néanmoins pour la première fois l'utilisation de larges coups de brosse et d'une palette riche, qui caractériseront les futures œuvres de l'artiste. De plus, Manet y dédaigne l'aspect léché des produits académiques et témoigne d'un sens du réalisme qui défie Courbet sur son propre terrain, provoquant une cabale des critiques, écrivains et peintres, en particulier Champfleury, Baudelaire et Henri Fantin-Latour, au moment où il attirait leur attention et en retirait quelque gloire. Beaucoup plus tard, Matisse parlera de Manet comme du premier grand artiste moderne, qui avait libéré l'instinct de l'artiste grâce à la liberté et à la spontanéité de son pinceau.

Manet
Le Chanteur espagnol
1860
huile sur toile,
147,5 x 114,5 cm
New York, Metropolitan Museum of Art
Ce portrait ainsi que Les Parents de l'artiste *reçurent une mention honorable au Salon de 1861, distinction bienvenue après le refus de* La Buveuse d'absinthe *en 1859.*

Fantin-Latour
Hommage à Delacroix
1864
huile sur toile, 160 x 250 cm
Paris, musée d'Orsay
Ce tableau est inspiré par un portrait de groupe du peintre hollandais Frans Hals. On y voit Whistler debout dans le prolongement du cadre, Fantin-Latour assis en chemise blanche, Duranty, Legros, le peintre Cordier, les écrivains Champfleury et Baudelaire assis à droite, Manet debout à la droite du cadre suspendu, Bracquemond et Albert Balleroy. C'est le premier d'une série de cinq portraits de groupe, mais Fantin-Latour en détruisit un, n'en conservant que trois têtes.

Rétrospectivement, il est tentant d'imaginer une avant-garde critique et artistique à tendance républicaine, armée du seul désir d'un art concret, vigoureux et sans contrainte, tous unis dans l'attente d'un artiste comme Manet, habile, frais, sans compromission et surtout moderne, ayant des intérêts métropolitain et cosmopolitain, qui porterait l'étendard de l'Art nouveau.

Ce fut le cas à plusieurs égards. Baudelaire, de trente ans plus âgé que Manet, était reconnu comme un critique d'art rigoureux ; il fut l'ami de Delacroix, l'admirateur de Courbet, avant d'être très lié à Manet. En 1862, Baudelaire travaillait à son essai *Le Peintre de la vie moderne*, dans lequel, comme le titre le suggère, il discute de la direction à assigner à l'art dans cette cité moderne. Pourtant, le sujet de cet ouvrage n'était pas Manet, encore relativement inconnu, mais bien l'illustrateur et aquarelliste Constantin Guys, qui avait couvert la guerre de Crimée pour les *Illustrated London News* et dont les tableaux de la vie parisienne suscitaient une grande admiration parmi les artistes et les critiques. La critique de Baudelaire s'adresse à son époque et demande un art qui pourrait la délivrer de la réalité présente, mais pas à la manière anachronique du néo-classicisme.

A coup sûr, cet homme, tel que je l'ai dépeint, ce solitaire doué d'une imagination active, toujours voyageant à travers le grand désert d'hommes, a un but plus élevé que celui d'un pur flâneur, un but

Manet
Baudelaire
vers 1869
gravure
Baudelaire et Manet firent connaissance en 1858. Ils furent en contact étroit à partir de 1860 et leur amitié ne cessa qu'à la mort du poète en 1867. La conception qu'avait Baudelaire du rôle de l'artiste dans le monde moderne, publiée en 1863 sous le titre Le Peintre et la vie moderne, *eût une très grande influence sur Manet et ses contemporains.*

plus général, autre que le plaisir fugitif de la circonstance.
Il cherche ce quelque chose qu'on nous permettra d'appeler la "modernité"; car il ne se présente pas de meilleur mot pour exprimer l'idée en question. Il s'agit pour lui de dégager de la mode ce qu'elle peut contenir de poétique dans l'historique, de tirer l'éternel du transitoire... La modernité, c'est le transitoire, le fugitif, le contingent, la moitié de l'art, dont l'autre moitié est l'éternel et l'immuable. Il y a eu modernité pour chaque peintre ancien... Cet élément transitoire, fugitif, dont les métamorphoses sont si fréquentes, vous n'avez pas le droit de le mépriser ou de vous en passer. En le supprimant, vous tombez forcément dans le vide d'une beauté abstraite et indéfinissable...

Manet allait très vite prouver qu'il était le peintre de la vie moderne. Il avait déjà développé des sujets comme *Le Vieux Musicien, Le Ballet espagnol, Lola de Valence*, qui, tout en n'étant pas d'actualité comme ceux de Guys, représentaient le vrai peuple. Baudelaire loue Manet pour son aptitude à combiner un goût décidé pour la vérité moderne... à une imagination vive et ample, sensible, audacieuse, sans laquelle toutes les meilleures facultés ne sont que des serviteurs sans maître.

Le Salon de 1859 avait rejeté *Le Buveur d'absinthe*, image provocante du Paris contemporain mais avait accepté, deux ans plus tard, l'inoffensif *Chanteur espagnol*. En 1862, il achète *La Musique aux Tuileries*, sans doute le premier grand tableau de la "vie moderne"; son sujet était d'actualité puisque l'élite parisienne venait d'abandonner les jardins du Palais-Royal, pour les Tuileries, plus étendues et proches de leur résidence. Consciemment ou non, Manet avait répondu à l'appel de Baudelaire. Et tandis qu'il s'attachait à des sujets modernes, Degas, Monet, Sisley, Renoir, Bazille, Pissarro, Guillaumin, Cézanne et Berthe Morisot (qui épousa plus tard le frère de Manet, Eugène, et était elle-même très liée d'amitié avec Manet) étaient en train de s'affirmer comme des peintres du monde moderne. Malgré lui, Manet devint, sinon le leader de cette vague d'artistes, du moins le bouc émissaire des offenses qu'ils commettaient vis-à-vis du monde artistique.

La Musique aux Tuileries représente un moment capital dans l'histoire de l'impressionnisme en ce qu'il incarne le changement perpétuel et la fugacité. Il y a peu de points communs avec la volonté de Monet, Pissarro, Renoir et Sisley de trouver le moyen de capturer, selon Jules Laforgue, la nature telle qu'elle est, c'est-à-dire en termes de vibrations colorées. Manet ouvre un vaste univers de possibilités. C'est le spectacle d'une promenade à la mode, un montage de moments choisis parmi les loisirs des Parisiens.

À cette époque, la photographie se développait et Monet lui-même réalisa quelques études de têtes à partir de photographies. Dans ce tableau, mouvement et couleur sont utilisés avec brio, même si l'éclairage est plat, l'arrière-plan ayant été éraflé et estompé pour donner l'illusion, sans plus, d'un feuillage. Les personnages situés aux extrémités sont, eux, bien réels : il y a là Baudelaire, le poète Théophile Gautier, Fantin-Latour, Baron Taylor, inspecteur des Musées, le poète et sculpteur Zacharie Astruc, Eugène Manet et Offenbach, tous facilement reconnaissables. Cependant les figures situées au centre, à proximité d'un arbre traité en à-plats, apparaissent dans une zone floue de jaune et de violet.

Manet
Gitane à la cigarette
vers 1862
huile sur toile
91 x 73 cm
collection privée
C'est probablement l'allure que devait avoir la Carmen dans l'histoire originale de Prosper Mérimée. Cependant, cet opéra ne fut monté et joué qu'après 1875.

Dans *Les Jeunes Spartiates* et *La Course des gentilshommes*, deux tableaux peints entre 1860 et 1862 et retravaillés dans les années 80, Degas répond encore au souhait exprimé par Baudelaire et les frères Edmond et Jules de Goncourt de trouver "une ligne qui donnerait juste la vie, serrerait de tout près l'individu, la particularité; une ligne vivante, humaine, intime..."

Bien que le thème en soit classique, *Les Jeunes Spartiates* est exempt des motifs classiques habituels. Aucune architecture ni bouquet d'arbres, un ciel fort éloigné du bleu attique; les figures n'empruntent plus leurs traits à la Grèce mais bien au peuple parisien. Le résultat est celui d'une peinture d'histoire résolument moderne. *La Course des gentilshommes*, comme *Aux courses* et *Aux courses: le départ*, témoigne de la passion de la société parisienne pour les courses de chevaux, initiées à Longchamp, au bois de Boulogne, en 1857. Cette nouvelle mode était la conséquence directe de la reconstruction de Paris et offrait un nouveau lieu de rendez-vous et de divertissement au "beau monde" de la capitale. En effet, plusieurs des commanditaires de Manet et de Degas comptaient parmi les membres du Jockey Club, organisateur des courses.

Le nouveau Paris, création de Napoléon III et d'Haussmann, était admirablement préparé à la réalisation du projet de Baudelaire. L'opulence croissante et l'augmentation de la classe moyenne, le développement des loisirs, l'innovation véritable que constituaient les nouvelles rues et les squares aux perspectives dégagées, telle était la nouvelle réalité que le peintre de la vie moderne devait appréhender. Rétrospectivement, on peut remarquer une éventuelle coïncidence entre ce phénomène et les tableaux que Manet et Degas exécutèrent en plein air dans la ville et ceux que les élèves de Gleyre, sous la houlette de Monet, réalisèrent lors d'escapades

Degas
Jour de derby
vers 1860/1862
huile sur toile
26,5 x 21,5 cm
collection privée
Ce tableau s'inspire des gravures sportives anglaises.

Manet
Course à Longchamp
1864
huile sur toile, 44 x 85 cm
Chicago, Art Institute
Longchamp devint très vite une attraction pour la bourgeoisie aisée de Paris. Manet et Degas comptaient parmi les visiteurs.

Jongkind
L'Entrée du port de Honfleur
1864
huile sur toile, 42 x 56 cm
Chicago, Art Institute
Comme Boudin et plus tard Monet sur lequel il aura une grande influence, Jongkind était un peintre autodidacte installé en Normandie pour peindre la mer.

dans la campagne voisine. Dans son essai de 1883, Jules Laforgue définit ainsi la peinture de plein air:

> *Le plein-air, formule qui servit d'abord et surtout aux paysagistes de l'école de Barbizon (village près de la forêt de Fontainebleau) ne signifie pas cela. Ce plein-air des paysagistes impressionnistes, il commande leur peinture entière et signifie la peinture des êtres ou des choses dans leur atmosphère : paysage, salons à la bougie ou simples intérieurs, rues, coulisses éclairées au gaz, usines, halles, hôpitaux, etc.*

En quelque sorte, Manet et Degas, déambulant à Paris, leur carnet de croquis à la main, s'y étaient attachés dès 1862. Le champ de vision de Degas était en réalité beaucoup plus large que celui de Manet, puisque l'on trouve dans son carnet d'esquisses des sujets tels que des convois funèbres et leurs convoyeurs.

Au début de l'impressionnisme, alors que Monet, Renoir, Sisley, Cézanne, Guillaumin, Morisot entamaient à peine leur deuxième décennie et étaient en recherche, l'influence de peintres de plein air de l'école de Barbizon commençait à porter ses fruits. Les liens qui unissaient Monet à la génération précédente de

Pissarro
Une clairière dans les bois
vers 1864
huile sur toile
26,5 x 21 cm
Collection privée
L'artiste n'a pas encore trouvé son propre style dans cette petite étude de paysage.

paysagistes se renforcèrent lorsqu'il rencontra Jongkind, un peintre hollandais, lui-même lié étroitement à Corot, Courbet et Boudin, le premier maître de Monet. Dans l'intervalle, Berthe Morisot, née la même année que Renoir et Bazille et fille du secrétaire général du Crédit financier, travaillait sous les encouragements de Corot. Il lui enseignait la peinture de paysage à Fontainebleau et Auvers où elle rencontrait souvent Daubigny, défenseur sans compromis de la peinture de plein air.

Corot
Le Hameau de Flesselles
vers 1862/1863
huile sur toile
33 x 37,5 cm
Londres,
Collection privée
De tous les peintres de Barbizon, Camille Corot eut sans doute le plus d'influence sur les jeunes paysagistes comme Pissarro, Morisot, Monet et Renoir. L'attention qu'il portait aux effets lumineux est déterminante pour la préhistoire des impressionnistes.

Daubigny
Le Marécage au coucher du soleil
1861 huile sur toile
33 x 57 cm
Paris, musée du Louvre
Adepte farouche du plein air, Daubigny avait construit un bateau-atelier qui lui permettait de peindre sur la rivière, exemple qui sera suivi plus tard par Monet. Certains critiques ne voyaient dans ses œuvres que des études dans lesquelles il se contentait de livrer sa première impression. D'autres appréciaient "sa naïveté délicate, simple comme celle d'un enfant, n'ajoutant ni n'enlevant rien".

1863 : Le Salon des Refusés

La généralité des tableaux refusés est mauvaise, elle est plus que mauvaise : elle est déplorable, impossible, folle, ridicule!

Louis Énault

En 1863, une nouvelle ligne de chemin de fer entre Paris et Deauville est inaugurée par le duc de Morny, le moteur à combustion interne est mis au point et Delacroix, source d'inspiration pour de nombreux jeunes artistes, meurt au mois d'août. Le 15 janvier est un jour lourd de menaces puisque le comte de Nieuwerkerke, directeur général des Musées nationaux, annonce la réorganisation du Salon, qui s'était tenu, depuis l'Exposition universelle de 1855, au Palais de l'Industrie. Pour les artistes confirmés, médaillés lors des précédents salons, l'admission devenait automatique et indépendante d'un jury, cependant que la participation de chacun est limitée à trois œuvres. Ces nouvelles règles donnaient un sérieux coup à des artistes relativement nouveaux comme Manet et Pissarro, dont l œuvre allait être refusée un peu plus tard par le jury. Entre-temps, Manet présenta sa première exposition dans la galerie de Louis Martinet, au boulevard des Italiens. *La Musique aux Tuileries* y fut exposée pour la première fois, en même temps que treize autres tableaux dont *Lola de Valence* et *Les Danseurs espagnols.* L'exposition retint l'attention de Monet et de Bazille qui écrivit à ses parents qu'une séance passée à regarder les œuvres de Manet valait de longues heures de travail.

Manet
Lola de Valence
1862
huile sur toile,
123 x 92 cm
Paris, musée d'Orsay
Manet réalisa une série de portraits des membres d'un ballet espagnol en tournée à Paris. Il ne visita l'Espagne qu'en 1865.

En avril, il devint évident que le Salon transformait ses nouvelles règles en une structure très lourde. Sur les cinq mille tableaux proposés, 2783 furent rejetés par le jury mené par un peintre d'histoire traditionnel, Émile Signol, qui s'était déjà mis en colère contre l'usage de la couleur par Renoir, dans le style flamboyant de Delacroix. Ce dernier, de même que Ingres, faisait partie du jury mais ne participait pas à la sélection des œuvres. Les trois tableaux proposés par Manet, parmi lesquels *Le Déjeuner sur l'herbe*, furent refusés.

L'importance que les artistes de l'époque accordaient à leur participation au Salon ne doit pas être sous-estimée. Malgré l'existence d'une bonne centaine de galeries privées comme celle de Martinet, le Salon était le seul à assurer une large audience: le "Tout-Paris " le fréquentait et ne pas y participer signifiait une défection du public, des commissions, des marchands et des critiques durant toute l'année. Refusé aux Salons de 1857 et 1859, Manet était bien

Daumier
La Vanité d'avoir son portrait au Salon
1845
lithographie, 26 x 17 cm
Paris, Bibliothèque nationale
Honoré Daumier est connu pour ses nombreuses caricatures caustiques des événements politiques et artistiques régissant la vie parisienne. Thomas Couture, le professeur de Manet, avertit un jour son élève qu'il finirait comme Daumier s'il persistait dans sa façon irrévérencieuse !

Bazille
La Robe rose ou *Vue de Castelnau-le-Lez*
vers 1864
huile sur toile
147 x 110 cm
Paris, musée d'Orsay
Connu aussi comme La Vue du village, *ce tableau parfaitement accompli montre un artiste de 23 ans en pleine possession de sa technique et maître de sa vision.*

Gérôme
Le Martyre des chrétiens
1863/1873
huile sur bois, 88 x 150 cm
Baltimore, Walters
Art Gallery
Gérôme compta parmi les artistes les plus populaires du Salon. Son goût pour les sujets classiques et bibliques et sa technique n'étaient pas appréciés des impressionnistes.

conscient des bénéfices qu'il pouvait tirer d'une apparition au Salon et continuait à se battre pour y être admis, comme le firent d'ailleurs de jeunes artistes tels que Monet et Renoir. Comble de malheur, plusieurs exposants réguliers étaient aussi tombés dans ces obstacles, des artistes soutenus par des commissions officielles et qui pouvaient espérer logiquement participer au Salon. Un artiste se vit même refuser avec des œuvres réalisées pour l'impératrice Eugénie - le client le plus important, s'il en était, au dire de l'empereur lui-même. La presse saisit l'occasion offerte par le danger de fiasco dans lequel se trouvait le Salon ; les artistes traditionnels autant que les jeunes demandèrent que les règlements soient revus. L'empereur lui-même se rendit à l'exposition, ayant à l'esprit le protégé de son épouse, et déclara qu'il fallait faire quelque chose. Malgré cela, le jury maintint sa position. Le 24 avril, trois semaines après l'ouverture du Salon, on pouvait lire cet avis officiel dans *Le Moniteur universel* :

> *De nombreuses réclamations sont parvenues à l'empereur au sujet des œuvres qui ont été refusées par le jury de l'exposition. Sa Majesté, voulant laisser le public juge de la légitimité de ces déclarations, a décidé que les œuvres d'art qui avait été refusées seraient exposées dans une autre partie du Palais de l'Industrie. Cette exposition sera facultative, et les artistes qui ne voudraient pas y prendre part n'auront qu'a en informer l'administration, qui s'empressera de leur restituer leurs œuvres.*

En un sens, Napoléon III avait gagné sur un autre tableau. Il s'était montré sous les traits d'un souverain éclairé et libéral en matière d'art et à l'écoute de l'opinion publique. La presse ne se réjouit pourtant pas de cette issue, considérant qu'il y avait d'autres causes à défendre sous ce régime de censure aussi strict imposé par l'empereur.

La nouvelle exposition, située tout à côté du Salon, fut intitulée Salon des Refusés, et lorsqu'il ouvrit ses portes le 17 mai, plus de dix mille visiteurs s'y pressèrent. Dans le fatras d'œuvres accrochées sans ordre ni soin (et parmi lesquelles plusieurs méritaient de ne pas être montrées) deux tableaux en particulier suscitèrent une réaction violente, *La Femme blanche* de James McNeill Whistler, refusée précédemment à la Royal Academy de Londres et *Le Déjeuner sur l'herbe* de Manet. Le tableau de Whistler fut ridiculisé tandis que Manet, exposé dans la salle la plus éloignée, crevait les murs avec son *Déjeuner sur l'herbe*.

Meissonier
Campagne française, Napoléon
1864
huile sur toile
49 x 75 cm
Paris, musée du Louvre
Les sujets édifiants, qu'ils soient religieux ou héroïques, constituèrent la matière première du Salon durant la seconde moitié du XIXe siècle.

Cabanel
La Naissance de Vénus
1863
huile sur toile
130 x 225 cm
Paris, musée d'Orsay
La Vénus de Cabanel, victorieuse au Salon officiel de 1863, incarne ce que Manet, Degas et les premiers impressionnistes tentent justement d'éviter. La composition classique et léchée et l'érotisme suggéré sont des créations typiques du règne de Napoléon III. Au Salon des Refusés voisin, Le Déjeuner sur l'herbe *de Manet soulevait colère et indignation.*

Si *La Musique aux Tuileries* avait provoqué un remue-ménage positif parmi ses compagnons et si les peintures espagnoles avaient réjoui le public, Le *Déjeuner sur l'herbe* connut un "succès de scandale" immédiat.

La technique de Manet mise à part, l'opinion publique fut choquée par la représentation d'une femme nue à côté de deux jeunes bourgeois habillés et Napoléon III le désigna comme une atteinte à la pudeur (l'empereur n'était pas assez pudique cependant pour condamner *La naissance de Vénus* d'Alexandre Cabanel, consciencieusement académique mais combien érotique, qui figurait officiellement au Salon voisin). Zola prit la défense de l'œuvre en attirant l'attention sur les nombreux tableaux du Louvre où se côtoient également personnages vêtus et dévêtus. Zacharie Astruc s'engagea à défendre Manet, allant jusqu'à publier un journal, *Le Salon de 1863*, où il décrit Manet comme un des plus grands artistes et un des plus originaux de son temps louant la splendeur, la force, l'inspiration et le côté étonnant de son art.

Manet s'avouait néanmoins désolé par tant d'attention et se plaignit à son ami Baudelaire des injures qui pleuvaient sur lui comme la grêle.

Le tableau de Manet dérivait pourtant d'une œuvre de Titien, Giorgione ou les deux, datée de 1510-1511, conservée au Louvre et intitulée *La Fête champêtre*. Il avait aussi un précédent respectable en la gravure de Marcantonio Raimondi, d'après Raphaël. La lumière jaune et plate tombant sur la figure centrale la décrit sans la pudeur d'usage si évidente et conventionnellement sympathique de la Vénus inondée de rose, vedette du Salon officiel. Théophile Burger, critique, ami de Baudelaire, s'interroge :

Je ne devine pas ce qui a pu faire choisir à un artiste intelligent et distingué une

Manet
Le Déjeuner sur l'herbe
1863
huile sur toile
208 x 264,5 cm
Paris, musée d'Orsay
Ni les critiques ni le public ne pouvaient admettre une scène classique déguisée dans une apparence moderne. Bien que cette scène ait de nombreux antécédents au Louvre, il était insupportable de voir une femme nue en compagnie de deux dandys contemporains. L'éclairage cru et le réalisme sans compromis attirèrent également la critique sur la technique du peintre.

Raimondi
Le Jugement de Pâris d'après Raphaël
vers 1550
gravure
Paris, Bibliothèque nationale
L'un des antécédents célèbres du tableau de Manet.

composition si absurde. Mais il y a des qualités de couleur et de lumière dans le paysage, et même des morceaux très réels de modelés dans le torse de la femme.

Ces passages délicats étaient passés sous silence par d'autres critiques :

Est-ce là dessiner? Est-ce là peindre? M. Manet croit être ferme et puissant, il n'est que dur; chose singulière, il est aussi mou que dur. Cela vient que tout est incertain chez lui et abandonné au hasard.

Ou encore :

M. Manet aura du talent le jour où il saura le dessin et la perspective ; il aura du goût le jour où il renoncera à ses sujets choisis en vue du scandale.

Louis Etienne associe la prostituée de Manet à une "bréda", d'après le nom de la rue Bréda, dans le quartier des Batignolles à Paris, lieu de travail des prostituées. À l'époque du Salon des Refusés, Manet vivait et travaillait à proximité.

C'est au Café Guerbois, au 11, Grande Rue des Batignolles, qu'un groupe d'artistes et d'intellectuels partageant les mêmes idées, parmi lesquels Manet, Monet, Pissarro, Bazille, Degas, Renoir, Zola et Nadar, allaient se rencontrer quelques années plus tard sous le nom de "Groupe des Batignolles" pour parler de leur vie et de leur œuvre. Voici ce qu'en pensait Zola :

Monet
Fleurs de printemps
1864, huile sur toile, 117 x 89 cm
Cleveland, Museum of Art
Ce tableau prouve que Monet pouvait aussi produire des œuvres commerciales accessibles au public.

Ce qu'il faut voir dans le tableau, ce n'est pas un déjeuner sur l'herbe, c'est le paysage entier, avec ses vigueurs et ses finesses, avec ses premiers plans si larges, si solides, et ses fonds d'une délicatesse si légère ; c'est cette chair ferme, modelée à grands pans de lumière, ces étoffes souples et fortes, et surtout cette délicieuse silhouette de femme en chemise qui fait, dans le fond, une adorable tache blanche au milieu des feuilles vertes ; c'est enfin cet ensemble vaste, plein d'air, ce coin de la nature rendue avec une simplicité si juste, toute cette page admirable dans laquelle un artiste a mis les éléments particuliers et rares qui étaient en lui.

Provocation irritante ou composition légère, *Le Déjeuner sur l'herbe* introduit le monde moderne au Salon, même si, au sens propre et figuré, il comptait parmi les peintures refusées. Actuellement il paraît difficile d'y trouver un soupçon de scandale, mais à cette époque le nu n'était autorisé que sous une forme hautement stylisée et épurée, à la manière de Cabanel. La "chose réelle" était tout simplement intolérable.

La même année, un autre événement fit grand bruit. Dans un décret du 13 novembre, le gouvernement annonce une réforme complète de l'École des beaux-arts, la soustrayant au contrôle de l'Académie des beaux-arts, installant un système d'ateliers de peinture au sein même de l'École, alors qu'auparavant celle-ci n'enseignait que le dessin, et abolissant plusieurs compétitions importantes comme le prix de Paysage historique. Plusieurs peintres de l'école de Barbizon avaient participé à ces concours, parmi lesquels Rousseau et Daubigny et, comme le soulignait l'historien de l'art Albert Boime, Corot et Gleyre avaient poussé leurs élèves à s'y présenter, tandis que Monet et Sisley s'y intéressèrent également. Ces réformes avaient été entreprises en partie sous le prétexte qu'elles allaient susciter plus d'originalité mais en réalité, elles ne furent populaires ni auprès de l'Académie ni auprès des étudiants qui craignaient de ne plus pouvoir choisir leur maître pour la préparation à l'École.

Sisley signa une pétition protestant contre ces modifications, prouvant, selon Albert Boime, que les étudiants de Gleyre n'avaient pas encore abandonné l'espoir d'une reconnaissance officielle à travers la structure officielle de l'École et du Salon, en dépit du succès obtenu par le Salon des Refusés.

Fantin-Latour
Fleurs et Fruits
1865
huile sur toile, 64 x 57 cm
Paris, musée d'Orsay
Les tableaux de fleurs de Fantin-Latour avaient beaucoup de succès à Londres où le peintre était perçu comme un des principaux représentants de l'art français.

1864 - 1866 : "Les traces d'Olympia"

En 1864, le duc de Morny, à l'origine de la construction d'une station balnéaire à Deauville et de la liaison en chemin de fer avec la capitale, permettant aux Parisiens d'en profiter pleinement, inaugure le nouveau champ de courses. Rien d'inhabituel dans ce développement pour une région de France à vocation industrielle et économique. Il s'agit simplement d'un nouvel exemple de la prospérité croissante de la classe moyenne et des loisirs luxueux que pouvait s'offrir une bonne partie de la population. On célébra cette année-là la première victoire internationale d'un cheval de course français à Longchamp. La vitesse était à la mode ; le chemin de fer avait déjà transformé la notion de voyage et constituait un atout de taille dans l'aspiration de la France à devenir une puissance économique importante.

Le Second Empire tentait d'étendre son pouvoir dans d'autres régions: au Mexique, Napoléon III installa Maximilien d'Autriche comme gouverneur fantoche, mais comme bon nombre de représentants de l'empereur à l'étranger, ce fut la preuve d'une chimère désastreuse. Pendant ce temps, Eugène Chevreul publiait son second ouvrage sur la couleur et Charles Gleyre était contraint à la fermeture de son atelier pour des raisons médicales et pécuniaires. En été, des œuvres de Morisot, Renoir et Pissarro étaient acceptées au Salon dont la fréquence devenait annuelle. Manet, pour sa part, était refusé et mis à l'ombre pendant une année. La fermeture de l'atelier de Gleyre obligea Monet et ses amis à peindre à l'extérieur. Au début du printemps, Monet peignit à Fontainebleau et dans sa région, en compagnie de Renoir et Sis-

Manet
Vase de pivoines sur piédouche
1864
huile sur toile
38 x 46,5 cm
Paris, musée d'Orsay
Manet réalisa des tableaux de fleurs tout au long de sa carrière mais aucun peintre ne pouvait rivaliser avec Fantin-Latour dans ce domaine.

Fantin-Latour
Tannhäuser sur le mont Vénus
1864
huile sur toile, 98 x 130 cm
Los Angeles, Museum of Art
Le peintre avait découvert Wagner en 1863. Tannhäuser fut un échec à Paris mais Fantin-Latour adorait Wagner et Berlioz, enthousiasme partagé par Bazille.

ley. En été, il s'installa dans une ferme normande près d'Honfleur, vite rejoint par Bazille, Boudin et Jongkind. Bazille était retourné à Paris lorsque Monet lui écrivit d'Honfleur, l'encourageant à revenir au pays :

> *Je suis assez content de mon séjour ici, quoique mes études soient bien loin de ce que je voudrais; c'est décidément affreusement difficile de faire une chose complète sous tous les rapports... Eh bien, mon cher, je veux lutter, gratter, recommencer, car on peut faire ce que l'on voit et ce que l'on comprend...C'est à force d'observation et de réflexion que l'on trouve... Ce dont je suis sûr, c'est que vous ne travaillez pas assez, et pas de la bonne manière.(...) On est admirablement à Saint-Siméon et on me parle souvent de M. Bazille.*

L'influence de Boudin et spécialement de Jongkind est particulièrement évidente dans les œuvres de Monet datant de cette période. Il reconnaissait même des accointances avec Corot dans les paysages exécutés près d'Honfleur. Mais *La Rue des Batignolles* et *La Ferme normande*, peints à la même époque, montrent les prémices d'un rapide développement technique. À cette époque, et durant toute sa vie, il produira des tableaux à une allure prodigieuse; sa tête était, comme il l'écrira à Bazille en juillet 1864, "embrasée par le désir de peindre". C'était aussi bien d'ailleurs, puisqu'il vivait continuellement au bord de la faillite et qu'il devait souvent faire appel à des amis comme Bazille pour l'aider à traverser ses difficultés financières. Son application fut récompensée l'année suivante puisque deux œuvres furent admises au Salon en même temps que le dernier tableau d'histoire de Degas, admis pour la première fois, *Scène de guerre au Moyen Âge*. En 1865, Monet exposa deux paysages marins, *L'Embouchure de la Seine à Honfleur* et *Pointe de la Hève à marée basse*. L'influence de Jongkind et Boudin y est déterminante mais le critique Gallet s'empressa de décrire Monet comme un jeune artiste très prometteur davantage préoccupé par la fidélité de l'effet que par l'esthétique. Un autre critique, Victor Fournel, rejeta le tableau de manière foudroyante en le comparant à un gribouillage d'enfant de douze ans sur la couverture de son livre d'école.

Cependant le succès de Monet et Degas, autant que de Pissarro, fut éclipsé par l'*Olympia* d'Édouard Manet.

Degas
Étude pour une scène de guerre au Moyen Âge
1865
crayon sur papier
35,5 x 22 cm
Paris, musée du Louvre
Conformément à la tradition, Degas dessinait ses figures nues avant de les peindre vêtues afin de parvenir à une réelle sensation du volume.

Degas
Étude pour une scène de guerre au Moyen Âge
1865
fusain sur papier
26,5 x 31,5 cm
Paris, musée du Louvre
Les études de Degas étaient toujours abouties; il ne laissait rien au hasard, ce qui, stylistiquement, le distingua toujours de la plupart des impressionnistes.

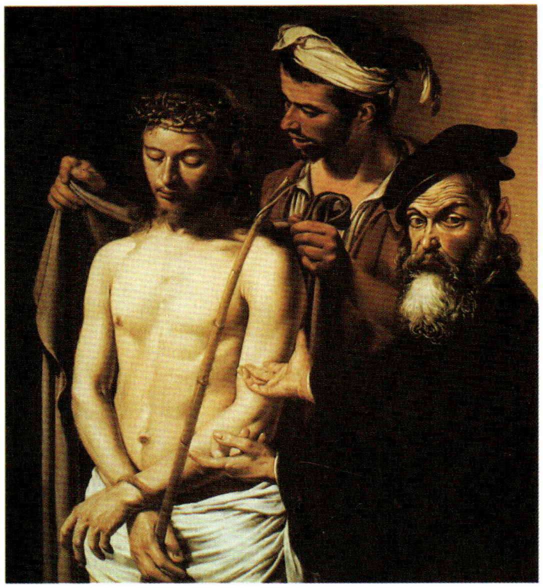

Caravaggio
Ecce Homo
1606
huile sur toile
128 x 103 cm
Gênes, Palazzo Bianco
Le naturalisme du Caravage fut jugé outrancier à une époque où la plupart des sujets étaient idéalisés. Manet souffrit d'une même conception de la peinture.

Manet
Le Christ insulté par les soldats
1865
huile sur toile
191,5 x 148,5 cm
Chicago, Art Institute
"Vous êtes le premier dans la décrépitude de votre art", écrivait Baudelaire, d'une humeur vitriolique, à un Manet abattu par le scandale provoqué au Salon par Olympia *et* Le Christ insulté par les soldats. *Les deux tableaux furent décrochés de leur position centrale et pendus dans le coin le plus sombre de la salle M.*

Au début de l'année 1865, Manet exposait à nouveau à la galerie Martinet avec quelque succès. En mai, le Salon s'ouvrait sous les auspices de l'hystérie collective. L'objet du mépris des critiques et du dégoût du public était les deux tableaux proposés par Manet, *Jésus insulté par les soldats* et *Olympia*. Ils attiraient des cohortes de visiteurs curieux. Le critique Victor de Jankovitz s'indigna sarcastiquement :

Jésus insulté par M. Manet, je veux dire dû à son pinceau, est un tableau au-dessous de toute critique. C'est du Raphaël corrigé par un Courbet de troisième qualité.

Le Christ insulté par les soldats sortait sain et sauf de la confrontation avec les critiques, en comparaison avec l'*Olympia*. Les bourgeoises étaient averties d'avoir à détourner les yeux de ce spectacle scandaleux. Néanmoins, en compagnie de leurs époux, elles se pressaient dans la salle M pour vérifier par elles-mêmes la véracité de ces témoignages scandalisés.

La notoriété de l'*Olympia* prit rapidement le pas sur celle du *Déjeuner sur l'herbe*, qui, faut-il le rappeler, avait été montré en dehors du Salon comme un tableau indigne de reconnaissance. Les vers de Zacharie Astruc, l'ami du peintre, ouvraient le catalogue des peintures du Salon :

Quand, lasse de songer, Olympia s'éveille,
Le printemps entre au bras du doux messager noir;
C'est l'esclave, à la nuit amoureuse pareille,
Qui vient fleurir le jour délicieux à voir:
L'auguste jeune fille en qui la flamme veille.

Ingres
Odalisque se reposant
1829
huile sur toile
30 x 47,5 cm
Londres, Victoria and Albert Museum
Ce corps nu est peut-être plus provocateur et érotique que celui de l'Olympia de Manet; néanmoins, il est dépourvu de cette quotidienneté évidente du modèle de Manet, dont l'hypocrisie de la société bourgeoise ne pouvait accepter le rapport à la prostitution, véritable institution reconnue sous le manteau par cette même bourgeoisie.

Tout, dans le tableau - la disposition du sujet, les draps en désordre, son vêtement plus que sommaire, la servante noire, le petit chat noir, les fleurs, la technique allant de passages finement modelés à des parties ébauchées à larges coups de pinceau - contribua à embrouiller et à consterner les visiteurs. Il n'y avait aucun doute qu'il s'agissait là d'une seconde "bréda", une prostituée, fatiguée plus par une nuit de travail que par ses rêves. Paris était envahie de prostituées, de la plus pauvre racoleuse de la rue Bréda à la plus riche des courtisanes, entretenue avec prodigalité dans un appartement des grands boulevards. Cependant, avant le premier Salon des Refusés, il était inouï de représenter une prostituée, si ce n'est sous la forme idéalisée de Vénus ou de quelque déesse. Manet avait ouvert une voie qu'emprunteront Degas et d'autres peintres sans que cela suscite autant d'indignation. Directement inspirée de la pose choisie par de nombreux peintres italiens du XVIe siècle, par le peintre anglais Peter Lely et des artistes français du XVIIIe siècle, Olympia ne veut pas charmer le public. Il s'agit ici d'une femme en chair et en os, cynique, s'adressant directement au spectateur et sans aucune prétention ni tentative de séduction.

Le Second Empire était tout artifice. À l'écart des façades massives du nouveau Paris dessiné par Haussmann, la moitié de la population vivant, selon lui, dans une pauvreté proche de la misère, était obligée de s'installer dans les faubourgs ou de se concentrer dans des régions comme Belleville. Il est significatif qu'Olympia soit décrite par un critique comme "une petite faubourienne", c'est-à-dire une fille de la classe ouvrière et non comme une "cocotte", selon l'euphémisme consacré. L'hypocrisie de l'époque peut sembler atterrante quand on sait qu'elle tolérait ses courtisanes tant qu'elles planaient au-dessus de la crasse et de la saleté de la réalité. En rompant ce respect silencieux, comme l'a observé T.J. Clarck, Manet a provoqué une crise dans le discours lui-même de la critique artistique. Loin de manquer de mots, les arbitres en matière de goût, du plus petit chroniqueur à l'intellectuel le plus en vue, tous se disputaient avec acharnement pour ne pas décrire l'Olympia dans des termes traditionnels. Tandis qu'ils comparaient sa peau à du caoutchouc, deux d'entre eux ne pouvaient ou ne voulaient voir la référence immédiate à *La Vénus d'Urbino* de Titien dont Manet avait eu l'occasion de faire une copie à l'huile à Florence. L'ironie de son surnom de "faubourienne" n'était pas due au hasard : plus d'un bordel de Paris aurait présenté des filles sous les noms classiques d'Olympia, Lucrèce, Calliope et, le plus populaire, Virginia. Le problème crucial pour les critiques et le public lui-même était qu'*Olympia* apparaissait au Salon même ; cela força leur intolérance. Le fait qu'*Olympia* et *Le Christ insulté par les soldats*, fussent finalement accrochés dans le coin le plus éloigné et le plus sombre du Palais de l'Industrie n'y changea rien. La réputation (ou l'infamie) de Manet était faite jusqu'à la fin de ses jours. Sa position de chef de file de la nouvelle génération des peintres de la vie moderne se voyait confirmée une fois pour toutes.

Dans le monde, les événements se succédaient: le président des États-Unis, Abraham Lincoln, était assassiné, la première Internationale communiste se tenait à Paris et à Londres, un jeune professeur de mathématiques au Christ Church College d'Oxford publiait, sous le pseudonyme de Lewis Carroll, l'histoire d'*Alice au pays des merveilles*.

Encouragé par son admission au Salon, quoique relatif, et par l'exemple de Manet,

Titien
La Vénus d'Urbino
vers 1538
huile sur toile
120 x 165 cm
Florence,
musée des Offices.
Un modèle pour l'Olympia de Manet avec laquelle la parenté est évidente.

Monet commence à peindre en 1865 son monumental *Déjeuner sur l'herbe*, avec l'intention évidente de provoquer le monde artistique parisien. Malheureusement, en mars 1866, à l'approche de la date limite du Salon, il abandonna son projet, ne laissant que des fragments et une esquisse à l'huile de ce qui devait être un tableau de plus de 4,5 mètres de haut sur 6 mètres de large. Il abandonna sa toile dans l'atelier de Bazille en gage d'un prêt non remboursé et ne la réclama qu'au moment où une partie commençait à moisir. Monet supprima cette partie et découpa le reste en deux. L'esquisse indique qu'il avait prévu de réaliser une œuvre de plein air, se basant sur l'idée relativement nouvelle de figures dessinées sur le vif et parmi lesquelles on aurait trouvé Sisley, Bazille et la maîtresse de Monet, Camille Doncieux. Au dire de tout le monde, Monet était obsédé par ce vaste projet et y consacra tout l'été 1865, alors que l'*Olympia* provoquait le scandale que l'on sait. Il écrivait souvent à Bazille pour lui proposer de l'accompagner dans la forêt de Fontainebleau. Tout ce travail avait fatigué Monet ; souffrant d'une blessure à la jambe qu'il contracta en 1865 et ayant emménagé dans l'atelier parisien de Bazille pour terminer son tableau avant le Salon de 1866, il avait dû quitter ce dernier pour s'installer ailleurs. Incapable de terminer son tableau, il réalisa en quatre jours un portrait en pied de Camille, connu sous le nom de la *Femme en vert* qui fut admis au Salon.

Le Déjeuner sur l'herbe était une entreprise prodigieuse à maints égards. Comme l'a suggéré Andrew Forge, il s'agissait là d'un tableau aussi éloigné des recherches terre à terre de Courbet en matière sociale que des

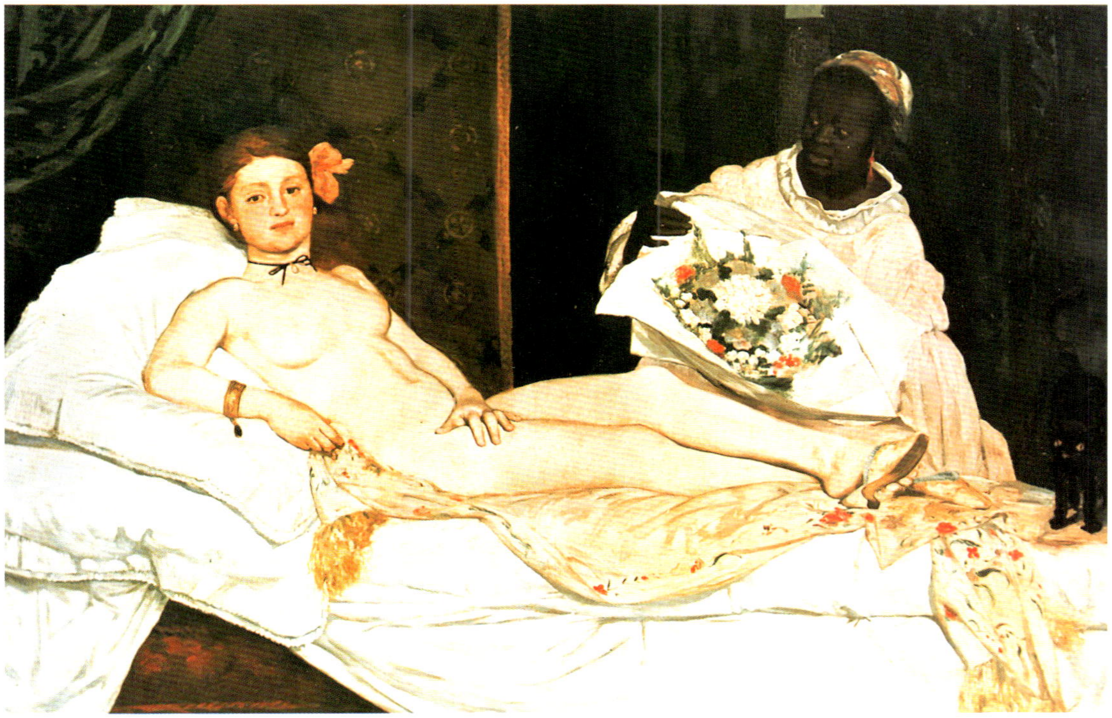

Manet
Olympia
1863
huile sur toile,
130,5 x 190 cm
Paris, musée d'Orsay
Ce tableau provoqua une réaction violente, frisant l'outrage, au Salon de 1865, et assit la réputation de Manet, probablement dans un sens qu'il n'avait pas escompté. Comme pour Le Déjeuner sur l'herbe, *cet événement a marqué un tournant dans l'histoire de l'art moderne, dans le sens d'une subversion de la conception traditionnelle du nu.*

réflexions de Manet sur le thème de l'érotisme dans la vie moderne. Monet tentait de transposer la syntaxe de l'esquisse à l'échelle d'un tableau en grande dimension.

Rendu intrépide par son échec précédent, Monet entreprend, au début de l'année 1866, une autre peinture de grandes dimensions, de près de deux mètres sur deux, *Femmes dans un jardin*. Il avait loué une maison à proximité de Paris et creusé une tranchée de manière à ce que le tableau puisse être descendu à l'aide de poulies, ce qui lui permettait de ne pas bouger et de garder toujours le même point de vue. Ridiculisée par Courbet, cette idée marquait l'aboutissement de la notion de peinture de plein air. Le tableau terminé fut refusé par le Salon en 1867, ce qui constitua un rude coup pour Monet.

Monet
Le Déjeuner sur l'herbe
1865/1866
huile sur toile
130 x 181 cm
Moscou, musée Pouchkine
Ceci est une esquisse de l'œuvre inachevée.

Le groupe des Batignolles

L'année 1866 vit l'invention de la dynamite par Alfred Nobel. En France, Napoléon III ordonne le retrait de ses troupes installées au Mexique, ce qui allait avoir des conséquences désastreuses pour l'empereur Maximilien. Dans sa prose explosive, Zola publie un article intitulé "Mon Salon" dans l'*Événement*, dans lequel il prend la défense de Cézanne, Bazille, Monet et Pissarro. Il y encourage également la lettre envoyé par Cézanne au comte de Nieuwerkerke afin d'obtenir l'ouverture d'un nouveau Salon des Refusés. Cézanne écrivait dans cette lettre :

Je me contente de vous dire de nouveau que ne puis accepter le jugement illégitime de confrères auxquels je n'ai pas donné moi-même mission de m'apprécier... Je désire en appeler au public et être exposé quand même.

À ce stade, un réseau complexe de relations est sur le point de s'établir entre Monet, Pissarro, Bazille, Cézanne, Guillaumin, Morisot, Renoir, Sisley, Manet et Degas. Lors du vernissage du Salon de 1866, Monet et Bazille avaient rencontré Manet et son entourage alors qu'ils quittaient l'exposition. La signature de Monet sur *Femmes dans un jardin* avait été prise pour celle de Manet, qui était entré au Salon sous un concert d'applaudissements. Monet relate l'événement en 1900 dans *Le Temps* :

Manet avait d'ailleurs contre moi une vieille dent. Au Salon de 1866, le jour du vernissage, il avait été accueilli, dès l'entrée, par des acclamations : "Excellent, mon cher, ton tableau!" Et des poignées de main, des bravos, des félicitations. Manet, comme vous pouvez le penser, exultait. Quelle ne fut pas sa surprise quand il s'aperçut que la toile pour laquelle on le félicitait était de moi!... Et le malheur avait voulu que, s'esquivant, il tombât sur un groupe dont Bazille et moi nous étions. "Comment va?" lui dit un des nôtres.
-"Ah! mon cher, c'est dégoûtant, je suis furieux. On ne me fait compliment que d'un tableau qui n'est pas de moi. C'est à croire que c'est une mystification."

Monet
Femmes au jardin
1865/1866
huile sur toile, 418 x 150 cm
Paris, musée d'Orsay
Dans ce tableau, Monet s'essaie pour la dernière fois à représenter des figures dans une grande composition. A la source de son inspiration, deux possibilités: une photographie des sœurs de son ami Bazille et une illustration dans une revue de mode. Camille a posé pour trois des personnages.

Le lendemain, encore choqué par l'affront involontaire que lui avait fait le jeune maître, Manet aurait refusé de lui être présenté. Mais comme Monet le rappelle:

Ce fut en 1869 seulement que je le (Manet) revis, mais pour entrer dans son intimité aussitôt, dès la première rencontre. Il m'invita à venir le retrouver tous les soirs

Monet
Le Quai du Louvre
1866/1867
huile sur toile, 66 x 94 cm
La Haye,
Gemeentemuseum
Les impressionnistes se mirent rapidement à peindre des paysages depuis des fenêtres. Outre l'intérêt perspectif d'une telle position, il était sûrement plus confortable de travailler à l'abri des passants.

Degas
La Femme aux chrysanthèmes
1865
huile sur toile,
73,7 x 92,7 cm
New York, Metropolitan Museum of Art
Bien qu'une photographie soit à l'origine de cette œuvre, Degas n'en réalisa pas moins plusieurs esquisses d'après le modèle vivant.

dans un café des Batignolles où ses amis et lui se réunissaient au sortir de l'atelier pour causer. J'y rencontrai Fantin-Latour et Cézanne, Degas qui arrivait peu après d'Italie, le critique d'art Duranty, Émile Zola qui débutait alors dans les Lettres, et quelques autres encore. J'y amenai moi-même Sisley, Bazille et Renoir. Rien de plus intéressant que ces causeries avec leurs chocs d'opinions perpétuels. On s'y tenait l'esprit en haleine, on s'y encourageait à la recherche désintéressée et sincère, on y faisait des provisions d'enthousiasme qui, pendant des semaines et des semaines, vous soutenait jusqu'à la mise en forme définitive de l'idée. On en sortait toujours mieux trempé, la volonté plus ferme, la pensée plus nette et plus claire.

1866 marque les débuts du Groupe des Batignolles. Pendant que Monet, Bazille, Renoir, Sisley et Pissarro travaillaient dans la campagne, c'est vers le quartier des Batignolles à Paris qu'allaient converger tous les regards. L'"Haussmannisation" avait agrandi ce quartier, en particulier avec le tout nouveau et très long boulevard des Batignolles. Entre 1842 et 1866, la population de ce quartier était passée de 15000 à 200 000 habitants. Sa position éloignée du centre mais proche de la gare Saint-Lazare le rendait populaire. Les constructions étaient modernes, confortables et bourgeoises. Elles offraient en outre un confort résidentiel abordable, comme le confirmait une lettre de Renoir à ses parents quelques années plus tard, alors qu'il vivait dans la rue de la Paix avec Bazille. Il y décrivait le quartier calme et moins cher que le reste de Paris.

Pissarro
Le Pont du chemin de fer, Pontoise
vers 1865
huile sur toile
50 x 65 cm
collection privée
En 1867, deux ans après avoir peint ce paysage, Pissarro et sa famille s'installèrent à Pontoise, près d'Auvers-sur-Oise où se rendra Van Gogh quelque vingt ans plus tard.

Le vieux quartier des Batignolles subsistait encore, peuplé d'immigrés, de chiffonniers et de prostituées, parmi lesquels Manet trouva quelques-uns de ses sujets et ses modèles. Manet avait logé à plusieurs endroits dans ce quartier. Il commençait à fréquenter le Café Guerbois au 11, rue des Batignolles. Durant les trois années à venir, tout ce que l'impressionnisme a compté comme personnalités s'y est rencontré, tous les soirs et le jeudi en particulier, pour discuter art et littérature. Si l'atelier de Gleyre avait été le berceau des impressionnistes de plein air, le Café Guerbois était leur salle commune. Quiconque s'intéresse à l'avant-garde artistique parisienne ne devrait pas aller plus loin que le Café Guerbois, un des nombreux cafés nés dans le Paris aux larges trottoirs et aux vastes boulevards passants. Manet y fut certainement l'un des premiers et entretint sa cour avec sûreté. L'écrivain et historien de l'impressionnisme Armand Silvestre le décrit :

Manet était volontiers ironique dans le discours et souvent cruel. Il avait le mot à l'emporte-pièce, coupant et déchiquetant d'un coup. Mais quel bonheur dans l'expression et souvent quelle justesse dans l'idée!... Il était le plus curieux du monde, accoudé à une table, lançant avec une voix où dominait l'accent de Montmartre, voisin de celui de Belleville, ses propos gouailleurs; oui, curieux et inoubliable avec ses gants irréprochables et son chapeau écrasant sur la nuque le frisottement éclairci de ses cheveux.

1867 - 1868 : La Ville Lumière

L'année 1867 annonce la crise du Second Empire. Depuis la proclamation comme empereur de Napoléon III en 1852, la France a connu une prospérité essentiellement conservatrice qui favorisait d'abord les classes moyenne et supérieure de la société. Les nouveaux boulevards et bâtiments symbolisent cette prospérité, comme les stations balnéaires fleurissant sur la côte normande. Mais était financé à crédit suite à des opérations parfois douteuses. En 1866, le Crédit mobilier, qui finançait une gran

Vue aérienne de l'Exposition universelle de 1867.
Paris, Bibliothèque nationale

Renoir
Le Parc de Saint-Cloud
1866
huile sur toile, 50 x 61 cm
collection privée
Cette peinture impressionniste, surprenante pour l'époque, a été réalisée trois ans avant que Degas ne travaille avec Monet à La Grenouillère.

de partie des travaux du nouvel Empire, se trouvait face à des difficultés énormes de liquidité. Ses parts tombèrent l'année suivante de 1982 francs à 140 francs. Le fiasco mexicain se conclut par la mort de Maximilien, abandonné par la France et tué par les rebelles. Manet, qui avait à juste titre perçu la crise comme un échec de la politique impériale, commença un tableau représentant l'exécution de l'empereur, se servant de photographies mais s'inspirant aussi du tableau de Goya, *La fusillade du 3 Mai*, qu'il avait admiré à Madrid en 1865. Le Salon lui fit comprendre qu'il n'y était pas admis à cause de sa sensibilité politique. Une lithographie de la peinture fut officiellement censurée.

Partout dans le monde, les tensions montaient. Dans une tentative pour défendre les États papaux contre le révolutionnaire Garibaldi, des bataillons français furent détachés à Rome. Comme d'habitude, les relations avec la Prusse se crispèrent. En janvier, Napoléon III annonçait des changements constitutionnels, et en particulier un gouvernement représentatif de l'Empire, mais cela ne fut d'aucune utilité. La guerre civile américaine avait fait chuter le cours du coton et les vignobles avaient souffert du phylloxera, apparu en 1863, qui décima les récoltes. Le succès du Second Empire à l'étranger, selon Alistair Horne, "avait aveuglé les Français sur les réalités cachées. La syphilis était en progression, au point que de nombreux Français célèbres de l'époque y succombèrent : Maupassant, Jules Goncourt, Dumas fils, Baudelaire et Manet. La maladie redoutable était symptomatique du Second Empire lui-même; en surface, gaieté et lumière ; dans l'ombre, purulence sordide, décadence et, au bout, la mort."

Un visiteur de Paris à l'automne 1867 - et ils se comptaient par milliers - aurait difficilement

Manet
L'exécution de Maximilien
1867
huile sur toile
252 x 305 cm
Mannheim, Kunsthalle
Manet se plaisait à provoquer la sensibilité du public du Salon. Il prit la précaution pourtant de l'avertir que ce tableau ne devait pas être apprécié pour son contenu politique. Manet trouva son inspiration dans le tableau de Goya qu'il avait vu à Madrid, La fusillade du 3 mai.

Goya
La Fusillade du 3 Mai
1814
huile sur toile
266 x 345 cm
Madrid, musée du Prado

Monet
Le Jardin de l'Infante
1866
huile sur toile,
92 x 62 cm
Oberlin College, Allen
Memorial Art Museum
Le musée du Louvre autorisa Monet à peindre trois tableaux, dont celui-ci, depuis l'un de ses balcons. Il témoigne de l'influence de la photographie sur l'angle de vue et la coupe arbitraire du motif par le cadre du tableau.

pressenti un destin aussi funeste; en effet, la seconde Exposition universelle avait envahi une ville déjà gorgée de centaines de cafés et de théâtres, tous remplis de Parisiens. Les visiteurs de l'exposition d'armements prussiens s'émerveillaient devant les pièces d'artillerie Krupp. Le déploiement d'un nouveau matériel de guerre était certainement impressionnant, et si les Français en avaient fait plus de cas, ils auraient peut-être réfléchi à deux fois avant de s'engager dans une guerre contre les Prussiens quelques années plus tard. Un tableau peint par Manet à cette époque, *Vue de l'Exposition universelle*, montre les pavillons français et anglais, tandis que le ballon du photographe Nadar, surnommé "Le Géant", survole la cité. Dans *Les Champs-Élysées pendant l'Exposition universelle*, Renoir représente des flâneurs tranquilles, femmes vêtues d'été, ciel bleu semé de nuages duveteux. Dans le fond, le drapeau tricolore flotte au-dessus du Palais de l'Industrie, construit lors de l'Exposition universelle qui avait vu Pissarro s'extasier devant les œuvres de Corot et le pavillon réaliste de Courbet provoquer l'establishment bien pensant.

En 1867, les événements se répétaient. Courbet construisait un pavillon pour rivaliser avec le Salon officiel et Manet, dégoûté par son éviction, le boycottait en prenant exemple sur Courbet. Une pression très forte s'exerçait pour que s'ouvre un nouveau Salon des Refusés. Monet, Renoir, Pissarro, Sisley, Jongkind, Manet et Daubigny signèrent ensemble une pétition présentée aux autorités, mais leur requête fut rejetée. Le pavillon indépendant de Manet ne fut pas très rentable. Les temps étaient durs pour les peintres modernes. L'arbitraire des membres du jury, modifiant d'année en année les critères de recevabilité, provoquait un sentiment de frustration. En mai, Bazille dévoilait à ses parents un projet né de leur concertation :

> *Je n'enverrai plus rien devant le jury. Il est par trop ridicule... d'être exposé à ces caprices d'administration... Ce que je vous*

Manet
Vue de l'Exposition universelle
1867
huile sur toile,
108 x 196 cm
Oslo, Nationalmuseum
Manet dissèque la société parisienne, depuis les femmes de la bonne société dans leur promenade matinale jusqu'aux membres des classes populaires comme le jardinier. Le fameux ballon de Nadar flotte au-dessus de la scène.

dis là, une douzaine de jeunes gens de talent le pensent comme moi. Nous avons donc résolu de louer chaque année un grand atelier où nous exposerons nos œuvres en aussi grand nombre que nous le voudrons. Nous inviterons les peintres qui nous plaisent à envoyer des tableaux. Courbet, Corot, Diaz, Daubigny, et beaucoup d'autres que vous ne connaissez peut-être pas, nous ont promis de nous envoyer des tableaux et approuvent beaucoup notre idée. Avec ces gens-là et Monet, qui est plus fort qu'eux tous, nous sommes sûrs de réussir. Vous verrez qu'on parlera de nous.

Le projet n'aboutit pas, faute de moyens pour monter l'exposition, mais c'était la première tentative de lancer la Société anonyme des artistes peintres, sculpteurs, graveurs, etc., qui mit sur pied le Salon de 1874.

Dans l'intervalle, Monet avait obtenu du Louvre l'autorisation de peindre du haut d'un de ses balcons du deuxième étage. Il y réalisa trois tableaux, dont *Le Jardin de l'Infante*. Avec *Quai du Louvre* et *Saint-Germain l'Auxerrois*, il réalise ce que Forge a qualifié d'expériences cruciales pour avoir poussé dans leurs derniers retranchements les principes du réalisme. *Le Jardin de l'Infante* propose une nouvelle vision de la cité, dans laquelle il utilise une technique déjà éprouvée dans ses paysages et ses deux tableaux de grandes dimensions. L'angle du vue est influencé par la technique du cadrage et les effets déformants de la photographie aux bords du champ de vision et déterminent la composition d'après des points arbitraires, produisant une impression vertigineuse de hauteur, de distance et d'espace. L'œil du paysagiste montre les foules de haut en bas comme un élément mobile de la cité, au moyen de coups de brosse rapides, qui seront dénoncés plus tard comme des "coups de langue". La topographie très altérée de Paris interpella nombre d'amis de Monet. Ils espéraient ainsi vendre des vues des boulevards d'Haussmann, sujet qui ne prêtait guère à controverse.

Les visiteurs de l'Exposition universelle de cette année-là furent séduits et intrigués par l'exposition d'estampes japonaises et d'artisanat, premier signe du japonisme, véritable engouement pour tout ce qui venait du Japon. Plusieurs artistes seront influencés par la mise en page de ces estampes, en particulier Degas, comme Whistler l'avait été avant lui. Les

Monet
La Plage de Sainte-Adresse
vers 1867
huile sur toile
75 x 101 cm
Chicago, Art Institute
Monet ne se fatigua jamais de représenter cette côte de Normandie.

Renoir
Champ de roses
non daté, huile sur toile
33 x 46,5 cm
collection privée
La touche déliée de Renoir le plaçait à l'avant-garde de l'impressionnisme mais il y renonça plus tard, la jugeant trop réductrice.

Renoir
Le Pont des Arts à Paris
1867
huile sur toile
62 x 100 cm
Pasadena, Norton Simon Foundation
Les quais, récemment aménagés sur l'emplacement d'anciennes habitations, donnent une allure de nouveauté à Paris.

estampes japonaises étaient apparues en Europe dans les années 1850, d'abord comme emballage d'objets d'artisanat. Après plusieurs siècles d'isolement, le Japon ouvrait enfin ses portes vers l'Occident en 1867 et deux boutiques parisiennes relayèrent ce nouvel exotisme. Porcelaine japonaise, éventails, estampes ornaient les ateliers de Whistler, Manet, Degas et Monet et apparaîtront peu après dans plusieurs tableaux. Castagnary utilisait le sobriquet de "Japonais de la peinture" pour désigner le Groupe des Batignolles.
Monet dira :

La rareté de leur goût m'a de tout temps diverti et j'approuve les suggestions de leur esthétique qui évoque la présence par l'ombre, l'ensemble par le fragment.

L'œuvre de Degas fut considérablement renforcée par le sens de l'espace, les perspectives inhabituelles - à l'œil occidental - et les cadrages propres aux estampes japonaises autant que par leurs sujets urbains modernes et raffinés. Cette nouvelle vision s'accordait davantage aux intérêts de Degas.

Les dernières années du règne de Napoléon III se caractérisent par la volonté de moderniser les systèmes politique et social, devenus moribonds. En conséquence, de nouvelles lois reconnaissent une liberté de presse relative et, pour la première fois depuis la Première République, le droit d'assemblée . Symptomatique du déclin du Second Empire, le baron Haussmann se voit contraint de démarcher auprès du corps législatif gouvernant afin d'obtenir une avance pour la reconstruction de Paris, soit l'équivalent du quart du budget global de la France. Haussmann était à bout, comme Paris.

Manet, Degas, Morisot, Pissarro, Monet, Sisley et Bazille firent leur entrée au Salon de 1868. Après leur sombre échec de l'année précédente, ils doivent leur admission à François Daubigny, invité à faire partie du jury. L'intégration de Daubigny signifiait que la peinture de plein air était enfin reconnue par le Salon comme une façon légitime de peindre. Pour des artistes comme Manet, Bazille et Degas, relativement aisés, ne pas vendre de tableaux ne signifiait pas pour autant tomber dans la misère.

Monet, quant à lui, n'avait pas les mêmes moyens que Manet ou Bazille; il devait vendre ou mourir de faim. À part les quelques acquéreurs qui s'étaient intéressés à lui à la fin des années 1860, ce triste sort semblait les attendre, lui et sa femme. En 1867, il avait été contraint pas sa famille - sur laquelle il comptait pour obtenir une rente - d'abandonner Camille, alors enceinte de son fils Jean. En juin 1868, il se voit obligé d'emprunter à Bazille de quoi soutenir Camille et son enfant. Dans cette supplique, qu'il signe "Ton ami loyal et tourmenté", il ajoute de manière brusque et inquiétante :

> *Je vous écris deux mots à la hâte pour vous demander secours bien vite. Je suis décidément né sous une mauvaise étoile. Je viens d'être mis à la porte de l'auberge, et cela nu comme un ver.(...) Je ne saís donc encore où je coucherai demain. Votre ami bien tourmenté.*
> *PS : J'étais si bouleversé hier que j'ai fait la boulette de me jeter à l'eau. Heureusement il n'en est rien résulté de mal.*

Aussi profond que fût son désespoir, Monet était sans doute trop amoureux de la vie et de la peinture pour mettre sérieusement ses jours en danger par une tentative de suicide.

Degas
L'Orchestre de l'Opéra
1868/1869
huile sur toile
56,5 x 46 cm
Paris, musée d'Orsay
Les impressionnistes concrétisaient, entre autres avec ce genre de tableau, une nouvelle théorie de la composition. Les figures sont saisies comme dans une photographie, coupées à des endroits en apparence choisis au hasard et situées dans des angles très variés par rapport à l'artiste. Cela représente une coupure radicale avec le classicisme des mises en page fermées et soigneusement ordonnées des écoles précédentes.

Malgré la débâcle du Crédit foncier et les prétentions exorbitantes d'Haussmann sur le budget national, la "Ville Lumière" prospérait. Durant les premiers mois de 1868, les artistes décrivent Paris avec beaucoup d'acuité et d'originalité. Le plus conséquent des peintres d'une tranche de vie, Degas, passait le plus clair de son temps dans les cafés, les rues, les théâtres et les salles de concerts. Notant, dessinant et observant d'un œil pénétrant l'effervescence qui l'entourait. N'étant pas un authentique peintre d'extérieur, il composait méticuleusement ses tableaux après coup dans son atelier. *L'Orchestre de l'Opéra de Paris* de 1868/1869 est un exemple parfait de l'admiration sans borne qu'il vouait à Ingres, alliée à une technique raffinée et à un sens moderne de la composition;

une fois encore, l'influence de la photographie est évidente dans les figures coupées par le cadrage et celle du bassiste tournant le dos. L'un des seconds violons est même surpris à contempler les tutus incandescents des ballerines, manifestement distrait de son affaire.

Loin du remue-ménage de la cité, Bazille réussissait dans une large mesure à mettre en forme les paysages et les figures de la manière qui avait été inaugurée mais déjà abandonnée par Monet. *Paysage avec un village* et *La Réunion de famille* dénotent une influence de Manet et de Monet en plus d'une emprise solide sur les éléments du tableau. Bazille se montre spécialement audacieux dans l'application en à-plats de couleurs brillantes. Du premier tableau, Berthe Morisot disait :

> *Le grand Bazille a fait une chose que je trouve fort bien : c'est une petite fille en robe très claire, à l'ombre d'un grand arbre derrière lequel on aperçoit un village. Il y a beaucoup de lumière, de soleil. Il cherche ce que nous avons si souvent cherché : mettre une figure en plein air ; cette fois il me paraît avoir réussi.*

Pendant que Monet, Renoir, Bazille et Sisley travaillaient dans Paris et aux alentours, Camille Pissarro, plus âgé d'une dizaine d'années mais pourtant stylistiquement plus proche d'eux que de Manet ou Degas, s'était installé en 1866 à Pontoise, une ville située au nord-ouest de Paris, avec sa maîtresse, Julie Vellay. Ses fréquentes visites à Paris passaient toujours par le Café Guerbois où il s'exprimait ouvertement et avec éloquence sur des sujets artistiques et politiques. C'était un républicain radical, voire anarchiste. Grâce à Daubigny, deux de ses œuvres représentant *L'Hermitage à Pontoise* furent exposées aux Salons de 1868 et 1869, mais aussitôt considérées comme des barbouillages vulgaires, grossiers et primitifs. La peinture appliquée vigoureusement, l'absence de détails et l'intérêt pour une construction structurée par les plans de couleurs préfigurent l'œuvre postérieure de Cézanne. Pour Zola, "un beau tableau de cet artiste est un acte d'honnête homme". À propos de Pissarro, Zola écrivait déjà en 1866 :

> *M. Pissarro est un inconnu, dont personne ne parlera sans doute. Je me fais un devoir de lui serrer vigoureusement la main, avant de partir. Merci, Monsieur, votre paysage d'hiver m'a reposé une bonne demi-heure,*

Manet
Étude pour Le Balcon
1868
crayon et aquarelle sur papier
collection privée
Manet était soucieux de technique. Lorsqu'il était élève dans l'atelier de Couture, il passa de longues journées au Louvre à recopier les œuvres des anciens. Soucieux d'évoluer à partir de ces maîtres et non de les rejeter, il recourt ici au procédé classique de l'esquisse préliminaire au tableau.

Manet
Le Balcon
1868/1869
huile sur toile,
170 x 124 cm
Paris, musée d'Orsay
Berthe Morisot avait rencontré Manet deux mois avant qu'il ne réalise ce tableau. Leur amitié ne prit fin qu'avec sa mort en 1883.

Morisot
Vue du petit port de Lorient
1869
huile sur toile
43,5 x 73 cm
Washington, National Gallery of Art
La sœur de Berthe Morisot pose ici pour elle.

lors de mon voyage dans le grand désert du Salon. (...) D'ailleurs, vous devez savoir que vous ne plaisez à personne... Vous êtes un grand maladroit, Monsieur, vous êtes un artiste que j'aime.

1869 : "Les mauvaises pochades"

Les élections françaises de 1869 soutinrent massivement les partis de l'opposition, pour la plupart des variantes républicaines. Le contrôle du gouvernement sur le corps législatif s'amoindrit considérablement et le premier ministre dut s'incliner. La fortune d'Haussmann tombait à rien en même temps que ses détracteurs s'interrogeaient sur le coût exorbitant de l'urbanisation à outrance de Paris. "L'empire libéral" de Napoléon III vivait ses derniers moments. "La modération c'est la mort !": tel était le slogan de gauche le plus souvent répété.

Si les convulsions de la politique impériale figuraient à l'ordre du jour du Café Guerbois, elles n'en effaçaient pas moins les racontars concernant la relation soi-disant amoureuse entre Manet et Berthe Morisot, introduite dans ce cénacle par Fantin-Latour. À cette époque, une femme du monde n'avait guère l'habitude de côtoyer la population masculine dans les cafés, aussi les affinités entre les deux artistes auraient-elles dû se consolider en dehors des auspices du Café Guerbois et démentir ce que Monet avait appelé "le débat permanent des opinions".

Néanmoins, les liens entre Manet et Morisot se resserraient, au point que *Le Balcon*, la pièce principale de Manet présentée au Salon de 1869, montrait une Berthe maussade qui avait posé pour lui quelques mois après leur rencontre au Louvre, où elle copiait également des

Renoir
La Grenouillère
1869
huile sur toile
66 x 86 cm
Stockholm, Nationalmuseum
Renoir et Monet ont peint une série de tableaux en prenant le même point de vue. L'influence de Monet sur l'œuvre de Renoir est évidente.

Monet
La Grenouillère
1869
huile sur toile
79 x 60 cm
New York, Metropolitan Museum of Art

tableaux. L'influence de Manet sur Morisot est visible dans un portrait de sa sœur et de sa mère, retouché par Manet dans ce qu'elle a appelé "la plus jolie petite caricature". De son côté, Morisot, qui avait été initiée à la peinture de plein air par Corot et Daubigny, encourageait Manet à préférer l'extérieur et à éclaircir sa palette trop sombre. À ce moment, Eva Gonzalès, fille d'un romancier, entra dans la vie de Manet, qui, pour la première et la dernière fois de sa vie et à la consternation de Berthe Morisot, prit une élève.

Au printemps 1869, Monet s'installait dans le village de Saint-Michel, près de Bougival. C'était une station très populaire en bord de Seine, reliée à Paris par la ligne de chemin de fer Paris - Saint-Germain, avec arrêt à Chatou. Cette région avait été longtemps un lieu de recueillement pour Corot et d'autres paysagistes. Pissarro avait quitté Pontoise pour s'installer près de Louveciennes, en compagnie de Renoir. Près de Croissy, sur un bras de la Seine, un restaurant flottant doublé d'un établissement balnéaire, La Grenouillère, accueillait les Parisiens harassés qui passaient là, durant les mois d'été, quelques heures à se détendre et se restaurer. Cet endroit très populaire figurait souvent dans les magazines et le couple impérial lui-même y avait un jour accosté, ce qui n'avait fait que raffermir sa réputation. C'est là que Renoir et Monet passèrent le plus clair de l'été 1869.

Dans une autre lettre suppliante qu'il adressa à Bazille, Monet écrit :

> *J'ai bien un rêve, un tableau, les bains de la Grenouillère, pour lequel j'ai fait quelques mauvaises pochades, mais c'est un rêve.*

Les "mauvaises pochades" que Renoir et lui-même exécutèrent durant cet été constituent un moment décisif pour ce qu'allait devenir l'impressionnisme les dix prochaines années. Les conditions étaient définies: chacun gardant l'œil sur la toile de l'autre, les deux artistes travaillaient avec une rapidité inouïe pour embrasser l'ensemble du paysage de la manière la plus immédiate possible. À regarder les *Baigneurs à la Grenouillère*, on comprend mieux la genèse de son célèbre conseil.

En dépit de l'insistance de Monet et de Renoir sur le fait que les peintures de la Grenouillère étaient plus que des pochades, la distinction entre peinture finie et esquisse commençait à disparaître. Un tableau réalisé à la Grenouillère et rejeté par le Salon de 1870 (aujourd'hui perdu) paraissait aussi peu achevé que les "pochades".

1870 -1871 : Guerre et Commune

Mai 1870. La nouvelle décade semble promise à un avenir glorieux. Des modifications constitutionnelles visant à établir un cabinet de gouvernement responsable devant le parlement sont plébiscitées par une majorité écrasante de six millions de voix. Comme Cobban l'a décrit, dans le journal que tenait les frères Goncourt, les pages correspondantes aux années 1870-1871 restituent l'incroyable vie qui s'instaure à Paris au moment des troubles. Ils évoquent les coups de feu, les bombardements et la cohue perpétuelle et la famine.

Dès le 2 juillet, l'empire est menacé. Grâce à un tour de diplomatie byzantin et pernicieux, le prince Léopold de Hohenzollern se voit proposer le trône vacant d'Espagne. La France ne pouvait admettre l'idée d'une extension prussienne au sud de son territoire. Ce schéma ranimait les vieux souvenirs des guerres perpétuelles que se livrèrent l'empire des Habsbourg et la France. Les Prussiens renoncent à l'Espagne dix jours plus tard, mais ce n'était pas suffisant aux yeux de Napoléon III et d'Eugénie, l'impératrice belligérante d'origine espagnole, qui prit sur elle d'obtenir du gouvernement l'assurance que Guillaume Ier de Prusse n'aurait plus de visées sur la couronne espagnole. Les Français escomptaient tirer parti d'une telle victoire diplomatique mais cette tactique fut déjouée lorsqu'ils reçurent, le 14 juillet, un télégramme en provenance d'Ems rédigé par Bismarck en termes savamment injurieux pour la France. Publié dans la presse, ce télégramme provoque un élan de ferveur patriotique et les Français demandent la guerre à la Prusse. Napoléon III, trop malade à ce moment pour résister à cette vague sentimentale, est contraint de déclarer la guerre aux Prussiens cinq jours plus tard. En août, les armées françaises ont déjà subi de lourdes pertes sur tous les fronts. Les canons Krupp de l'armée prussienne, qui avaient suscité l'admiration à l'Exposition universelle de 1867, révélaient maintenant un effet dévastateur. Mal équipée, mal dirigée, l'armée française était des plus démoralisée. Napoléon III lui-même, affaibli par la maladie, était presque incapable de tenir en selle. Les Prus-

Pissarro
Le Verger
1870
huile sur toile
56,5 x 84 cm
collection privée
Pissarro a réalisé cette œuvre peu après son installation à Louveciennes. Pendant cette période, il travailla essentiellement au dehors bien qu'il eût un atelier à Paris. Il ne négligeait pas les rencontres fréquentes au Café Guerbois avec les autres impressionnistes.

Monet
L'Hôtel des Roches noires, Trouville
1870
huile sur toile
81 x 58,5 cm
Paris, musée d'Orsay
La famille Monet n'était pas installée dans ce luxueux hôtel de 150 chambres mais plutôt dans un modeste établissement qu'ils quittèrent sans payer. La facture ne fut acquittée que bien plus tard.

siens, sous la gouverne de Bismarck, avaient développé une machine de guerre redoutable, utilisant les chemins de fer pour le transport, au front, des hommes et de l'artillerie. Ils s'emparent de l'Alsace et de la Lorraine durant la première semaine de combat. Cette défaite cuisante fut suivie par beaucoup d'autres pour la France. Le 1er septembre, Napoléon III livre son armée à Sedan et lui-même est fait prisonnier de guerre. Paris éclate d'une ferveur révolutionnaire contenue. L'impératrice Eugénie et le prince impérial se sauvent par la petite porte du Palais de Versailles pour se réfugier en Angleterre. Le chroniqueur de la vie parisienne Edmond de Goncourt tente de décrire le chaos qui frappe Paris. Dans le journal que tenaient les frères Goncourt, les pages correspondantes aux années 1870-1871 restituent l'incroyable vie qui s'instaure à Paris au moment des troubles. Ils évoquent les coups de feu, les bombardements, la cohue perpétuelle et la famine.

Un gouvernement républicain de défense nationale est proclamé par les modérés à l'assemblée législative. En l'espace de trois mois, le Second Empire avait disparu.

Le 28 novembre, un an avant son trentième anniversaire, Frédéric Bazille est tué dans une bataille à Beaune-la-Rolande, près d'Orléans. Un des ses derniers tableaux, *L'Atelier de la rue de la Condamine*, représente, en une époque plus heureuse et pacifique, quelques habitués du Café Guerbois, parmi lesquels Monet, Manet, Renoir, Zola, le musicien Maître et Bazille lui-même, peint par Manet.

Manet était resté à Paris, comme lieutenant de la garde nationale sous les ordres du peintre Meissonnier. Envoyé à Bordeaux, Renoir ne participa à aucune action. Manet parade dans son uniforme d'officier, mais ni lui ni Degas ne seront engagés. Cézanne s'était replié à Aix-en-Provence pour éviter l'enrôlement. Pissarro avait continué à peindre à Louveciennes jusqu'à l'arrivée des Prussiens. Plus de mille tableaux - preuve de sa prodigieuse production - furent gravement endommagés ou détruits lorsque sa maison fut réquisitionnée par des troupes ennemies.

Alors que la guerre faisait rage à l'est, Monet réalisait à Trouville plusieurs tableaux représentant la plage et le front de mer, *La Plage à Trouville*, *L'Hôtel des Roches noires, Trouville*, qui témoignent de la percée de son style impressionniste. À l'automne, devant l'avancée des Prussiens prêts à encercler Paris, Monet et Pissarro s'exilent séparément à Londres.

Si la guerre avait été fatale à Bazille, l'ami le plus intime de Monet et un des artistes les plus prometteurs du groupe, elle permit à Pissarro et Monet de rencontrer Paul Durand-Ruel, un marchand qui avait ouvert une galerie à

Monet
La Plage à Trouville
1870
huile sur toile
37,5 x 45, 5 cm
Londres, National Gallery
Cette peinture esquissée représente une étape importante pour l'impressionnisme. Elle peut être comparée à un détail agrandi d'un tableau de Boudin avec lequel Monet travailla d'ailleurs cet été-là. L'autre femme est peut-être madame Boudin.

Londres. Celui-ci sera plus tard un défenseur acharné de leurs œuvres et organisera des expositions impressionnistes à New York.

Un véritable marchand de tableaux, disait Durand-Ruel, *doit être en même temps un amateur éclairé, prêt à sacrifier au besoin son intérêt apparent du jour à ses convictions artistiques, et préférant lutter contre les spéculateurs que s'associer à leurs agissements.*

Établi à l'ouest de Londres, Monet avait été introduit auprès de Durand-Ruel par Daubigny qui avait réalisé des vues de la Tamise. Durand-Ruel à son tour mit Monet en contact avec Pissarro qui séjournait avec sa mère à South Norwood, un village pittoresque situé au sud-est de Londres. Le 20 septembre, l'armée prussienne avait complètement encerclé Paris, coupant la ville du reste de la France. Une attaque du régiment d'élite des Zouaves avait été déjouée la veille. Edmond de Goncourt entendit en rue un garde national terrifié évoquer les cent mille Prussiens assemblés dans le bois de Meudon et la panique de la population.

Le bois de Boulogne avait été transformé en ferme, des fortifications s'élevaient dans la ville et aux alentours, dans lesquelles se pressaient les soldats de la Garde nationale. L'automne, l'hiver et le début de l'année 1871 virent la guerre continuer; les vivres commençaient à manquer. Les ballons à air chaud

C. Pissarro

offraient une des rares possibilités de communiquer avec le reste du monde. Le 8 octobre, Léon Gambetta, orateur fougueux et populaire et ministre de l'Intérieur, avait fait une étape héroïque à Tours dans un ballon parti des hauteurs de Montmartre. Le photographe Nadar s'en inspira pour envoyer des lettres par poste-ballon. Dans une lettre écrite à sa sœur Edma, Berthe Morisot décrit les ravages des bombardements prussiens qui avaient commencé en novembre, les corps étendus au sol et rapporte les prédictions de mauvais augure d'Édouard et Eugène Manet selon lesquelles il valait mieux qu'elle meure plutôt que de perdre une main ou d'être défigurée. Le 19 janvier, la garnison parisienne échoua dans sa tentative de sortir de la ville et de franchir les lignes ennemies. Cette "sortie en masse" fut le dernier coup d'éclat de cette guerre. Neuf jours plus tard, Paris se rendait aux Prussiens. En février, une assemblée nationale républicaine fut mise en place dans le but de rétablir la paix avec la Prusse et de sanctionner les réparations massives. Mais la garde nationale était toujours armée dans Paris, et lorsque le 18 mars les troupes fidèles au nouveau gouvernement républicain échouèrent dans leur tentative de confisquer le canon de Montmartre, Paris, mené par une coalition de révolutionnaires, entrait en guerre avec la République. Le 28 mars, la Commune de Paris était élue au milieu de réjouissances qui n'étaient pas sans rappeler les jours glorieux de la Révolution de 1789 et la première Commune. Le 2 avril, le second siège de Paris s'installait : la Commune tint bon jusqu'à la "semaine rouge", qui débuta le 21 mai et durant laquelle vingt mille Parisiens furent tués sans discrimination lors de représailles menées en ville par les troupes du gouvernement.

Gustave Courbet, qui avait été désigné comme président de la Commission des arts après la chute de l'empire et membre influent de la Commune, fut impliqué dans la destruction de la colonne Vendôme qui rappelait amèrement aux communards le règne de Napoléon. Emprisonné à la "libération" de Paris, il s'exila peu après en Suisse où il mourut en 1877.

Au milieu de ces événements dramatiques, Degas avait commencé à perdre la vue, Renoir avait obtenu un laissez-passer durant la Commune pour poursuivre ses études de paysages. La plupart des membres du groupe des Batignolles avaient fui.

Manet, seul concerné par la représentation de la guerre, avait peint les corps étendus dans les rues, embusqué au coin du boulevard Malesherbes. Sa lithographie *La Guerre civile* montre combien *L'Exécution de Maximilien* devait lui être présente à l'esprit lorsqu'il témoignait des événements qui l'entouraient : famine, anarchie et dévastation.

Monet
Hyde Park à Londres
1871
huile sur toile
40 x 73 cm
Providence, Rhode Island
School of Design Art Gallery

Pissarro
Upper Norwood,
Crystal Palace
1871
huile sur toile
40 x 51 cm
Collection privée
Comme celle de Monet, cette œuvre fut réalisée durant leur exil volontaire en Angleterre, lors de la guerre franco-prussienne. Ce fut un moment important pour les deux peintres, mais ils n'obtinrent aucun succès commercial - le public anglais n'était pas prêt à admettre l'impressionnisme, pas plus que la Royal Academy, l'équivalent du Salon français.

Pils
Les Ruines du palais des Tuileries
1871, aquarelle sur papier
38 x 71 cm
Paris, musée Carnavalet
Seuls les artistes topographiques et Meissonier ont laissé un témoignage des ravages de la guerre. Les peintres impressionnistes, d'ailleurs pour la plupart en dehors de Paris à ce moment, n'auraient pas été intéressés par de tels sujets.

Manet
Guerre civile
1871
lithographie
40 x 51 cm
Chicago, Art Institute
L'artiste a représenté les corps gisant sur le sol aperçus non loin de chez lui.

Degas à La Nouvelle-Orléans

Pour avoir une image de la Commune, il faut se tourner vers la photographie et les artistes topographiques restés à Paris pour témoigner de l'horreur de la guerre. Aucun des impressionnistes ne chercha à évoquer les ruines du Palais des Tuileries, situé au cœur d'un quartier qu'ils avaient maintes fois illustré précédemment.

En fin de compte, la guerre contre les Prussiens et la Commune eurent peu d'impact sur l'économie française. La France était à présent une république de fait pour la troisième fois dans son histoire. Dans le climat d'expansion qui suivit immédiatement la fin des troubles, Durand-Ruel décida d'investir dans le Groupe des Batignolles. Il acheta trente tableaux à Monet et offrit 51 000 francs à Manet pour vingt-neuf de ses toiles, une somme fantastique comparée aux revenus de Monet l'année suivante, qui atteignirent 25 000 francs. Pour Monet spécialement, la situation commençait enfin à tourner à son avantage. D'Angleterre, il s'était rendu en Hollande avant de rentrer en France et s'installer à Argenteuil, près de Paris; c'est là que Renoir le rejoignait très souvent, comme auparavant. Pissarro était retourné à Louveciennes puis leva le camp pour Pontoise où Cézanne le rejoignit. Les soirées du Café Guerbois avaient repris. En novembre, Degas et son frère René rejoignaient leur mère à La Nouvelle-Orléans. Dans une lettre à son ami Lorentz Fröhlich, Degas écrit que tout l'attire dans ce nouveau monde, que l'accomplissement des projets qu'il imagine lui prendrait une vie entière. Dix jours plus tard, il écrit à Henri Rouart :

> *La lumière est si forte que je n'ai pu encore faire quelque chose sur le fleuve. Mes yeux ont si besoin de soins que je ne les risque guère... Manet plus que moi verrait ici de belles choses. Il n'en ferait pas davantage. On n'aime et on ne donne de l'art qu'à ce dont on a l'habitude. Le nouveau captive et ennuie tour à tour.*

Parmi les nombreux portraits des membres de sa famille que Degas réalisa durant cette période, deux tableaux émergent du lot, *L'Invalide* et *Portraits dans un bureau à La Nouvelle-Orléans* mieux connu sous le titre *Le Bureau de coton.* La première est une des œuvres les plus atmosphériques de l'artiste, évoquant ce qu'Henri Loyrette a appelé "le sens étouffant d'une chambre de malade" en de larges coups de brosse. Le second, légitimant le monde moderne du travail en un sujet artistique, est décrit par Armand Silvestre comme une peinture éminemment spirituelle que l'on pourrait

Pissarro
Les Marroniers d'Inde à Louveciennes
vers 1872
huile sur toile
41 x 54 cm
Paris, musée d'Orsay
Trois ans avant de peindre cette scène d'hiver, Pissarro s'était installé avec sa famille à Louveciennes.

contempler durant des heures. Ce tableau représente peut-être une étape autant que ne l'avait fait, dix ans plus tôt, *La Musique aux Tuileries* de Manet. Par après, sa vue baissant, Degas ne peignit plus que de rares tableaux d'une telle acuité dans le détail.

1873 : La Société anonyme

Le boom de l'après-guerre fut rapidement suivi d'une période de récession qui dura cinq années et toucha les impressionnistes et les marchands, en particulier Durand-Ruel, contraint de revendre sa galerie londonienne en 1874. Comme en 1863, le Salon était assailli sous les candidatures de participations, mais cette fois les refusés obtinrent gain de cause et le gouvernement organisa un nouveau Salon des Refusés. Un énorme tableau de Renoir *Allée cavalière au bois de Boulogne*, refusé au Salon, recueillit un vif succès dans l'exposition voisine.

Après des mois de travail avec Monet, avant et après la guerre, la palette de Renoir s'éclaircit et son coup de pinceau devint plus délicat. Le Pont-Neuf de l'année précédente compte parmi les plus impressionnistes des tableaux de l'artiste. Les figures rapidement esquissées et rehaussées d'empâtements de pigments de couleurs pures, la complémentarité des couleurs bleu-violet et jaune, les ombres bleutées créant des contrastes colorés dans un soleil brillant, témoignent de cette influence.

Renoir
Madame Camille Monet
1872
huile sur toile
61 x 50 cm
Paris, musée Marmottan
Parmi les nombreux exemples de portraits réalisés par les impressionnistes de membres de leur groupe ou de leur famille, celui-ci est peut-être le plus beau. Il fut peint peu après la guerre franco-prussienne, Renoir et Monet ayant pris l'habitude de travailler ensemble au cours d'excursions sur les berges de la Seine.

À l'inverse du Salon des Refusés de 1863, celui de 1873 ne provoqua aucun scandale. Édouard Manet, le plus apte à provoquer du remous, présentait deux œuvres au Salon officiel, un *Portrait de Berthe Morisot* et *Le Bon Bock*, un portrait du graveur Bellot attablé au Café Guerbois. Heureusement pour Manet, plus sensible que jamais aux flèches des critiques, ce tableau fut très bien accueilli. L'influence de Frans Hals, que Manet avait pu étudier lors d'un voyage effectué l'année précédente en Hollande, autant que l'absence délibérée de provocation dans le sujet, rassurèrent le public du Salon quant au talent de Manet.

Le Salon des Refusés n'offrit que très peu d'apaisements aux autres membres du Groupe des Batignolles, à la recherche désespérée d'un débouché pour leurs œuvres. Ironie du sort, la guerre avait promu un groupe de conservateurs parmi les membres du jury du Salon, en comparaison desquels le comte de Nieuwerkerke paraissait très libéral. Ceci prenait des allures de conspiration contre une avant-garde dont l'influence s'affirmait de plus en plus largement. Ne pouvant plus compter sur l'appui de Durand-Ruel, affaibli par la récession, les artistes devaient aller voir ailleurs. On se souvint alors de l'idée d'une organisation indépendante d'expositions, déjà défendue par Bazille en 1867. Une discussion âpre entre Pissarro, qui défendait l'idée d'une organisation très structurée, sous-tendue par une union politique et sociale, et les autres membres du groupe comme Renoir et Monet qui préféraient un regroupement moins formel, aboutit à la signature d'un document le 27 décembre instituant la Société anonyme des artistes peintres, sculpteurs, graveurs, etc. Seul Manet refusa de se joindre à eux, prétextant que seul le Salon était le vrai champ de bataille. Degas écrivait à ce propos :

> *Le mouvement réaliste n'a plus besoin de lutter avec d'autres. Il est, il existe, il doit se montrer à part. Il doit y avoir un Salon réaliste. Manet ne comprend pas ça. Je le crois, décidément, beaucoup plus vaniteux qu'intelligent.(...) Exposez. Restez de votre pays et avec vos amis. La chose fait plus de progrès et a plus d'accueil, je vous le jure, que je ne l'aurais cru.*

Manet
Le Chemin de fer
1873
93,5 x 114,5 cm
Washington, National Gallery of Art
On peut difficilement imaginer une station de chemin de fer derrière ce nuage de fumée. Plusieurs impressionnistes représentaient des gares à cette époque.

Sisley
La Seine à Bougival
1872/1877
huile sur toile
38,5 x 62 cm
collection privée
A ce moment, Sisley s'attachait aux problèmes de la représentation de l'eau et du ciel. Sa palette est plus sombre que celle de la plupart des impressionnistes.

La maturité de l'impressionnisme

Les œuvres de Monet, Renoir, Manet, Morisot, Pissarro et Sisley, caractéristiques du style impressionniste dans sa forme la plus reconnaissable, ont été réalisées dans les années 1870. Degas, resté farouchement hostile à la peinture de plein air, organisa plusieurs expositions importantes durant cette décennie et la suivante. Il offre les images les plus percutantes de la vie parisienne, s'inspirant des estampes japonaises et de la photographie et, à l'instar de Manet, se fondant sur un apprentissage de la technique des maîtres du passé. Cependant, à la fin de ces mêmes années, des mésententes graves entament l'unité du groupe, Monet, Renoir et Sisley reprochant à Degas et Pissarro d'exercer un contrôle beaucoup trop strict sur les expositions et d'ouvrir par trop le groupe à de nouveaux artistes. Pour la plupart des artistes, le moment était venu d'une maturation personnelle, marchands et protecteurs leur assurant des rentrées régulières malgré la récession économique. L'avant-dernière exposition impressionniste organisée en 1882 en l'absence de Degas présentait les dernières tendances d'un groupe fragilisé. L'année suivante, Manet mourait après avoir achevé son chef-d'œuvre *Bar aux Folies-Bergère*. Sans avoir jamais participé à leurs expositions, il avait toujours soutenu les impressionnistes. Lors de la dernière exposition de 1886, Degas et Pissarro brillent par leur absence, tandis qu'apparaît une nouvelle génération d'artistes parmi lesquels Georges Seurat, Paul Signac et Paul Gauguin.

Monet
La Mer à Fécamp (détail)
1881
huile sur toile
65 x 80 cm
collection privée

Courbet
Scène de plage
1874
huile sur toile, 37,5 x 54,5 cm
Londres, National Gallery
Les sujets tirés de la vie quotidienne et sa philosophie artistique très simple ont fait de Courbet un des précurseurs du mouvement impressionniste.

1874 : La première exposition impressionniste

Les voilà donc, ces artistes qui exposent dans les galeries Durand-Ruel, rattachés à ceux qui les ont précédés ou qui les accompagnent. Ils ne sont plus isolés. Il ne faut pas les considérer comme livrés à leurs propres forces.

Edmond Duranty

C'est à peu près dans ces termes que Renoir définira, vingt ans plus tard, la première exposition collective de la Société anonyme, qui ouvrit délibérément ses portes à la mi-avril pour concurrencer le Salon officiel. Installée dans l'ancien atelier du photographe Nadar, à proximité des locaux de plusieurs marchands et photographes, y compris la galerie de Durand-Ruel, le choix d'un grand boulevard était en lui-même une attaque de la part d'une génération d'artistes qui avaient mûri dans le Paris d'Haussmann, tel que le décrivait Baudelaire.

L'exposition fit aussitôt scandale; elle provoqua les calomnies des critiques tels que Leroy et obligea un théoricien aussi influent qu'Edmond Duranty (avec lequel Manet s'était déjà opposé en duel) à prendre la défense des impressionnistes. À cette époque, Jules Castagnary eut la perspicacité de montrer que Monet, Pissarro, Sisley, Morisot et Renoir étaient des impressionnistes dans le sens ou ils ne rendaient pas le paysage mais la sensation produite par ce paysage.

Millet
Meules de foin en automne
1873/1874
huile sur toile, 85 x 110 cm
New York, Metropolitan Museum of Art
Bien qu'elles soient charmantes en elles-mêmes, les meules de Millet sont sans doute plus intéressantes au regard des futures séries de Monet.

Pourtant, l'exposition fut un tel désastre sur le plan financier qu'en décembre la Société devait clôturer ses comptes. Le groupe, qui avait évolué sous des noms divers, jamais vraiment appropriés - "la bande à Manet", "le Groupe des Batignolles", "les Réalistes" - était désormais connu sous le nom d'"impressionnistes". Il y eut encore sept expositions, la dernière ayant eu lieu en 1886, mais aucune ne s'intitula "impressionniste", les artistes préférant "Exposition de Peinture" et, en une seule occasion, ils choisirent "Exposition des Indépendants". Oublié dans ce renouveau pictural, Charles Gleyre meurt cette année-là. Seul Renoir reconnut ce que son maître lui avait appris. Il rappelait une scène qui s'était déroulée dans l'atelier de Gleyre une dizaine d'années plus tôt :

> *(...) Tandis que d'autres hurlaient, cassaient les vitres, martyrisaient le modèle et dérangeaient le professeur, je restais toujours tranquille dans mon coin, très attentif, très docile, étudiant le modèle, écoutant le maître. Et c'est moi qu'on traitait de révolutionnaire!*

1875 : Critiques et collectionneurs

Le Salon de 1875 comptait des œuvres que Manet avait réalisées durant l'été précédent à Argenteuil, en compagnie de Monet et de Renoir. Manet avait aidé Monet et sa famille à trouver un nouveau logement dans ce village pittoresque sur les bords de Seine et créa, sous l'influence de ce dernier, des figures vraiment impressionnistes immergées dans des paysages. La technique de Manet, libéré de son atelier et entouré des plus fervents défenseurs de la peinture de plein air, subit un véritable bouleversement. *Monet dans son atelier flottant*, *Les bords de Seine à Argenteuil*, *La Famille de Monet au jardin*, sont éblouissants dans la rapidité d'exécution et l'abandon délibéré de la palette sombre au profit d'empâtements de pigments purs. Même si à ce stade de leur évolution on remarque une convergence de leur style, le contraste existe cependant toujours entre la prédilection de Monet pour le paysage en tant que motif - sa répugnance à peindre des grandes figures est claire depuis *Femmes dans un jardin*, réalisé dix ans plus tôt - et la capacité de Manet à traiter la figure humaine.

Le sursis offert aux plus pauvres parmi les impressionnistes par Durand-Ruel, Monet, Renoir, Pissarro et Sisley (les affaires du père de ce dernier avaient périclité durant la guerre) s'arrêta, les ventes ayant fort diminué du fait de la récession. Même Degas éprouva des difficul-

Whistler
The Old Bartesea Bridge, Harmonie en bleu et or
vers 1872/1875
huile sur toile, 68 x 51 cm
Londres, Tate Gallery
Bien que l'influence japonaise soit évidente et bien que Whistler ne fût pas le seul artiste qui réussît à en baigner ses toiles, il accomplit là une synthèse remarquable.

Manet
Argenteuil
1874
huile sur toile, 148 x 115 cm
Tournai, musée des Beaux-Arts
La technique de Manet témoigne de l'influence libératrice de Monet et de Renoir; sa palette est plus claire que jamais et son style est réellement impressionniste.

Boldini
La Grand-Route à Combes-la-Ville
1873
huile sur toile, 70 x 102 cm
Philadelphie, Museum of Art
Boldini compte parmi les nombreux artistes qui furent influencés passagèrement par l'impressionnisme, sans toutefois s'arrêter à cette manière de peindre.

Boudin
Scène de plage à Trouville
1873
huile sur toile, 15 x 30 cm
Londres, National Gallery
Boudin réalisa plusieurs scènes de ce type. Il déplorait l'invasion des touristes mais ne pouvait se passer de les représenter. Comme Boldini, Boudin s'essaya à l'impressionnisme à tel point que ses œuvres participèrent à la première exposition de 1874. Pourtant, son esprit indépendant lui fit refuser de s'associer à un quelconque groupe.

Manet
La Dame aux éventails (Nina de Callias)
1873/1874
huile sur toile
113,5 x 166,5 cm
Paris, musée d'Orsay
Egalement connue sous le nom de Nina de Villard, épouse de Hector de Callias, Anne-Marie Gaillard était musicienne. Femme riche, insouciante mais parfois hystérique, elle tint un salon de 1868 à 1884. Elle perdit la raison en 1881 et fut enfermée dans un asile où elle mourut en 1884. Elle demanda à être incinérée, habillée de la sorte.

tés après la mort de son père. Une vente d'œuvres impressionnistes organisée par Renoir à l'hôtel Drouot se solda par un échec magistral. Les sommes proposées étaient tellement dérisoires que certains artistes furent contraints de racheter leurs propres toiles. Manet avait demandé à Albert Wolff, critique d'art au *Figaro*, de promouvoir cette vente. Sa réponse parut dans la presse :

> *... l'impression que procurent les impressionnistes est celle d'un chat qui se promènerait sur le clavier d'un piano, ou d'un singe qui se serait emparé d'une boîte à couleurs.*

Progressivement cependant, les clients commençaient à soutenir les impressionnistes. Un douanier excentrique du nom de Victor Chocquet, qui avait consacré sa vie à collectionner des œuvres de Delacroix et d'autres objets d'art, était tombé sous le charme de Renoir à l'hôtel Drouot et se mit à encourager les impressionnistes. Renoir introduisit Cézanne, également à la recherche d'un mécène plus important; il en résulta une série de portraits de monsieur et madame Chocquet par les deux artistes. Une comparaison entre les portraits des collectionneurs montre leur approche respective du sujet. Le tableau de Renoir est fait de coups de brosse soyeux, évoquant un individu éthéré, aimable, sympathique; Cézanne témoigne déjà de son intérêt particulier pour la structure et le volume en appliquant la couleur en fines touches au couteau.

La seconde exposition prévue pour 1875 ne put avoir lieu faute de fonds suffisants. Bien que le déclin de la Société anonyme ne fût qu'une déconvenue temporaire, quelques heurts étaient déjà apparus entre les membres du groupe. Au mois d'août, Pissarro et son ami Alfred Meyer créaient l'Union pour remplacer la défunte Société anonyme. Cézanne et Monet critiquèrent cette organisation de parvenus, en particulier l'adhésion de Meyer qu'ils soupçonnaient de conspirer contre les objectifs impressionnistes. Bien que l'Union ait recruté plusieurs peintres

Corot
La Charrette, souvenir de Saintry, près de Corbeil
1874
huile sur toile, 47 x 57 cm
Londres, National Gallery
Au milieu des événements de 1874, parmi lesquels la première exposition des impressionnistes, Corot, en véritable vétéran, continuait à peindre de sa manière inimitable. Le groupe des impressionnistes dont il avait été autant un modèle qu'un ardent défenseur, fut profondément secoué par sa mort l'année suivante.

Guillaumin
L'Aqueduc à Arcueil
1874
huile sur toile, 51 x 65 cm
Chicago, Art Institute
Parmi les impressionnistes, Guillaumin fut l'un des seuls à représenter les aspects sinistres du paysage urbain industriel.

mineurs, y compris Guillaumin, elle attira peu l'attention des critiques et tomba immédiatement dans l'oubli. Cependant, alors que ce groupe était identifié par les critiques comme un cercle homogène, leurs talents et leurs personnalités différaient à tous points de vue. Si une lutte commune les réunissaient contre l'inflexibilité du monde artistique, elle ne suffisait plus pour maintenir très longtemps uni le groupe des impressionnistes. La mort de Camille Corot en 1875, source d'inspiration pour nombre d'entre eux, affligea spécialement Berthe Morisot et Camille Pissarro qui en avaient été les plus proches et avaient tout appris de lui.

Corot avait dit à Pissarro :

Pissarro, puisque vous êtes un artiste, vous n'avez pas besoin de conseils; sauf celui-ci pourtant : il faut avant tout étudier les valeurs. Nous ne voyons pas les choses de la même façon : vous voyez vert, et moi je vois gris ou blond. Mais ce n'est pas une raison pour que vous ne travailliez pas les valeurs, car cela est au fond de tout, et, de quelque façon que l'on sente et que l'on s'exprime, on ne peut faire de bonnes peintures sans cela.

Morisot s'était détachée de l'influence de Corot au moment de la première exposition, comme en témoigne son tableau *Le Berceau*, mais Pissarro en est encore marqué bien avant dans les années soixante-dix.

Manet
Bal masqué à l'Opéra
1873/1874
huile sur toile,
60 x 73 cm
Washington, National Gallery of Art
Le compositeur Chabrier, ami de plusieurs peintres impressionnistes, apparaît à gauche, en conversation avec une femme masquée habillée de blanc. Ce genre de divertissement n'était pas du goût de la respectable Madame Manet ni de Berthe Morisot.

Photographie et impressionnisme

Quelque trois cents photographies furent découvertes dans l'atelier de Corot après sa mort. Aujourd'hui perdues, une source contemporaine signale que deux cents d'entre elles devaient être des "études d'après nature".

Le premier procédé photographique digne de confiance avait été découvert par Louis Daguerre et présenté à l'Académie française des sciences en 1839. (En 1822, Joseph-Nicéphore Niepce avait réussi à fixer une image photographique sur du verre et William Henry Fox Talbot avait développé un procédé concurrent qui pouvait reproduire des négatifs.) Le daguerréotype permettait de fixer une image positive sur une surface de métal poli; il allait rapidement permettre une utilisation plus large. La nouvelle invention aura une conséquence immédiate pour de nombreux artistes, en particulier les peintres de portraits en miniature, puisqu'elle allait leur ôter le pain de la bouche. Néanmoins, les implications pratiques de ce nouveau médium allaient aussi s'imposer aux plus

Manet
Madame Manet de profil
1873
pastel sur papier
61 x 49 cm
Toledo, Museum of Art
L'usage du pastel et de médias autres que la peinture à l'huile fut remis à l'honneur par Manet et surtout par Degas.

Morisot
La Chasse aux papillons
1874
huile sur toile, 47 x 56 cm
Paris, musée d'Orsay
Morisot avait été admise au Salon officiel de 1864, alors qu'elle n'avait que vingt-trois ans. Elle ne participa aux expositions des impressionnistes qu'à partir de 1879, cinq ans après leur première exposition officielle.

grands, comme Ingres et Delacroix. Celui-ci, ne cachant pas son admiration pour le daguerréotype, disait :

> *Le daguerréotype est plus que le calque, il est le miroir de l'objet ; certains détails, presque toujours négligés dans les dessins d'après nature, y prennent une grande importance caractéristique et introduisent ainsi l'artiste dans la connaissance complète de la construction; les ombres et les lumières s'y retrouvent avec leur véritable caractère, c'est-à-dire avec le degré exact de fermeté ou de mollesse, distinction très délicate et sans laquelle il n'y a pas de saillie.*

En réalité, cette technique était prédisposée à déformer la réalité. Vers 1850, une vitesse d'exposition très lente avait comme conséquence que des objets bougeant très lentement, comme des arbres, étaient imprimés en une image brouillée, la lumière du ciel érodant les bords des feuillages. Corot et les paysagistes de Barbizon étaient fort liés aux photographes de paysages qui, selon l'historien de la photographie Aaron Scharf, avaient dressé leurs pieds photographiques à proximité des chevalets, dans les recoins les plus perdus de la forêt de Fontainebleau. Après 1840, Corot utilise de plus en plus l'effet d'un halo flou dans les arbres; son traitement astucieux de la lumière dans les parties sombres est influencé par les techniques de sous- et de surexposition.

Vers 1860, on connaissait les instantanés grâce aux temps d'exposition très courts et le système Talbot d'impression sur papier d'après des négatifs permit une large diffusion de la photographie. *L'Exécution de Maximilien* de Manet a pour origine des photographies de l'empereur et de ses conseillers prises à Mexico. Expression culturelle de son époque, ce tableau réussit à trouver l'équilibre entre la modernité instantanée de la photographie, avec son aptitude à capturer des événements courants, et l'art de Goya qui avait peint *Le 3 Mai* en 1808.

Ernest Chesneau décrivait ainsi un tableau de Monet en 1874 :

> *Jamais l'animation prodigieuse de la voie publique, le fourmillement de la foule sur l'asphalte et des voitures sur la chaussée , l'agitation des arbres sur le boulevard dans la poussière et la lumière, jamais l'insaisissable, le fugitif, l'instantané du mouvement n'a été saisi et fixé dans sa prodigieuse fluidité, comme il l'est, dans cette extraordinaire, dans cette merveilleuse ébauche que M. Manet (sic) a cataloguée sous le titre de* Boulevard des Capucines.

Les formes floues, auparavant invisibles, de personnages et d'objets en mouvement, que la caméra rendaient enfin visibles, faisaient maintenant partie du vocabulaire impressionniste, que cette influence fût consciente ou non. Degas peignait *La Place de la Concorde* (aujourd'hui

Cassatt
Sur le balcon
1873
huile sur toile, 101 x 83 cm
Philadelphie, Museum of Art
Le style espagnol de ce tableau est inhabituel pour Mary Cassatt qui choisit de préférence, comme Berthe Morisot, des modèles parmi les membres de sa famille.

Monet
Boulevard des Capucines
1873/1874
huile sur toile, 79 x 59 cm
Kansas City, Nelson Atkins
Museum of Art
Le tableau fut peint à l'automne depuis le vieil atelier du photographe Nadar, situé au deuxième étage. Le Grand Hôtel, flambant neuf, est visible sur la gauche.

perdue) l'année de la mort de Corot. Parmi ses contemporains, c'est lui qui exploita toutes les potentialités de la photographie, dont il se servira plus tard pour ses études de chevaux et de danseuses. Dans ce tableau, le vicomte Lepic et ses filles saisis en mouvement, coupés par le bas du cadre, et le spectateur situé de l'autre côté et coupé de la même façon sont des réminiscences manifestes de l'instantané et témoignent des nouvelles possibilités de cadrage entrevues grâce à l'appareil photographique.

1876 - 1877 :
La nouvelle peinture

Aucun de ses membres ne semble doué d'un talent exceptionnel, et d'ailleurs, la doctrine de l'impressionnisme me semble incompatible, par principe, avec un tel don. Bien plus, si nous voulons les comprendre, une absence complète d'imagination est réclamée.

Henri James, *New York Tribune*,
13 mai 1876

La deuxième exposition des impressionnistes s'ouvre à la mi-avril dans la galerie de Durand-Ruel, rue Le Pelletier. Parmi les critiques les plus violents, il s'en trouva pour comparer les impressionnistes à des aliénés ou des syphilitiques, au point que les propos d'Henri James semblaient gentils à côté des leurs. C'était typique d'un courant de pensée prédominant qui ne pouvait accepter l'impressionnisme sous aucune de ses formes. Il devenait nécessaire de prendre leur défense et plusieurs écrivains vinrent à leur aide. Dans son pamphlet intitulé *La Nouvelle Peinture*, Edmond Duranty analyse la nouvelle tendance picturale avec gravité. Monet, Renoir et Pissarro n'étaient pas des plus

Monet
Impression, soleil levant
1872
huile sur toile, 48 x 63 cm
Paris, musée Marmottan
C'est ce tableau qui inspira le critique Leroy lorsqu'il utilisa le terme d'impressionnisme pour désigner la première exposition du groupe en 1874.

Sisley
Louveciennes, les hauteurs de Marly
1873
huile sur toile, 38 x 46 cm
Paris, musée d'Orsay
Sisley réalisa ce paysage dans la région de Louveciennes, chasse gardée de Pissarro. Peu avant l'exposition de 1874, Sisley exerçait pour la première fois de sa vie le métier de peintre professionnel. Jusqu'en 1871, lors du déclin des affaires paternelles, il avait vécu comme peintre amateur; il devait à présent peindre pour vivre.

Pissarro
La Côte du Chou, Pontoise
vers 1875/1876
huile sur toile, 81,5 x 65 cm
collection privée
A cette époque, Pissarro était constamment consulté par ses plus jeunes collègues, à la recherche d'un avis ou d'une aide. Cézanne en particulier était un hôte habituel de Pontoise où Pissarro et sa famille s'étaient réinstallés en 1872.

heureux devant l'éloge tacite qu'il fit de Degas à leurs dépens mais *La Nouvelle Peinture* proposait cependant quelques réflexions judicieuses sur l'œuvre des impressionnistes.

La découverte de ceux-ci consiste proprement à avoir reconnu que la grande lumière décolore les tons, que le soleil reflété par les objets tend, à force de clarté, à les ramener à cette unité lumineuse qui fond ses sept rayons prismatiques en un seul éclair incolore qui est la lumière. D'intuitions en intuitions, ils en sont arrivés peu à peu à décomposer la lueur solaire en ses rayons, en ses éléments, et à recomposer son unité par l'harmonie générale des irisations qu'ils répandent sur leurs toiles.

Les autres critiques ne le suivaient pas. Une *Étude* de Renoir, mieux connue sous le nom de *Nu au soleil* comptait parmi les quinze œuvres de l'artiste (certaines étaient prêtées par Victor Chocquet). Dans sa satire de la première exposition, Leroy avait reconnu au peintre un certain sens de la couleur; et Silvestre, dans *L'Opinion*, tenait le *Nu au soleil* pour l'œuvre d'un vrai coloriste. Wolff, dans *Le Figaro*, entreprend un véritable massacre de la palette de Renoir:

Essayez donc d'expliquer à Monsieur Renoir que le torse d'une femme n'est pas un amas de chair en décomposition, avec des taches vertes violacées qui dénotent l'état de complète putréfaction dans un cadavre !

Pour ne pas être en reste d'une image de chair altérée, Louis Énault écrit dans *Le Constitutionnel* qu'il est déprimant de regarder cette femme nue dont la chair violacée évoquait un gibier qui aurait été suspendu trop longtemps.

Renoir
Nu au soleil
1876
huile sur toile, 81 x 65 cm
Paris, musée d'Orsay
Là où Monet condense la lumière sur toute la surface, Renoir choisit le contraste ombre/lumière. Le tableau fut sévèrement condamné par les critiques et Albert Wolff le compara à de la chair en décomposition.

Sisley
La Barque pendant l'inondation à Port-Marly
1876
huile sur toile, 50 x 61 cm
Paris, musée d'Orsay

Renoir
La Serre
non daté
huile sur toile, 60 x 74 cm
collection privée

Monet
La Seine à Vétheuil
1879
huile sur toile, 60 x 81 cm
Paris, musée d'Orsay
Monet réalisa cette peinture alors qu'il connaissait de graves difficultés financières; cependant ni celles-ci ni ses problèmes personnels ne ralentirent le rythme de sa production.

Monet
L'Étang à Montgeron
1876/1877
huile sur toile, 172 x 193 cm
Saint-Pétersbourg, Ermitage
Dans la solitude, le style de Monet se modifia considérablement.

En dépit de ces attaques, c'était, pour Renoir, une très belle période. Deux de ses plus beaux tableaux, *La Balançoire* et *Bal au Moulin de la Galette*, datent de cette année-là ; de plus il eut la chance de rencontrer Georges Charpentier, un jeune éditeur qui devint un client important.

Le salon de madame Charpentier rassemblait souvent des réunions d'intellectuels qui formaient l'élite de la société de l'époque. Dans *Le Temps retrouvé*, Proust comparera le portrait que fit Renoir de madame Charpentier à un des meilleurs tableaux de Titien.

C'est aussi vers cette époque qu'un jeune artiste, Gustave Caillebotte, indépendant d'esprit, joua un rôle majeur dans le groupe. Ses *Raboteurs de parquet* et *Le Pont de l'Europe* participaient à la deuxième exposition. L'influence de Degas et de la photographie y sont sensibles dans le rendu perspectif de la profondeur, et bien que leur style puisse difficilement être qualifié d'impressionniste dans le sens de Monet, Sisley ou Renoir, ils comptent, avec quelques tableaux réalisés par après, notamment *Boulevard vu d'en haut*, parmi les images urbaines les plus fameuses du siècle. De sept ans le cadet de Renoir et de Monet, Caillebotte avait déjà participé à l'organisation de l'Exposition de 1877 et renfloué le groupe par l'achat de plusieurs de leurs meilleures œuvres, avec l'intention de les léguer à l'État (parmi les six œuvres concernées, il y avait les deux tableaux de Renoir précités qui se trouvent actuellement au musée d'Orsay à Paris).

Tandis que la chance était du côté de Renoir, celle de Monet déclinait. Entre 1876 et 1880, il dut sans cesse compter sur la générosité des autres. Il se décrit lui-même sans ressources et indigent bien qu'il gagne - et dépense - six fois plus qu'un ouvrier moyen. Cependant, la troisième exposition tenue chez Durand-Ruel et soutenue par Caillebotte montra combien ce manque de moyens ne pouvait être un obstacle pour Monet.

En janvier, Caillebotte avait loué un appartement pour Monet, près de la gare Saint-Lazare, la station principale pour le transit vers l'ouest de la France, notamment la côte normande, Argenteuil, Bougival (en 1877, elle connut un trafic de treize millions de passagers). Avec cet esprit de bravade dont seul un artiste sans le sou comme Monet pouvait faire preuve, il en appela au chef de gare qui reconnut en lui un grand artiste et lui assura une liberté totale dans la gare. Il en résulta une série de douze tableaux, dont sept furent montrés lors de la troisième exposition. Accueillis avec stupéfaction, ils seront les dernières vues urbaines de l'artiste. Georges Rivière, critique d'art, reconnaissant la modernité du sujet, dira :

> *Que ceux qui veulent faire de la peinture historique fassent l'histoire de leur époque, au lieu de secouer la poussière du passé.*

Trains et chemins de fer occupaient une place importante dans l'œuvre des autres peintres,

Monet
Le Pont de l'Europe, gare Saint-Lazare
1877
huile sur toile, 64 x 81 cm
Saint-Pétersbourg, Ermitage
Le pont de chemin de fer est vu au niveau d'un train, dans une perspective animée et intéressante

Monet
La Japonaise
1875 / 1876
huile sur toile
231 x 142 cm
Boston, Museum of Fine Arts
Camille, la première femme de l'artiste, pose ici comme modèle.

Monet
Gare Saint-Lazare, le train de Normandie
1877
huile sur toile, 60 x 80 cm
Chicago, Art Institute
Après avoir revêtu son plus bel habit, Monet se rendit chez le chef de gare et obtint la permission de se déplacer à sa guise à l'intérieur de la gare. Pris erronément pour un artiste célèbre, la gare fut dégagée, les machines lâchèrent un maximum de fumée, et il fut escorté par les instances officielles du chemin de fer. Il peignit douze tableaux dont sept furent exposés lors de la troisième exposition impressionniste en 1877.

Caillebotte
Le Pont de l'Europe
1876/1877
huile sur toile, 105 x 130 cm
Fort Worth, Kimbell Museum of Art
Comme Monet, Caillebotte vivait dans le quartier de la gare Saint-Lazare.

notamment chez Pissarro, Sisley et Manet. *Le Chemin de fer*, peint par Manet en 1873, montre à suffisance la distance entre lui et Monet. Il s'agit d'abord de représenter une figure; le chemin de fer est situé à l'arrière et évoqué par un nuage de vapeur. La petite fille nous tourne le dos. Manet ne s'intéresse pas au chemin de fer pour lui-même mais bien dans sa relation avec les figures. En tant que symbole de son époque, c'est une image forte, représentant tout à la fois un sentiment d'étonnement (la petite fille) face à la banalité du monde moderne (la femme).

Contemplant ce monde moderne d'un point de vue tout à fait différent, la contribution de Degas à l'exposition comporte deux célèbres images du vice parisien : *Au café*, mieux connu comme *La Buveuse d'absinthe* et *Femmes à la terrasse d'un café le soir*. Au sujet de ce dernier tableau, le critique Alexandre Pothey confiait :

> *Les "Femmes devant un café " sont d'un réalisme effrayant. Ces créatures fardées, flétries, suant le vice, qui se racontent avec cynisme leurs faits et gestes du jour, vous les avez vues, vous les connaissez et vous les retrouverez tout à l'heure sur le boulevard.*

Le scandale provoqué par l'*Olympia* de Manet douze ans plus tôt, aux beaux jours du Second Empire, avait préparé le terrain aux représentations explicites de la prostitution et de l'alcoolisme de Degas, acceptées tacitement

sous une Troisième République cultivée. Si Baudelaire avait été encore vivant, il se serait réjoui de voir Degas en peintre de la vie moderne, faisant de l'art de tout ce qui se passait à Paris, depuis le bar le plus sordide au plus couru des cafés-concerts. Sa passion pour le ballet avait donné *L'Étoile* et *Danseuses à la barre*, tandis que le café-concert, sorte de vaudeville ou de music-hall au sommet de sa popularité dans les années septante, fut à l'origine de plusieurs tableaux comme ce fut aussi le cas pour Renoir et Manet.

Degas
L'Étoile
vers 1878
pastel, monotype
60 x 44 cm
Paris, musée d'Orsay

Degas
Trois études d'une danseuse de quatorze ans
vers 1876/1880
craie et fusain sur papier vert
48 x 63 cm
Paris, musée du Louvre
Ces études poussées, préparatoires à une sculpture, montrent un artiste soucieux de maîtriser son sujet mais évoluant prudemment dans un mode d'expression nouveau, celui de la sculpture, qui allait devenir vital quelques années plus tard, étant donné la perte de ses facultés visuelles.

1878 - 1881 : Le commencement de la fin

Le moment est encore loin où l'on pourra se passer du prestige qui s'attache aux expositions officielles.

Alfred Sisley

En 1878, Ernest Hoschedé, un des mécènes des impressionnistes et directeur d'un grand magasin parisien, éprouvait de sérieuses difficultés financières qui l'obligeront, peu après, à revendre une partie des œuvres qu'il avait acquises lors de la première exposition de 1874. Monet était particulièrement affecté par l'imminence de cette faillite. Il avait largement profité de la maison de campagne de son protecteur, située à Montgeron, près de Paris, et avait réalisé plusieurs tableaux à la demande d'Hoschedé. La perte d'un client était une mauvaise chose en soi: Monet et Camille avaient deux enfants, ils avaient été contraints de quitter leur maison d'Argenteuil et, avec l'aide de Manet, avaient trouvé une maison à Lavacourt près de Vétheuil, un village situé à une cinquantaine de kilomètres de Paris. Monet et sa famille, désespérés à cause du cancer à l'utérus dont souffrait Camille, virent débarquer, pour arranger les choses, les Hoschedé avec leurs six enfants, complètement ruinés. Et, pour compliquer encore la situation, Monet avait eu une liaison passagère avec Alice, l'épouse d'Hoschedé. Commença alors un étrange "ménage à douze". Dès cette époque, les contacts entre Monet et le reste du groupe des impressionnistes se raréfièrent, du fait de ses trop rares escapades à Paris.

Alfred Sisley, qui avait compté parmi les membres fondateurs du groupe bien qu'ayant pris ses distances, poursuivait seul son chemin. Devenu solitaire, quelques années plus tard, il traversait la rue pour éviter de saluer Renoir qui, autrefois, avait été un de ses plus proches amis. Huit ans plus tôt, pendant la guerre franco-prussienne, les affaires de son père avaient périclité, si bien que jusqu'à sa mort en 1899, Sisley se vit contraint d'aider financièrement sa famille. Ses plus belles œuvres datent du milieu des années 1870. Il avait quitté Argenteuil au début de cette décennie et, entre 1875 et 1877, poursuivit à Marly-le-Roi ses études de paysage. En 1878, il présentait des œuvres au Salon, aux côtés de Renoir qui, comme lui, s'était officiellement détaché du groupe des impressionnistes. Sisley dira à Duret :

Je suis fatigué de végéter comme je le fais depuis si longtemps. Le moment est venu pour moi de prendre une décision. Nos expositions ont servi, il est vrai, à nous

Degas
Femmes à la terrasse d'un café, le soir
1877
pastel/monotype
41 x 60 cm
Paris, musée d'Orsay

Manet
Femmes buvant de la bière
1878
pastel sur papier
61 x 51 cm
Glasgow, Art Gallery
Manet et Degas étaient les seuls vrais peintres de la cité. Baudelaire avait précisément à l'esprit ce genre de scènes de la vie moderne de Paris lorsqu'il exigeait un art nouveau.

Sisley
Neige à Louveciennes
1878
huile sur toile
61 x 50,5 cm
Paris, musée d'Orsay
Comme Monet, Sisley essayait de peindre la lumière bleue d'hiver sur la neige. Renoir, qui avait cela en horreur, ne peignit qu'une scène de neige.

Pissarro
Le Jardin potager
1879
huile sur toile, 55 x 65 cm
Paris, musée d'Orsay
Alors que Renoir désirait ardemment se faire reconnaître par la haute société, Pissarro restera résolument fidèle à ses principes en continuant à peindre des sujets humbles.

faire connaître, et en cela elles nous ont été très utiles, mais il ne faut, je crois, s'isoler si longtemps.

La prédominance de Degas et de Caillebotte dans le groupe semble avoir été à l'origine de ce mécontentement. Cette influence de Degas se manifesta, par exemple, dans le soutien qu'il accorda à Mary Cassatt, une jeune Américaine qui vivait à Paris depuis 1866 et avait exposé deux fois au Salon. D'autres artistes, de moindre importance, étaient recrutés pour compenser la perte de Renoir, Sisley et, plus tard, Monet lui-même. En fait, les expositions des impressionnistes avaient réussi à promouvoir le mouvement en tant que tel, mais les artistes ne pouvaient compter sur des ventes suffisantes. Chocquet, Charpentier, parmi d'autres clients (parmi lesquels Manet et Caillebotte jouèrent leur rôle également) leur fournissaient toujours leurs moyens de subsistance ; la frustration due à l'échec relatif des expositions aidant, Renoir, Sisley et Monet se tournèrent une fois de plus vers le Salon. Désapprouvant cet abandon, Pissarro présenta ses œuvres à d'éventuels acheteurs dans un local qu'il avait loué à Montmartre. Paradoxalement, elles étaient moins radicales qu'auparavant. Comme Monet, il venait de perdre un mécène important, Ludovic Piette, un paysagiste de peu de talent qui avait exposé avec les impressionnistes et dont la mort, en 1877, privait Pissarro d'une source importante de revenus.

Une école banale

La quatrième exposition impressionniste ouvre ses portes du 10 au 28 avril 1879 avenue de l'Opéra ; elle ne comporte aucune œuvre de Sisley, Renoir, Morisot (enceinte), Cézanne, mais de nouveaux artistes font leur apparition comme Cassatt, Forain, Zandomeneghi, tous soutenus par Degas et un peintre au nom jusque-là inconnu, Paul Gauguin, qui avait été l'ami de Pissarro. Pour une fois, ce fut un succès, et l'ironie du sort veut qu'au moment où les foules se pressent pour admirer les œuvres exposées, les plus grands noms du mouvement étaient absents. C'était au Salon qu'on admirait à présent des tableaux comme *Madame Charpentier et ses enfants* de Renoir ou *En bateau* de Manet. Ce même mois d'avril, Georges Charpentier publiait la première édition de *La Vie moderne*, un magazine traitant de sujets d'esthétique, de sciences, d'analyse et de critique, destiné aux Parisiens fortunés. La revue mit sur pied une série d'expositions, dont celles, individuelles, de Renoir en 1879, de Manet et Monet en 1880, qui récoltèrent un succès considérable. Au moment où les œuvres de Monet accédaient enfin aux éloges qu'il avait tellement attendus, il était de plus en plus isolé, déclarant :

> *Je suis toujours et je veux toujours être un impressionniste... mais je ne vois plus que très rarement mes confrères hommes et femmes. La petite église est devenue aujourd'hui une école banale qui ouvre ses portes au premier barbouilleur venu...*

Manet
Chez le père Lathuile
1879
huile sur toile
93 x 112 cm
Tournai, musée des Beaux-Arts
Les impressionnistes remirent en question non seulement la technique mais aussi les sujets de style académique tels qu'ils étaient enseigné à l'École des beaux-arts. Manet, dont la technique n'était pourtant pas radicalement différente, se détourna des contenus classiques et traditionnels de la peinture en représentant la vie moderne parisienne. Ici, il a choisi un restaurant dans le quartier des Batignolles, près duquel il vivait, pour abriter ce qui pouvait être une scène de la vie bourgeoise ordinaire.

Cassatt
Jeune fille au parc
vers 1880
huile sur toile
71 x 90 cm
Collection privée
Dans son essai intitulé Le peintre de la vie moderne *paru dans* Le Figaro, *Baudelaire développe sa conception de la femme dans ce nouvel art.*
Cette attitude était de loin celle de Cassatt ou Morisot, qui ne pouvaient ni se promener dans les rues de Paris ni travailler au Louvre sans être chaperonnées.

Cassatt
Mère et enfant
non daté
pastel sur papier,
55 x 45 cm
Collection privée
Mary Cassatt n'avait pas d'enfant; cela ne l'empêcha pas de faire de la maternité et de l'éducation des enfants son domaine artistique personnel.
Influencée par Degas, son premier professeur, elle traita ses sujets avec un sens de l'observation qui ne lui venait pas de ses contemporains impressionnistes.

Camille meurt en 1879. Au moment de sa mort, Monet ne peut s'empêcher de faire une dernière fois son portrait. 1880 marque le début d'une décennie et la fin d'une époque. Duranty, Flaubert et Offenbach sont morts. Manet, fort affaibli par sa maladie, fréquentait désormais le Café de la Nouvelle-Athènes. Des fondateurs de la Société anonyme, seuls Degas (dont les œuvres avaient figuré dans toutes les expositions), Pissarro et Berthe Morisot participèrent à celles de 1880 et 1881. Renoir, à l'aise financièrement, évoluait à présent dans les sphères plus aisées de la société, même si une crise artistique le menaçait. L'emprise croissante de Degas sur les expositions, dans lesquelles il intégrait de plus en plus de disciples, poussa Pissarro et Caillebotte à le supplier de réintégrer Monet, Renoir et Sisley. Caillebotte, qui se retourna finalement contre Degas, déclarait dans une lettre pleine d'amertume adressée à Pissarro:

Non, cet homme est aigri. Il n'occupe pas la grande place qu'il devrait occuper par son talent, et, quoiqu'il ne l'avouera jamais, il en veut à la terre entière (...) On ferait un volume sur tout ce qu'il a dit contre Manet, Monet, vous...

En fin de compte, Pissarro demeura fidèle à Degas. L'exposition de 1881 a lieu au boulevard des Capucines, là où, sept ans plus tôt, le tableau de Monet, *Impression, soleil levant*, avait donné à l'histoire de l'art un nouvel "isme". Caillebotte n'y participait pas. Degas, Morisot, Guillaumin et Pissarro étaient rejoints par une nouvelle génération d'artistes ; Mary Cassatt se joignait à eux pour la troisième fois ; Gauguin y participait pour la deuxième fois ; parmi les autres, on pouvait voir Rouart, Vidal, Vignon et Zandomeneghi.

Pendant ce temps, la Troisième République, le reconnaissant enfin, remettait la Légion d'honneur à un Manet à l'agonie. Le discours de Gambetta, le héros du siège de Paris en 1870, a été mal compris. Il avait dit que le problème résidait dans ce que ces peintres étaient des révolutionnaires et que pour la République, il valait mieux vivre avec une mauvaise peinture que de mourir pour sauver un grand art.

La relation ambiguë, d'amour et de haine, entre le Salon et Manet, les refus continuels et les rares triomphes, se concluaient en faveur de Manet. Sans cesse, il avait essayé de jouer des deux côtés, sans moyen terme, encourageant et supportant les impressionnistes pendant leurs heures les plus sombres, tout en maintenant fermement qu'il n'était ni un révolutionnaire ni un impressionniste. Astruc disait de lui en 1867 :

C'est l'effet de la sincérité de donner aux œuvres un caractère qui les fait ressembler à une protestation, alors que le peintre n'a songé qu'à rendre son impression.
M. Manet n'a jamais voulu protester. C'est contre lui, qui ne s'y attendait pas, qu'on a protesté au contraire, parce qu'il y a un enseignement traditionnel des formes, des moyens, des aspects de la peinture (...)

À l'annonce de sa Légion d'honneur, Manet, affublé de sa fameuse barbe blanche, exposait ses griefs :

Quand vous écrirez à Nieuwerkerke, vous lui direz que je suis sensible à son souvenir, mais que lui aurait pu me décorer. Il aurait fait ma fortune; et maintenant il est trop tard pour réparer vingt ans d'insuccès.

Néanmoins, son dernier grand chef-d'œuvre, *Le Bar aux Folies-Bergère* fut exposé au Salon de 1882, alors qu'il recevait, pour la dernière fois, la reconnaissance officielle qu'il avait désespérément attendue. Son tableau peut être considéré comme un résumé de son aventure de peintre de la vie moderne. Il montre une serveuse de bar, très pâle, debout devant un miroir qui reflète le tourbillon de la vie nocturne à Paris. Dans le coin supérieur gauche, les jambes d'une acrobate sont curieusement coupées par le cadre. Moment chancelant capté au cœur de la "Ville Lumière".

Manet meurt le 30 avril 1883 à l'âge de 51 ans. La vente de ses œuvres organisée en 1884 ne rapporte que la modique somme de 116 637 francs pour cent soixante-sept tableaux, ce qui représente environ 700 francs par peinture, c'est- à-dire un prix très inférieur à ce qui était offert pour un tableau présenté au Salon et à ceux atteints à cette époque pour les tableaux de l'école de Barbizon, que s'arrachaient alors les collectionneurs.

Gauguin
Le Sculpteur Abbi et son fils
1882
huile sur toile
53 x 71 cm
Paris, musée du Petit Palais
La composition de ce double portrait, tout à fait conventionnel et sans aucun contenu symbolique, est curieusement interrompue par l'articulation médiane.

Renoir
Deux sœurs (La Terrasse)
1881
huile sur toile
100 x 81 cm
Chicago, Art Institute
Si Renoir peignait parfois des paysages, les portraits restaient ses sujets favoris.

En 1882, en l'absence remarquée de Degas et de Cassatt, les impressionnistes tiennent leur avant-dernière exposition rue Saint-Honoré. Bien qu'il y en eût encore une en 1886, celle-ci était en réalité leur dernière. Pour la dernière fois et au prix d'énormes difficultés, Caillebotte et Pissarro avaient réussi (avec l'aide de Durand-Ruel) à réunir sous le même toit des œuvres de Monet, Morisot, Renoir et Sisley, à côté de celles de Gauguin, Guillaumin et Vignon. Au dernier moment, Manet avait hésité à se joindre au groupe. De toute manière, il était au stade final de la maladie, une forme d'ataxie locomotrice, qui le paralysait. Son apparition au milieu des autres aurait mis un terme approprié à une décennie pendant laquelle il les avait sans cesse encouragés.

1883 - 1886 : La dernière exposition

En 1882, Renoir avait voyagé en Italie et en Sicile où il avait réalisé un portrait de Richard Wagner. Il avait ensuite rejoint Cézanne à l'Estaque sur la Côte d'Azur et avait été accablé par une pneumonie. Son séjour en Italie était davantage une recherche sur l'art classique et la technique. Il étudia les fresques de Pompéi et surtout les œuvres de Raphaël à Rome, dont la douceur le conduisit à peindre pendant un moment dans un style plus serré, plus épuré et précis avant de retourner à son coup de pinceau plus instinctif et moins discipliné. Ce conflit stylistique culmina en une crise personnelle et artistique, comme en témoigne de manière élo-

Monet
Les Falaises à Varengeville
1882
huile sur toile
Collection privée
Les falaises de la côte normande, son sujet favori, fournissaient à Monet l'occasion de combiner paysage et marine.

Signac
Port-en-Bessin
1884
huile sur toile
68 x 127,5 cm
Collection privée
Bien que Signac accordât quelque crédit à la technique pointilliste développée par Seurat, il est évident que dans ce tableau, il n'y était pas encore préparé. Plus tard, il codifiera les objectifs et la méthode du pointillisme, ou divisionnisme, dans son ouvrage De Delacroix au néo-impressionnisme *(1899).*

quente son tableau *Les Parapluies*, retravaillé durant l'année 80 et abandonné par la suite. On y décèle une forte influence de Cézanne, perceptible dans le solide traitement des parapluies, le groupe de droite est peint de la manière délicate et plumeteuse qui avait caractérisé sa première période, tandis que la jeune fille à gauche témoigne de l'intérêt de Renoir à ce moment pour une ligne et une forme d'un style purement classique. Une série de *Baigneuses* illustre l'interprétation plus contenue qu'il adopta quelques années plus tard pour des portraits qui lui avaient été commandés. En 1883, Monet, Alice Hoschedé et leurs enfants respectifs s'installent à Giverny, un petit village situé près de la Seine, non loin de Rouen. Ernest Hoschedé s'était progressivement détaché de sa femme et avait quitté le double ménage. Après des années de misère, d'errance d'une maison à l'autre, de dépendance financière, Monet jouissait à présent de revenus décents ; ses tableaux atteignaient des prix intéressants, spécialement aux États-Unis. Il pouvait enfin se consacrer à l'étude de l'"enveloppe" de lumière qu'il percevait autour du monde. Durant les prochaines quarante-trois années qu'il passera à Giverny, il dessinera et entretiendra son célèbre jardin, peignant plus que jamais. Des artistes étrangers, dont plusieurs Américains, s'étaient installés à proximité. D'autres lui rendaient souvent visite. Les autres impressionnistes s'étaient dispersés à travers toute la France: Pissarro était à Osny au nord de Paris, Cézanne quittait rarement sa Provence et Renoir était installé à

Monet
Giverny en hiver
1885
huile sur toile
64,5 x 88,5 cm
Collection privée
De cette époque jusqu'à sa mort, Monet explora sa région sans que les conditions atmosphériques, quelles qu'elles soient, ne puissent l'arrêter.

Essoyes en Bourgogne avec sa compagne Aline Charigot.

La dernière exposition impressionniste eut lieu en 1886. Degas et ses protégés y figuraient, mais leur place de choix leur avait été volée par les néo-impressionnistes ou divisionnistes Seurat et Signac dont l'influence se manifestait de plus en plus sur Cézanne. Le tableau de Seurat, *La Grande Jatte* marquait la fin d'une décennie avec une nouvelle manière de peindre aussi controversée que celle qui l'avait entamée.

La belle époque de l'impressionnisme avait duré à peine plus de dix ans. En 1886, il s'était répandu dans le monde entier, donnant naissance à divers mouvements qui se prolongèrent pendant plusieurs années encore aux États-Unis, en Grande-Bretagne, en Allemagne et en Scandinavie. En tant que force novatrice l'impressionnisme allait être remis en question, en particulier par Gauguin et un artiste hollandais âgé de trentre-trois ans, venu à Paris pour étudier dans l'atelier de Félix Cormon, Vincent Van Gogh...

Van Gogh
Le Tisserand
1884
huile sur toile,
67,5 x 93 cm
Munich, Neue Pinakothek
Malgré l'influence exercée sur la palette de Van Gogh par les couleurs des impressionnistes et des néo-impressionnistes, il ne fut pas plus impressionniste que Gauguin. Il arriva à Paris en 1886, juste à temps pour assister aux derniers jours du mouvement.

Seurat
Étude pour
La Grande Jatte
1883
huile sur toile
71 x 104 cm
New York, Museum of Modern Art
Cette étude appartient à une série que Seurat exécuta avant le tableau définitif. Seurat mourut à l'âge de trente-deux ans en 1891, avant de se rendre compte de l'influence profonde que son œuvre exerça sur les post-impressionnistes.

Les acteurs et les œuvres

C. Pissarro. 1896

Camille Pissarro

Pissarro
Autoportrait
1873
Paris, musée d'Orsay

Des artistes aux talents aussi divers que Gauguin, Cassatt et Cézanne éprouvaient pour Pissarro le respect que l'on doit à un guide et à un homme intègre. Sa dévotion désintéressée à la cause de l'art et à ses disciples attirait sur lui une affection dont peu, voire aucun, de ses contemporains ne pouvaient se vanter. Sa franchise lui permit de transcender ses convictions politiques (au mieux théoriques) et de s'accorder avec les sympathies réactionnaires de Degas ou le conservatisme foncier de Renoir, tandis qu'il s'était lié d'amitié avec Monet et Sisley qui se battirent longtemps, et avec âpreté, comme lui-même, pour se tailler une place dans le monde artistique. Bien que Pissarro ait donné souvent confiance aux autres, lui-même était profondément angoissé et mettait en doute ses propres capacités. Il ne se conforta que très tard dans un mode d'expression qui semblait lui convenir, après avoir été séduit quelque temps par le néo-impressionnisme.

Pissarro
Coucher de soleil à Eragny
1896
huile sur toile, 54,5 x 65 cm
collection privée

La vie et l'œuvre : Camille Pissarro (1830-1903)

Vous n'avez pas le sentiment décoratif de Sisley, ni l'œil fantastique de Monet, mais vous avez ce qu'ils n'ont pas, un sentiment intime et profond de la nature, et une puissance du pinceau qui fait qu'un beau tableau de vous est quelque chose d'absolument assis.

Théodore Duret

Camille Jacob Pissarro, "le premier impressionniste" comme l'appelait Cézanne, est né le 10 juillet 1830 sur l'île de Saint-Thomas dans les îles Vierges. Il était le quatrième fils d'Abraham Pissarro, un Juif français originaire de Bordeaux et de Rachel Manzana-Pommié, une créole dominicaine, qui avait déjà été mariée et de dix ans plus âgée que son second mari. Abraham Pissarro tenait un magasin à Charlotte Amalie, la capitale et le port de Saint-Thomas. Alors qu'il vivait avec sa famille sur une petite île à des milliers de kilomètres de la métropole, le père tenait à ce que ses enfants reçoivent une éducation française. Aussi, entre douze et dix-sept ans, Camille vécut à l'internat de l'Académie Savary à Passy, dans la banlieue parisienne. Il semble que le directeur de l'Académie, monsieur Savary, ait encouragé les aptitudes artistiques du jeune homme en lui proposant de représenter les cocotiers d'après nature lors de ses séjours aux îles. En 1847, il est de retour à Saint-Thomas et travaille dans le magasin paternel; il dut suivre le conseil de monsieur Savary durant ses temps libres, car, neuf ans plus tard, à Paris, il peignait des paysages tropicaux de mémoire.

Camille reste avec sa famille jusqu'en 1853, moment où les charmes de l'île ne suffisent plus à l'y retenir. Il décide alors, sans le consentement de ses parents, d'accompagner le peintre danois Fritz Melbye au Venezuela. Pendant deux années, dans l'atelier loué à Caracas, Pissarro s'exerce au dessin et réalise ses premières aquarelles sous l'œil attentif de Melbye qui avait étudié à l'académie de Copenhague et pouvait ainsi enseigner à son jeune ami les rudiments d'un style académique. Au moment où, avec la bénédiction de son père, il faisait voile vers Paris pour entrer dans l'atelier d'Anton Melbye, le frère de Fritz Melbye, Pissarro était déjà un peintre de paysages accompli.

L'Exposition universelle de 1855 vivait ses derniers jours lorsque Pissarro arriva à Paris. Le "Pavillon réaliste" de Courbet faisait sensation mais Pissarro fut davantage attiré par les quelques paysages de Corot et se présenta peu après au grand maître. Pendant deux ans, Pissarro travaille comme assistant dans l'atelier d'Anton Melbye, prenant quelques leçons privées à l'École des beaux-arts tout en étudiant à l'académie Suisse où il rencontre Claude Monet. À l'occasion, il prenait quelques leçons auprès de Corot; du moins c'est ainsi qu'il se présenta lors de sa première participation au Salon de 1859.

Pissarro franchit l'obstacle du Salon à son premier essai. Ses parents, revenus récemment s'installer à Paris, étaient passablement impressionnés de voir leur cadet faire son entrée dans le monde artistique. Le Salon était alors la plus grande des expositions et le très sage *Paysage de Montmorency* exécuté par Pissarro comportait suffisamment de réminiscences de Corot pour obtenir un succès en termes académiques mais prouvait également que son talent était sans compromission. Le déplacement de l'exotisme des îles Vierges et de l'Amérique du Sud vers ce que l'historienne de l'art Linda Nochlin a appelé une France "infiniment civilisée" a donné lieu chez Pissarro à une vision plus claire, plus naturaliste que celle de Corot. Par la suite, il sera souvent accusé de peindre des paysages vulgaires et peu esthétiques au regard des œuvres idéalisées de Corot.

Des premiers dessins exécutés à Saint-Thomas à sa mort en 1903, le style et la manière de Pissarro furent en continuelle évolution. Comme l'écrit l'historien John House, "si l'on établit le tracé de l'évolution stylistique de Pissarro, ... on rencontre Corot, Daubigny, Courbet, Jongkind, et Monet, Cézanne, Renoir, Millet, Seurat, Turner et de nouveau Monet". Bien qu'il fût l'aîné des impressionnistes, Pissarro n'a jamais cessé d'intégrer l'œuvre des autres, en une évolution artistique quelque peu en marge de celle de ses contemporains. Fin des années cinquante et début des années soixante, le Salon et le monde artistique français étaient plongés dans un débat sur la peinture de plein air de Daubigny et les conséquences du réalisme de Courbet. Fortement influencé par Corot, Pissarro appréciait à présent les tentatives de Daubigny et de Courbet pour peindre ce qu'ils voyaient et souhaitaient voir. À l'âge de vingt-trois ans, Pissarro rencontrait Monet, de dix ans son cadet, à l'académie Suisse et s'associait à une nouvelle génération d'artistes enthousiasmés par l'exemple de Courbet et de Daubigny, mécontents du paysage académique.

Au contraire de Monet, Renoir, Sisley et des autres impressionnistes en herbe, avec lesquels Pissarro se lia très vite, sa conception du monde

Corot
Dardagny, le matin
vers 1853
huile sur toile
26 x 47 cm
Londres, National Gallery
Pissarro avait pu voir quelques tableaux de Corot lors de l'Exposition universelle de 1855 et l'année suivante il se rendit auprès du paysagiste. Le style de Corot eut une profonde influence sur lui pendant plusieurs années. Ce petit tableau esquissé dévoile le côté plus libre de Corot qui convenait à Pissarro à ses débuts.

était profondément politisée. Il n'était pas dupe de la gloire du Second Empire, éphémère à un point inimaginable, ni des effets néfastes pour l'homme de l'industrialisation rapide, camouflés derrière la façade scintillante de l'empire. Il était de plus en plus attiré par le radicalisme extrémiste de Proudhon et du prince Kropotkine.

Peindre les hommes dans la sincérité de leur nature et de leurs habitudes, dans leurs travaux, dans l'accomplissement de leurs fonctions civiques et domestiques, avec leur physionomie actuelle, et surtout sans pose; les surprendre, pour ainsi dire, dans le déshabillé de leurs consciences, non simplement pour le plaisir de railler, mais comme but d'éducation générale et à titre d'avertissement esthétique : tel me paraît être, à moi, le vrai point de départ de l'art moderne, tels étaient les propos de Proudhon. Courbet correspondait à ce profil. À la fin des années cinquante, Pissarro connaissait suffisamment son œuvre et avait lu l'immense ouvrage de Proudhon intitulé *De la justice dans la révolution et dans l'Église* en 1858. Ayant un penchant naturel pour l'anarchie, Pissarro adopta progressivement les idéaux de Proudhon et s'avéra franchement anarchiste au fil des années. (Proudhon était, selon Ralph Shikes, un ardent défenseur de la justice, de la liberté et de l'égalité, même si celle-ci n'impliquait pas le suffrage universel; il considérait les Noirs comme des êtres inférieurs et les femmes, également inférieures, se voyaient cantonnées dans leur rôle domestique.) Le rôle de l'artiste, dira Pissarro quelques années plus tard, faisant écho à Proudhon, est de traduire avec sa propre

Millet
Les Glaneuses
1857
huile sur toile
83,5 x 111 cm
Paris, musée d'Orsay
Millet eut aussi une influence sur les premières œuvres de Pissarro, attiré par de tels sujets au point d'y revenir tout au long de sa carrière. Les hymnes simples et sentimentaux à la vie paysanne furent critiqués pour leur vulgarité mais constituèrent un référent important pour des artistes comme Pissarro et plus tard Van Gogh.

sensibilité contemporaine le monde qui l'entoure. Ce serait une grave erreur de croire que toute forme d'art est indépendante de son époque.

En 1860, alors qu'elles ne semblaient pas pouvoir ébranler les fondations du Second Empire, les théories de Proudhon étaient tolérées bien que déjà considérées comme dangereuses. Malgré ses convictions, les qualités de Pissarro s'enracinaient dans la réalité de la nature et de la campagne, dans des paysages avec figures - ce qu'un critique a appelé le paysage humaniste - et non dans le réalisme social, même si les deux aspects ont pu cohabiter à un certain degré dans *Le Pont de chemin de fer à Pontoise* daté de 1860, comme il l'avait déjà tenté, de manière guindée, dans *Promenade à l'âne à La Roche-Guyon*, que Shikes a considéré comme la seule toile de sa carrière où le message social est explicite.

À partir de 1860, Pissarro noua d'importantes relations. Travaillant dans la campagne parisienne, l'un de ses compagnons les plus réguliers était Ludovic Piette, un paysagiste de quatre ans plus âgé que lui qui avait étudié dans l'atelier de Couture et ensuite à l'académie Suisse. Pissarro et lui se lièrent d'une amitié indéfectible. Piette, relativement fortuné, possédait une ferme à Montfoucault en Bretagne qui servira de refuge à Pissarro quelques années plus tard, dans les moments de difficultés financières. À la même époque, il faisait la connaissance de Julie Vellay, fille d'un viticulteur bourguignon, qui était employée chez sa mère. Au Salon de 1861 et malgré le succès qu'il avait rencontré deux ans plus tôt, les caprices du jury se retournèrent contre lui. Sévère, celui-ci refusa son admission mais accepta *Le Joueur de guitare* de Manet avec une mention honorable. Pissarro continua à travailler à Paris, copiant les œuvres du Louvre et travaillant à l'académie Suisse où il rencontra deux alliés de poids, Paul Cézanne, sur qui il exercera une grande influence, et Armand Guillaumin.

1863. Année du Salon des Refusés et du scandale provoqué par *Le Déjeuner sur l'herbe* de Manet qui éclipsa la participation de Pissarro, Cézanne, Jongkind et Guillaumin et imposait Manet comme figure de proue de l'avant-garde. L'année avait commencé sous des auspices favorables pour Pissarro et Julie Vellay avec la naissance en février de l'aîné de leurs sept enfants, Lucien (Julie avait fait une fausse couche l'année précédente). Pissarro était un père

Pissarro
Femme lisant
1860
huile sur toile
26,5 x 29 cm
Collection privée
La femme assise est Julie Vellay, femme d'ouvrage de la mère de Pissarro, qu'il rencontra cette année-là, plus jeune que lui de quelques années. Ils eurent sept enfants et se marièrent dix ans plus tard, en 1870, durant leur séjour à Londres.

Pissarro
Les Rives de la Marne en hiver
1866
huile sur toile, 92 x 150 cm
Chicago, Art Institute
L'influence de Corot se manifeste dans ce tableau qui fut exposé au Salon où l'on jugea le sujet vulgaire et le tableau disgracieux. Ce n'était pas assez décoratif pour l'époque mais Pissarro ne se posa jamais la question de la beauté.

attentif. Son abondante correspondance avec son fils Lucien, installé à Londres dans les années 1890, constitue une source importante pour la connaissance des dernières années de sa vie.

Deux ans plus tard, Abraham Pissarro mourait, précipitant dans une crise financière Camille Pissarro et sa famille - encore agrandie par la naissance d'une fille, Jeanne. Deux paysages de l'artiste furent acceptés au Salon de 1864; dans le catalogue, il était présenté comme un élève de Corot et d'Anton Melbye. Il participa au Salon jusqu'en 1867, année où il fut refusé comme Renoir, Sisley et Monet.

Malgré le succès relativement important remporté dans les plus grands marchés d'art, les ventes de ses œuvres étaient peu nombreuses. Il devait compter avec l'aide de ses amis, en particulier celle de Ludovic Piette dans la ferme duquel il avait séjourné en 1864. À la même époque, il rompait avec Corot qui n'avait pas apprécié l'influence croissante de Courbet dans l'œuvre de Pissarro au point qu'il décida de ne plus se présenter comme un élève de Corot. *Les Rives de la Marne en hiver,* présenté au Salon de 1866, attira les louanges de Zola, tandis qu'un autre critique disait :

Rien de plus vulgaire que ce site et pourtant je vous défie de passer devant sans le remarquer. C'est qu'il devient original par l'énergie abrupte de l'exécution. M. Pissarro n'est pas banal par impuissance d'être pittoresque. Il emploie au contraire son talent robuste et exubérant à faire ressortir les vulgarités du monde contemporain.

Ce tableau révèle l'influence conjuguée de Corot et de Daubigny, tandis que l'utilisation de couleurs sombres et diluées et l'usage du couteau trahissent Courbet. Mais déjà à ce moment, le choix et le contrôle qu'il exerce sur des sujets tenus pour banals dessinaient une vision personnelle intense de la campagne (aux alentours de Varenne-Saint-Hilaire, où il habitait à ce moment). En 1867, Pissarro et sa famille s'installèrent à Pontoise, village sur les rives de l'Oise, à proximité d'Auvers. Ils y resteront jusqu'en 1869, avant d'élire domicile à Louveciennes. Pissarro travaillait évidemment à l'extérieur mais avait gardé un atelier à Paris qui lui permettait d'assister aux réunions du Café Guerbois, tenues par un groupe en pleine évolution. Le Salon de 1867, qui coïncidait cette année-là avec l'Exposition universelle, fut particulière-

Pissarro
Printemps à Louveciennes
vers 1868/1869
huile sur toile, 53 x 82 cm
Londres, National Gallery
Les Pissarro s'étaient récemment installés à Pontoise, une petite ville située en bord de Seine, non loin de Marly, où vivait Sisley, et de Bougival où travaillait Monet. Ce paysage est encore fort proche de Corot, en particulier dans le traitement des arbres sur la droite.

Pissarro
La Diligence à Louveciennes
1870
huile sur toile, 25,5 x 35,7 cm
Paris, musée d'Orsay
Pissarro avait enfin trouvé son propre style : le coup de pinceau est moins unifié et il saisit à merveille l'atmosphère d'un jour pluvieux. La diligence que l'on voit ici dans son lent parcours, transportait les passagers du coin.

ment conservateur dans ses choix et Pissarro, au nombre des refusés, s'associa à Renoir, Sisley, Monet, Bazille et Cézanne pour signer une pétition dans laquelle ils exigeaient un nouveau Salon des Refusés. Il était à présent question d'une exposition indépendante comprenant les élèves de Gleyre, Cézanne, Pissarro et Degas. Pissarro était désormais associé à la mise sur pied de ce mouvement et allait d'ailleurs jouer un rôle fondamental dans les développements ultérieurs. La participation de Daubigny au jury du Salon l'année suivante assura la participation de deux paysages que Pissarro réalisa à Pontoise, qui firent dire à Zola que Pissarro était l'un des trois ou quatre vrais peintres de son époque :

Il traite [la nature] dans une facture en apparence très rudimentaire, mais cela dénote surtout de la sincérité... C'est là la campagne moderne.

Malheureusement, ces éloges n'étaient pas très utiles à Pissarro et sa famille, qui étaient maintenant aux abois. Leur avenir était tellement problématique que le peintre devait parfois s'associer à Guillaumin dans la décoration de devantures de magasins et d'abat-jour.

À Louveciennes, tout en continuant à travailler le paysage, Pissarro connut une période relativement calme et stable. Il fut rejoint par Claude Monet qui avait travaillé avec Renoir à la Grenouillère (Pissarro y avait également travaillé pendant l'été). Durant l'hiver 1869/1870, dans les conditions climatiques les plus diverses, les deux artistes ont peint des vues de la route de Versailles, sur laquelle était située la maison de Pissarro.

Le début des hostilités le 19 juillet 1870 obligea Pissarro à fuir avec sa famille pour se mettre à l'abri, d'abord dans la ferme de Piette en Bretagne; ensuite, en décembre, ils traversaient la Manche pour s'installer dans un faubourg londonien où vivait la mère de l'artiste. Il y épousa enfin Julie Vellay, enceinte de leur troisième enfant.

Monet avait également fui vers l'Angleterre et, par l'entremise du marchand d'art Durand-Ruel, également réfugié à Londres, entra en contact avec lui. Dans une lettre de 1902, Pissarro se souvient :

Monet et moi nous étions enthousiasmés par les paysages de Londres. Monet travaillait dans les parcs alors que moi, habitant Lower Norwood, à cette époque un charmant faubourg, j'étudiais des effets de brume, de neige et de printemps. Nous travaillions d'après nature, et plus tard Monet a peint à Londres quelques superbes

Pissarro
La Maison rose
1870
huile sur toile
46 x 55 cm
Paris, musée d'Orsay
Les sujets de Pissarro, sans prétention, sont toujours pris au hasard, en accord avec son propre tempérament. Comme d'autres peintres impressionnistes, il choisissait un éclairage et le peignait. Monet rejoint plus tard Pissarro à Louveciennes où ils représentèrent les rues de la localité.

Pissarro
Fox Hill, Upper Norwood
1870
huile sur toile, 35,5 x 45,5 cm
Collection privée
La guerre obligea Monet et Pissarro à rejoindre l'Angleterre. La mère de Pissarro vivait à Norwood et le peintre exécuta une série de paysages de l'endroit, dont une douzaine subsistent encore.

études de brume. Nous allions également aux musées. Les aquarelles et les peintures de Turner et de Constable, ainsi que les toiles de Old Chrome, ont certainement eu une influence sur nous. Nous admirions Gainsborough, Lawrence, Reynolds, etc., mais nous étions surpris surtout par les paysagistes qui étaient plus près de nos recherches par rapport au plein air, la lumière et les effets fugitifs...

Comme l'a noté l'historien de l'art Phoebe Pool, le premier contact de Pissarro avec les paysagistes anglais fut assez tempéré. Dans les dernières années de sa vie, il écrivait à Lucien :

... Turner, Constable, tout en nous servant, nous ont confirmé que ces peintres n'avaient pas compris l'analyse des ombres, qui, chez Turner, est toujours un parti pris d'effet, un trou. Quant à la division des tons, Turner nous a confirmé sa valeur comme procédé, mais non comme justesse ou nature.

La rencontre avec Durand-Ruel mise à part, le séjour à Londres n'améliora pas la situation de Pissarro. Le public n'acheta pas ses œuvres et sa participation, ainsi que celle de Monet, à l'exposition annuelle de la Royal Academy fut refusée. De son séjour à Londres, il subsiste douze tableaux ainsi que quelques études, des

Pissarro
Dulwich College
vers 1870
huile sur toile, 50 x 61 cm
Collection privée

Mis à part le traitement systématique des branches, l'influence du style soigneux et clair de Corot a disparu. Dulwich College était et reste encore un des points de repère de la région.

plus impressionnistes comme *Fox Hill, Upper Norwood* et *Dulwich College* au tableau plus léché *L'Avenue, Sydenham,* que Durand-Ruel acheta finalement en 1871, bien que l'artiste ait espéré le vendre sur le marché londonien.

Les résultats concrets de son séjour à Londres, de ses contacts avec Monet et de sa rencontre avec le paysage anglais s'exprimèrent dans un traitement plus libre de pigments brillants, dans l'application rapide de touches de couleur, mise au point par Monet à la Grenouillère et dont il avait usé avec succès dans ses paysages de la Tamise. En comparaison de Monet, à présent lancé dans l'impressionnisme proprement dit, la dette envers son premier maître Corot, envers également Daubigny et Courbet, se ressent encore dans *L'Avenue, Sydenham.* Solidité et équilibre de la composition caractérisent son œuvre qui s'inscrit à contre-courant de Monet.

L'effondrement de la Commune de Paris et la fin de la guerre en 1871 permirent aux Pissarro de retourner à Louveciennes. Ce qu'ils virent les horrifièrent. Les Prussiens avaient réquisitionné leur maison et l'avaient utilisée comme boucherie. Sur les mille cinq cents tableaux que l'artiste y avait abandonnés, seule une quarantaine subsistaient. Les autres avaient été arra-

Cézanne
La Maison du docteur Gachet à Auvers
1873
huile sur toile, 46 x 38 cm
Paris, musée d'Orsay
Cézanne et Pissarro travaillèrent ensemble entre 1872 et 1874. La technique de Cézanne s'améliora beaucoup au contact de Pissarro. Ce paysage montre comment il imite le style de ce dernier, abandonnant les empâtements épais travaillés au couteau au profit d'un traitement plus sobre et plus lumineux.

Cézanne
Autoportrait
1873/1876
huile sur toile, 64 x 53 cm
Paris, musée d'Orsay
Il s'est représenté doutant de lui-même et rarement satisfait du résultat de ses efforts.

Pissarro
Autoportrait
1873
huile sur toile, 56 x 46,5 cm
Paris, musée d'Orsay
Âgé seulement de quarante-six ans, Pissarro en paraît beaucoup plus selon nos critères actuels. Renoir se plaignait d'être vieux au même âge.

Pissarro
Première Gelée
1873
huile sur toile, 65 x 93 cm
Paris, musée d'Orsay
Pissarro fut le seul impressionniste à partager avec la génération précédente un goût pour les scènes pastorales, les paysans et leurs villages; il préférait les vergers et les jardins potagers aux jardins soigneusement dessinés chers à Monet. Cette composition, équilibrée et délicate, est sophistiquée dans sa simplicité.

Pissarro
Les Toits rouges, coin de village, effet d'hiver
1877
huile sur toile, 54,5 x 65,5 cm
Paris, musée d'Orsay
Pissarro réalisa ce tableau durant l'hiver 1876/1877. C'était une agglomération de maisons située au sommet de la Côte des Bœufs, à proximité de sa maison.

chés de leur cadre et avaient servi de tapis aux Prussiens. Pissarro retrouva les toiles dégradées abandonnées sur un tas de compost. Sans en être découragé, il se remit à travailler d'arrache-pied. Leur second fils naquit en novembre. En 1872, ils retournaient à Pontoise où ils allaient rester jusqu'en 1882. Invité à poursuivre ses études de paysages à Pontoise, Cézanne arriva en hiver 1872 avec sa compagne Hortense Fiquet et leur fils Paul. Il s'installèrent dans un hôtel de la région et, plus tard, dans les environs d' Auvers-sur-Oise. *La Maison du pendu à Auvers* que Cézanne exécuta à cette période est fort influencé par le style de plus en plus impressionniste de Pissarro.

Le vent tournait à l'avantage de Pissarro. Des ventes à Paris avaient atteint des prix assez élevés, alors que le sympathique journaliste, très influent et extrêmement aisé, Théodore Duret,

Pissarro
La Côte des Bœufs à l'Hermitage, près de Pontoise
1877
huile sur toile
115 x 87,5 cm
Londres, National Gallery
Cette année-là, Cézanne était revenu du sud de la France pour travailler avec Pissarro. Cette vue est semblable à la précédente, maisonnettes aperçues à travers quelques arbres et adossées à une colline qui ferme l'horizon. Pissarro commençait à appliquer des touches de peinture plus épaisses, donnant ainsi plus de texture à ses toiles.

Pissarro
Le Jardin de l'Hermitage
Pontoise
1877
huile sur toile
55 X 46 cm
Paris, musée d'Orsay
Délaissant pour cette occasion la campagne, Pissarro représente deux de ses enfants dans le jardin familial, qui ne paraît pas aussi bien entretenu que celui de Monet.

Pissarro
La Couturière
1881
pastel sur toile
25 x 20 cm
Collection privée
Dans cette petite étude, Pissarro s'attache à la vie très humble d'une paysanne dans une demeure paisible.

comte de Brie, commençait à prendre la défense de Pissarro et des autres membres du groupe. Les impressionnistes, y compris Pissarro, se débattaient dans des questions concernant la Société anonyme qu'ils essayaient de créer dans le but d'organiser eux-mêmes leur première exposition. Pissarro s'impliqua à fond dans l'organisation de cette nouvelle entreprise, entrevoyant une sorte de coopérative, ou de collectif, curieusement fondée sur les principes de l'Union des boulangers de Pontoise et de l'Association des artistes, peintres d'histoire et de genre, etc., à laquelle il avait participé treize ans plus tôt. Renoir, Monet et les autres membres du groupe, estimant le projet trop complexe, créèrent immédiatement une société commune dans laquelle les quinze artistes étaient actionnaires. Pissarro créa une tension supplémentaire en proposant

Pissarro et Gauguin
Portraits respectifs
vers 1879/1880
Paris, musée Louvre
Égocentrique et opiniâtre, Gauguin profita de l'enseignement bénévole que lui prodigua Pissarro. Mais il devait trouver l'univers de son maître trop simpliste et poursuivre sa propre quête. Il se détourna de Pissarro mais, plus tard, le remercia de tout ce qu'il lui avait donné.

Seurat
Champ de luzerne près de Saint-Denis
1885
huile sur toile
65 x 81 cm
Édimbourg, National Gallery of Scotland
Seurat utilisait la technique pointilliste depuis sept années lorsqu'il peignit ce tableau. Ses professeurs à l'École des beaux-arts l'avaient trouvé assidu, une qualité essentielle pour la technique minutieuse à laquelle il s'astreignait.

à sa manière la candidature de Cézanne et de Guillaumin. Duret était contre l'idée d'une exposition indépendante et pressait Pissarro de suivre l'exemple de Manet et de participer au Salon. Mais Pissarro ignora cette opinion et resta fidèle à l'idée d'expositions impressionnistes ; il allait participer aux huit manifestations.

Pissarro fut marqué par le mois d'avril 1874 qui fut pour lui aussi mémorable que traumatisant. Lors de la première exposition, ses paysages, très novateurs, furent condamnés. À la fin de la manifestation, il fut contraint de faire appel à Piette. Cet échec se doubla de la perte de sa fille Jeanne, âgée de neuf ans.

Lui-même avait alors quarante-cinq ans. Quinze ans plus tard, en 1890, il résumait sa carrière dans une lettre adressée à sa nièce Esther Isaacson : il n'avait compris qu'à l'âge de quarante ans ce qu'il voulait ; avait conçu un projet d'une unité artistique seulement vers la cinquantaine, sans être capable de l'exprimer, et n'entrevoyait cette possibilité qu'au moment où il atteignait soixante ans.

Tout au long d'une carrière difficile, Pissarro rechercha en effet la meilleure façon d'exprimer sa personnalité autant que ses idées. Jusqu'à l'âge de soixante-deux ans, lorsque Durand-Ruel monta une exposition rétrospective de ses œuvres, il vogua à travers les ennuis financiers tout en voyant sa famille s'agrandir. En dépit de ces pressions, il ne fut jamais avare d'un avis ou d'un conseil pour quiconque. Il fut sollicité par nombre de jeunes peintres, à commencer par Cézanne en 1872, Gauguin en 1877 et plus tard Matisse et Picasso. Cézanne le vénérait, affirmant qu'il était un père pour lui, un peu comme le bon Dieu. Mary Cassatt le trouvait si bon professeur qu'il aurait pu "enseigner le dessin à des pierres".

Lors de la dernière exposition du groupe en 1886, le grand maître était lui-même en pleine crise. Il avait participé à l'organisation de toutes les expositions des impressionnistes et convaincu les autres membres du groupe d'accepter parmi eux de plus jeunes artistes comme Gauguin. Il fut sans cesse aidé par des subventions du pâtissier Eugène Murer, qui avait aussi acheté une chambre d'hôtel à Rouen dans laquelle, pendant de très longues périodes, il peignit des paysages urbains. La collaboration avec Degas et Mary Cassatt avait été un succès ; Durand-Ruel l'avait aidé comme il le pouvait, l'épaulant dans son cheminement. En 1884, la famille Pissarro s'installait à Éragny où ils achetèrent aussitôt la maison qu'ils avaient louée (à l'aide d'un emprunt à Monet que Pissarro remboursa scrupuleusement). Entre temps, l'intérêt de l'artiste pour la figure humaine, spécialement la femme de la campagne, qui était beaucoup plus qu'une apparition dans le paysage, avait envahi son œuvre au point de devenir l'expression fondamentale de son humanisme. L'historien de l'art Ralph Shikes observe avec justesse que Pissarro peignait souvent de minables jardins potagers,

Pissarro
Les Faneuses, un soir
1893
huile sur toile
Omaha, Joslyn Museum of Art

Tout en conservant ses sujets préférés, traités egalement par Seurat dans de petites études, Pissarro adapta le pointillisme à son propre style; la femme située au premier plan a perdu la position naturelle et légère de ses premières figures.

Pissarro
Paysage à Éragny
1895
huile sur toile, 60 x 73,5 cm
Paris, musée d'Orsay
Autre exemple tardif du pointillisme de Pissarro, dépourvu de la froideur propre à Seurat. Il avait renoncé à cette technique quelques années plus tôt.

peintures pratiquement incompréhensibles ou insignifiantes pour la classe moyenne. Ses travailleurs agricoles, issus de familles de paysans ou travailleurs saisonniers, transportant des seaux d'eau, gardant les vaches ou nourrissant les poules, ne sont pas des figures héroïques mais de simples humains remplissant leurs tâches au rythme des saisons.

Mais il devenait problématique d'exprimer tout cela en même temps. Le réseau de coups de pinceau semblables à des virgules, devenu sa marque de fabrique, avait atteint sa conclusion logique et il l'utilisera à l'avenir. Un problème plus ardu l'attendait. L'impressionnisme avait vécu. Renoir s'était également trouvé dans une impasse stylistique et, de ce fait, avait adopté un style linéaire, à l'évidence néo-classique; des années auparavant, Cézanne avait abandonné sa vision très douce du monde et s'était limité aux lignes, plans et volumes. En octobre 1885, Pissarro rencontrait Seurat, un jeune artiste qui avait mis au point la technique du divisionnisme, en se basant sur plusieurs nouvelles théories de la couleur qui se référaient elles-mêmes à celles de Chevreul. Pissarro avait aussi lu les textes des théoriciens américains Charles Henri et Odgen Rood, et, avec Paul Signac, il trouva dans la manière de juxtaposer, chez Seurat, de petits points de pigments purs, le moyen de créer les formes d'une nouvelle peinture.

Je suis persuadé du progrès qu'il y a dans cet art qui donnera à un moment donné des résultats extraordinaires. Du reste, je me fiche de l'appréciation de tous les artistes, n'importe lesquels ; je n'admets pas le jugement en l'air des "impressionnistes romantiques" qui ont intérêt à combattre les tendances nouvelles. J'accepte la lutte, voilà tout.

À l'âge de cinquante-cinq ans, Pissarro devenait un peintre néo-impressionniste ; son anarchisme redoublait d'ardeur. Plus tard, il dira à son fils Lucien qu'il était fermement convaincu qu'il existait des liens entre la philosophie anarchiste et leur travail.

Signac et Seurat adhéraient aussi aux objectifs de l'anarchisme bien qu'il soit difficile d'établir un lien quelconque entre ceux-ci et leurs œuvres. De toute manière, le néo-impressionnisme de Pissarro n'allait durer que cinq ans avant d'être rejeté d'une part par Durand-Ruel, qui refusa d'acheter ses œuvres divisionnistes, et d'autre part par les impressionnistes qui répugnaient à exposer aux côtés des pointillistes.

Néanmoins, Pissarro réussit à préserver la salle divisionniste lors de la dernière exposition impressionniste de 1886, dans laquelle, avec son fils Lucien, Signac et Seurat, il exposait des œuvres qui provoquèrent tout à la fois éloges et indignation. Physiquement éprouvante, cette manière de peindre par juxtaposition de petits points, qu'on l'appelle néo-impressionnisme, pointillisme ou divisionnisme, imposa ses exigences à Pissarro qui dut réduire sa production.

En mai 1889, sa mère mourait à l'âge de quatre-vingt-quatorze ans. La même année, une infection de l'œil obligeait Pissarro à travailler à l'intérieur sans que cela ne freine en rien le rythme de sa production. Il abandonne les contraintes du divisionnisme l'année suivante et entame une série de paysages urbains et des quais de Paris, Rouen, Le Havre, Dieppe et Londres. Les années comprises entre 1889 et 1900 furent sans doute les plus productives de sa vie. En 1896, il gagna suffisamment d'argent pour rembourser son emprunt à Monet. Anarchiste jusqu'à la fin, Pissarro, âgé de près de

Pissarro
Paris, Place du Havre
1893
huile sur toile, 60 x 73 cm
Chicago, Art Institute
Mécontent du pointillisme, Pissarro se tourna, vers la fin de sa vie, vers des sujets différents et réalisa plusieurs vues de ville, la plupart depuis la fenêtre de chambres qui dominaient Paris, Rouen ou Dieppe.

Pissarro
Les Toits de Rouen (détail)
vers 1866/1902
huile sur toile, 102 x 76 cm
Toledo, Museum of Art
Pour refermer la boucle, le vieux peintre, qui meurt l'année suivante, reprend un tableau qu'il avait réalisé alors qu'il était encore sous l'influence de Corot.

Pissarro
Boulevard Montmartre à Paris
1897
huile sur toile, 72 x 91 cm
Saint-Pétersbourg, Ermitage
Les paysages urbains de Pissarro furent sévèrement critiqués par Renoir. Il pouvait tout au plus dire qu'au regard de Monet, le style de Pissarro n'avait pas évolué de la même façon. En effet, il y a peu de différence entre un paysage réalisé par Monet en 1876 et celui-ci, quelque vingt ans plus tard.

soixante-dix ans, était encore plus engagé qu'avant. Au temps du Café Guerbois, il avait suggéré de brûler le Louvre ; en 1894, ses amitiés anarchistes le forcèrent à passer quatre mois à Knokke, en Belgique, après l'assassinat du président Sadi Carnot par un anarchiste italien. Pendant l'affaire Dreyfus, qui déchira la France, il se rangea résolument aux côtés de Zola contre l'antisémitisme des militaires français qui inventèrent une fausse accusation contre un Juif innocent et l'obligèrent à l'exil et à l'emprisonnement.

Camille Pissarro mourut à Paris le 13 novembre 1903 d'un empoisonnement du sang provoqué par un abcès à la prostate ; son médecin homéopathe avait tenté de le soigner sans opération. Durant ses dernières années, il reçut des honneurs à l'échelle internationale et força l'admiration d'un très large public. De tous les impressionnistes, il fut sans doute le plus aimé et respecté par ses disciples. Après la mort de Pissarro, Gauguin dira de lui, malgré les remarques sévères que lui avait faites Pissarro : "*Ce fut un de mes maîtres. Je ne le renie pas.*"

Pissarro
Boulevard Montmartre, la nuit
1897
53,5 x 65 cm
Londres, National Gallery

Pour ces deux tableaux, Pissarro se posta dans l'Hôtel de Russie, au coin du boulevard des Italiens et de la rue Drouot à Paris, dans un quartier familier des impressionnistes. Une vue de nuit était une gageure pour l'artiste; il s'en sortit fort bien, dans une optique résolument impressionniste, animant les flammes des réverbères et les reflets de la pluie sur les trottoirs.

Édouard Manet

Fantin-Latour
Portrait de Manet
1867
Chicago, Art Institute

Édouard Manet fut la figure marquante d'une génération d'artistes qui vit en lui le chef de file d'un mouvement artistique non-conformiste et original. Manet faisait partie d'une bourgeoisie conventionnelle qui ne désirait rien de plus que la reconnaissance officielle du Salon. Sa carrière fut marquée par l'incompréhension des uns et des autres. Ami de Baudelaire, il était à la pointe de l'avant-garde artistique, bien qu'il soit resté conservateur et enclin à plaire. C'est sans doute sa capacité à créer la nouveauté au départ des sujets les plus classiques qui lui assura une grande notoriété et, dans le même temps, l'adhésion ou le rejet des critiques d'art qui exprimèrent toujours à son égard des opinions tranchées et contradictoires. Certains le considéraient comme un génie, d'autres comme un artiste à la médiocre imagination. Manet possède une manière originale et ambiguë de restituer Paris au quotidien, dont un *Bar aux Folies-Bergère* et le *Coin au café-concert*, deux peintures qui, plus que toute, autre peinture contemporaine, synthétisent en quelques impressions cette époque décadente à l'éclat éphémère.

Manet
La Promenade
vers 1880
huile sur toile, 92,5 x 70,5 cm
Collection privée

Manet
Copie de l'autoportrait de Tintoret
1854
huile sur toile, 61 x 50 cm
Dijcn, musée des Beaux-Arts
Ce tableau n'est qu'une des nombreuses copies d'après les maîtres anciens réalisées par Manet. Il avait une autorisation du musée du Louvre, mais il en réalisa également au Rijksmuseum d'Amsterdam, à Florence, à Rome et Venise. Manet fut un maillon important dans une longue tradition envers laquelle il s'estimait redevable.

La vie et l'œuvre : Édouard Manet (1832-1883)

D'un autre côté, au contraire, on a un homme s'attaquant directement à la nature, ayant remis en question l'art entier, cherchant à créer de lui-même et à ne rien cacher de sa personnalité. Est-ce que vous croyez que des tableaux peints d'une main puissante et convaincue ne sont pas plus solides que de ridicules gravures d'Épinal?

Émile Zola

Édouard Manet est né à Paris le 23 janvier 1832. Fils aîné d'Auguste Manet, chef du personnel au Ministère de la Justice, et d'Eugénie Désirée Fournier, fille d'un diplomate.

Manet aurait pu devenir un brillant homme de loi dans la ligne tracée par son père, mais ce furent le penchant artistique de sa mère et la passion de son oncle pour les arts qui l'emportèrent. Dès l'âge de quinze ans, Manet et son ami Antonin Proust, fréquentant tous deux le très sélect collège Rollin, reçurent des leçons spéciales de dessin et visitèrent les principaux musées de Paris avec Edmond Fournier. À seize ans, Manet refusa d'entrer en faculté de droit comme son père l'aurait voulu, déclarant sa vocation artistique mais acceptant le compromis (qui s'avéra une ruse) d'entrer dans la Marine. Il échoua aux examens d'admission mais s'embarqua néanmoins le 9 décembre 1848 sur *Le Havre et Guadeloupe* à destination de Rio de Janeiro.

À son retour en France, un an plus tard, Manet échoua une nouvelle fois aux examens d'entrée dans la Marine et finit par convaincre son père de ses réelles ambitions artistiques. Les nombreux dessins que Manet ramena des Amériques prouvaient à suffisance le bien-fondé de sa vocation.

Dans le Paris des années 1850, quelques ateliers indépendants pouvaient accueillir de jeunes artistes en herbe, et Manet choisit l'un des plus célèbres, celui de Thomas Couture situé rue de Laval (actuellement rue Victor-Massé). Couture avait séduit le Salon de 1847 avec son épique tableau intitulé *Les Romains de la décadence* et il était renommé pour ses talents de peintre et de professeur. Manet suivit les cours de Couture de 1850 à 1856 et copia des tableaux du Louvre (dont des œuvres de Vélasquez), provoquant aussi parfois des incidents dans l'atelier comme l'évoque son ami d'enfance Antonin Proust dans ses *Souvenirs*, à propos de la manière dont les modèles professionnels posaient dans l'atelier :

En effet, Manet avait invariablement, le lundi, jour où on donnait la pose pour toute

la semaine, des démêlés avec les modèles de profession... En montant sur la table, ils prenaient par tradition des attitudes outrées. "Vous ne pouvez donc pas être naturels, s'écriait Manet. Est-ce que vous vous tenez ainsi quand vous allez acheter une botte de radis chez la fruitière ?"

Proust décrit un autre incident qui éclaire l'état d'esprit de Manet et les relations qu'il entretenait avec Couture.

Un jour, il était parvenu cependant à faire prendre au modèle Gilbert une pose simple, en lui conservant même une partie de ses vêtements. Couture entra à l'atelier, amenant Raffet. Devant ce modèle habillé, il eut un mouvement de colère. "Est-ce que vous payez Gilbert pour qu'il ne soit pas nu ? qui a fait cette sottise ?"
- C'est moi, dit Manet.
- Allez, mon pauvre garçon, vous ne serez jamais que le Daumier de votre temps.

À quoi Manet aurait rétorqué qu'il était préférable d'être le Daumier de son temps que d'en être le Coypel. (Coypel était un peintre conventionnel du XIXe siècle).

Hormis ces frivolités, Manet était très redevable à Couture, qui s'opposait au style académique dominant et à ses obligations. Couture conseillait à ses étudiants de s'approprier d'abord les techniques avant de créer, l'esprit libre et léger, ne pensant qu'à ce qu'ils voulaient faire.

C'est exactement ce que Manet était en train de faire, en érigeant sa révolution sur base d'une technique accomplie et d'une connaissance approfondie des anciens peintres. Un avant-goût nous en est donné par Antonin Proust qui

se rappelait un dessin de Manet de 1851 montrant l'identification, dans le cimetière de Montmartre, des victimes du coup d'état de décembre par Louis Napoléon. Manet était déjà un fier républicain ; dans une lettre à son père écrite de Rio de Janeiro, il l'encourageait à se battre pour une république, convaincu que Louis Napoléon ne correspondait pas à l'idéal républicain.

Combien il était dans le vrai; les corps de Montmartre prouvaient que la défiance de Manet vis-à-vis de la Seconde République était fondée, tout cela survenant seulement deux ans après son retour d'Amérique du Sud.

Manet
Le Buveur d'absinthe
1858 / 1859
huile sur toile, 177,5 x 103 cm
Copenhague, Ny Carlsberg Glyptotek
L'absinthe avait une trop mauvaise réputation pour faire un sujet convenant au Salon. Manet trouvait de tels sujets dans le quartier des Batignolles où il vivait. Il représentait ici le chiffonnier Colardet.

Manet
Les Parents de l'artiste
1860
huile sur toile, 110 x 90 cm
Paris, musée d'Orsay
L'austère monsieur Manet ne semblait pas le genre d'homme auquel un fils pouvait confier l'existence d'une descendance illégitime. Manet ne lui parla jamais de Léon, née de son professeur de piano Suzanne Leenhoff, avec qui il se maria seulement après la mort de son père.

Manet
Jeune Femme en costume espagnol (détail)
1862
huile sur toile, 95 x 113 cm
New Haven, Yale University Art Gallery
La pose adoptée est celle de la Maja de Goya. Alors que Goya avait peint le même modèle nu et habillé, Manet lui passa l'habit de torero.

Manet
Le Ballet espagnol
1862
huile sur toile, 61 x 91 cm
Washington, Phillips Collection
Tout ce qui venait d'Espagne séduisait les romantiques français, à l'époque de la jeunesse de Manet. Il ne put résister à l'envie de peindre les membres d'une compagnie de ballet qui était en tournée à Paris en 1862. On peut y voir Lola de Valence.

En janvier 1852, sa compagne Suzanne Leenhoff, professeur de piano âgée de vingt ans, mettait au monde un fils, Léon. Il la connaissait alors depuis deux ans. Eugénie, sa mère, connaissait cette naissance illégitime mais elle et son fils gardèrent le secret envers l'austère et conservateur Auguste Manet, faisant passer le fils comme un frère de Suzanne et ensuite comme un fils naturel de Manet, dès après leur mariage. L'attachement strict de Manet à la bienséance et à la morale publique, comme dans d'autres domaines, l'amena à cacher Suzanne dans un appartement, comme c'était le cas à l'époque pour de nombreuses maîtresses, afin de la préserver des jugements de la société jusqu'à ce qu'elle puisse à nouveau paraître sans risques.

Manet quitta l'atelier de Couture aux environs de Pâques 1856 et emménagea un atelier dans la rue Lavoisier avec un autre peintre, Albert de Balleroy. Il réalisa un périple en Hollande, en Allemagne, en Autriche et en Italie, terminant par Venise, visitant les musées et étudiant les maîtres anciens. En 1859, Manet présenta son premier tableau au Salon : *L'Absinthe*.

Il fut sommairement rejeté pour plusieurs raisons, notamment pour immoralité et vulgarité; seul Delacroix vota pour lui. L'année suivante, Manet fit la connaissance du poète et critique d'art Charles Baudelaire, de onze ans son aîné, qui avait publié son chef-d'œuvre *Les Fleurs du mal* en 1857. Les poèmes choquèrent et nombre d'entre eux furent interdits. *Madame Bovary* de Flaubert avait connu le même anathème en 1856. Les premières années du règne de Louis Napoléon furent des années difficiles pour la littérature et l'avant-garde artistique, dont Manet devint rapidement une figure majeure. Il naviguait alors dans deux milieux sociaux : la bourgeoisie cultivée des salons et le monde de la bohème de Baudelaire et ses amis qui

Manet
Le vieux Musicien
1862
huile sur toile
187,5 x 248,5 cm
Washington, National Gallery of Art
Cette très grande composition conserve la tranquillité propre aux œuvres de Manet. Encore une fois, il trouva ses modèles près de chez lui : il reprend la figure du Buveur d'absinthe, à droite, coiffé d'un haut-de-forme. Le vieil homme était le gitan Jean Lagrène. La figure coupée par le cadre à droite représente le Juif errant. Tous ces hommes sont pauvres, mais Manet, loin de les représenter d'une manière romantique ou sentimentale, garde ses distances avec son sujet, ce qui lui vaudra plus tard d'être critiqué pour son indifférence et un manque de personnalité.

Le Nain
Paysage avec figures
vers 1645
huile sur toile,
54,5 x 67,5 cm
Londres, Victoria and Albert Museum
Ce tableau n'était pas dans une collection publique mais Champfleury, que Manet connaissait, en parlait dans son ouvrage Les Frères Le Nain, *publié en 1862. On sait que Manet a travaillé d'après des reproductions et que ce tableau-ci fut peut-être à l'origine de son* Vieux Musicien.

Manet
Le Combat du Kerseage et de l'Alabama
vers 1864
huile sur toile, 139 x 130 cm
Philadelphie, Museum of Art
Toujours intéressé par les événements contemporains et se souvenant sans doute des moments passés en mer avant d'embrasser une carrière artistique, Manet a représenté deux scènes de ce remarquable épisode de la guerre civile américaine qui se déroula sur la côte normande, près de Boulogne. Dans le second tableau, le Kerseage, *endommagé, est accosté le long de la jetée.*

développaient et se battaient pour des idées nouvelles et révolutionnaires. Baudelaire, qui devint l'intime de Manet, mourut d'aphasie (perte de la parole ou de la compréhension du langage due à une lésion de l'hémisphère cérébral gauche) et de la syphilis en 1867. Son romantisme angoissé se perçoit bien dans ces quelques lignes tirées des *Fleurs du mal :*

Ô douleur! ô douleur!
Le Temps mange la vie,
Et l'obscur Ennemi qui nous ronge le cœur
Du sang que nous perdons croît et se fortifie.

La relation amicale avec Baudelaire inspira l'œuvre de Manet de manière pourtant différente. Après *Le Buveur d'absinthe,* et la rencontre de Manet avec l'extraordinaire poète de la décadence, l'artiste évita les images décadentes trop exubérantes. La partie la moins dissolue de Baudelaire, ses critiques d'art pénétrantes et l'invocation d'un peintre, qui serait celui de la vie moderne, intéressaient bien plus Manet que ses derniers tourments de génie agonisant.

L'intérêt précoce de Manet pour la politique ne faiblit pas et il resta toujours curieux des événements tout au long de sa vie. En juin 1864, il se rendit dans le port de Cherbourg et assista à un bizarre incident résultant de la guerre civile américaine. Une corvette de l'Union Navy, le *Kerseage,* fut attaquée et poursuivie par un bâtiment confédéré, l'*Alabama,* qui était retenu dans les docks français. Manet peignit rapidement la scène. Trois ans plus tard, il réalisa la première version de *L'Exécution de l'empereur Maximilien.* Le tableau, à cause de son engagement politique, fut refusé à l'Exposition universelle de 1867.

En effet, depuis le scandale du *Déjeuner sur l'herbe* au Salon des Refusés de 1863, Manet

Manet
L'Éxécution de Maximilien
1867/1868
huile sur toile, 35 x 26 cm; 89 x 30 cm; 99 x 59 cm; 190 x 160 cm
Londres, National Gallery
Après la mort de Manet, Degas tenta de rassembler les morceaux de cette première esquisse. Manet avait acquis des photographies de l'exécution qui circulaient à Paris et avait remarqué que les soldats portaient des uniformes ressemblant à ceux de l'armée française, à part les guêtres. Un des amis de Manet, commandant d'une caserne locale, lui permit de prendre une escouade comme modèle.

Manet
L'Éxécution de Maximilien
1867
huile sur toile, 195 x 259 cm
Boston, Museum of Fine Arts
Dans cette étude déjà avancée, le peloton d'exécution porte l'uniforme mexicain et les visages des victimes ne sont pas dessinés. La nouvelle de l'exécution venait d'arriver à Paris et pour Manet, elle illustrait trop bien la banqueroute du régime de Napoléon III.

Manet
Étude pour Olympia
1863
aquarelle
Collection privée

Manet
Olympia
1863
huile sur toile,
130,5 x 190 cm
Paris, musée d'Orsay
C'est plat et cela manque de modelé; on dirait la reine de Pique sortant du bain, dira Courbet, à la vue du tableau. Ce à quoi Manet répondit : la notion de rotondité selon Courbet, c'est une boule de billard. Manet avait coutume de dire qu'une seule chose comptait: il faut être de son temps et faire ce qu'on voit... La lumière venait de derrière Manet, ce qui aplanissait les volumes des figures, lui valant de violentes critiques.

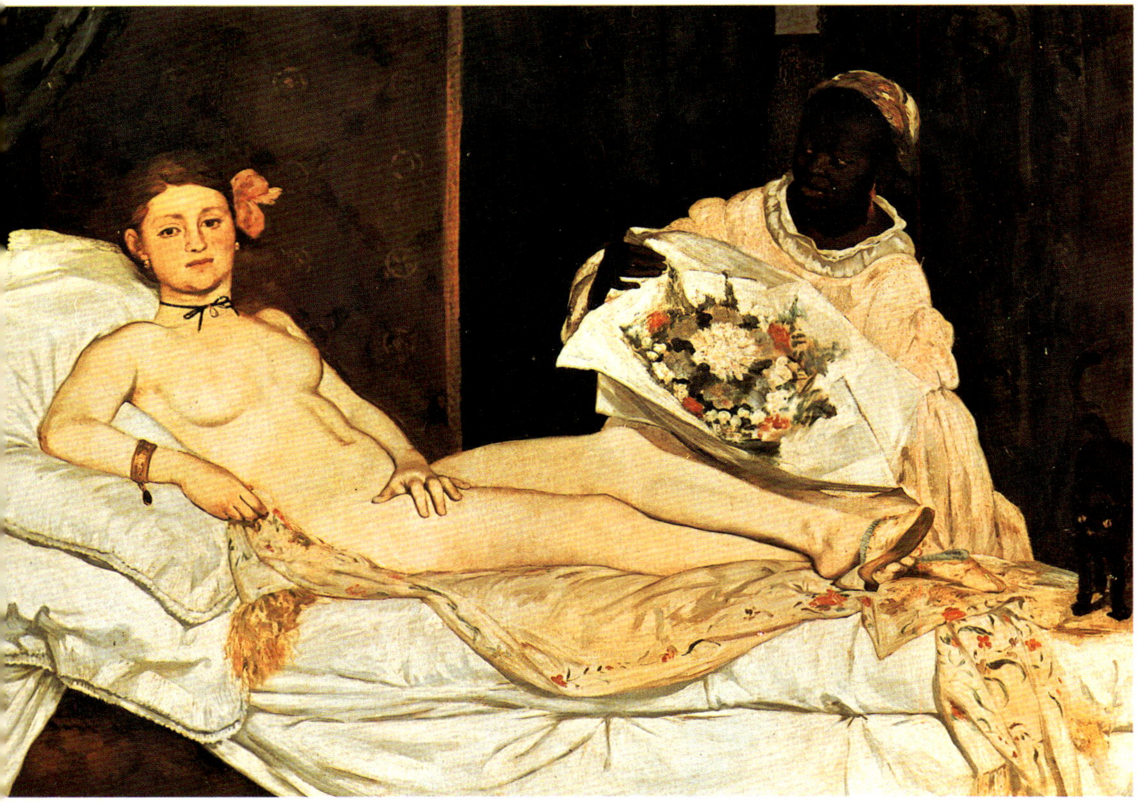

était constamment sous la surveillance des autorités, à la fois artistiques et politiques. Les sujets de Manet étaient à la pointe de la modernité et tendaient aux limites de l'acceptable. Il avait mis de côté le réalisme socialiste de Proudhon et Courbet et travaillé sous la bannière de "l'art pour l'art", principe que la littérature frivole d'un Théophile Gautier concrétise très bien :

Que tu me plais dans cette robe
Qui te déshabille si bien,
Faisant jaillir ta gorge en globe,
Montrant tout nu ton bras païen!
Frêle comme une aile d'abeille,
Frais comme un cœur de rose-thé
Son tissu, caresse vermeille,
Voltige autour de ta beauté.
(À une robe rose, *Émaux et Camées,* 1852)

Mis à part la concision et l'érotisme du poème – l'instantanéité devint la grande caractéristique de l'art de Manet – *À une robe* rose nous donne une idée du caractère étriqué de la bohème parisienne de l'époque. Le poème est dédié à Apollonie Sabatier, courtisane charmante et présidente du club des Hashishins fréquenté par Baudelaire et Gautier, objet d'une passion extrême de Baudelaire, qui l'immortalisa dans un cycle de poèmes repris dans les *Fleurs du mal.* (Elle fut aussi immortalisée par le sculpteur Clésinger dans un marbre présenté au Salon en 1847.)

L'influence des idées de Baudelaire sur la première partie de l'œuvre de Manet s'exprime dans *La Musique aux Tuileries,* qui répond à la définition de la peinture moderne telle que Baudelaire l'avait envisagée par le fait qu'elle dépeint la bourgeoisie parisienne mêlée à la bohème par un beau jour d'été. Baudelaire et Gautier se retrouvent parmi les flâneurs.

Avec *Olympia*, qui en 1865 avait bouleversé le monde de l'art, Manet devint le point de mire de toute la génération des jeunes artistes. Cette année, il commença à fréquenter le Café Guerbois, où des témoignages d'époque décrivent le sang-froid de Manet et l'esprit incisif dont il faisait preuve au milieu de ses collègues Bazille, Whistler, Nadar, Astruc, Renoir, et occasionnellement Degas, Monet, Cézanne et Pissarro. Mais sa personnalité et ses objectifs (s'il en avait toutefois d'autres, à part celui de peindre aussi bien que possible) demeurent imprécis. Il distillait de nombreux conseils aux jeunes peintres dans la ligne de "peindre ce que l'on voit, aussi vite que l'on voit" bien que sa technique lui soit vraiment personnelle. Peu d'artistes pouvaient manier le pinceau avec autant de nervosité que de précision ; peu d'artistes (à part Degas) osaient choisir des sujets semblables ; peu d'artistes avaient l'expérience de cinq années dans l'atelier de Couture et d'heures entières passées à copier les tableaux des grands musées européens ; peu d'artistes avaient le loisir de peindre (son père lui avait légué un généreux héritage) ; enfin, peu de contemporains (excepté Degas à nouveau) possédaient ce goût ineffable et équivoque pour l'image que possédait Manet. Modeste dans le triomphe, effacé dans la défai-

Manet
L'Arène
1865/1866
huile sur toile,
90 x 110,5 cm
Paris, musée d'Orsay
*La réaction du public à l'*Olympia *suggéra un voyage à l'artiste au cours duquel il séjourna en Espagne, où il continua à dessiner. Il ne se mit à la peinture de plein air qu'après 1875, sous l'influence de Berthe Morisot et de Monet. Cette œuvre, comme d'autres, fut réalisée en atelier.*

Chardin
Nature morte aux prunes
vers 1730
huile sur toile, 45 x 50 cm
New York, Frick Collection
L'écrivain français Diderot loua le réalisme magique et l'harmonie des couleurs de Chardin. D'autres admiraient les infinies variations lumineuses sur les objets quotidiens. Il est facile de comprendre comment un jeune peintre copiant les classiques de l'art pouvait être fort influencé par des œuvres comme celle-ci.

Manet
Nature morte avec pêches et melon
1866
huile sur toile, 69 x 92 cm
Washington, National Gallery of Art
Ce tableau montre une nouvelle fois l'attachement de Manet à la tradition. Il réalisa plusieurs natures mortes, parfois avec des huîtres, l'un des sujets favoris des peintres hollandais de natures mortes au XVIIe siècle. Manet ne fait jamais de plagiat, pas plus que les thèmes de Bach n'empruntaient à ceux de Vivaldi.

te, il n'avait pas l'inclination de Pissarro pour l'enseignement. Il était donc difficile de connaître le fond de sa pensée. Nous savons néanmoins qu'il était très sensible à certaines choses. En 1860, il installe son atelier à la rue Victoire après que le jeune garçon qui nettoyait ses pinceaux et raclait ses palettes, le sujet de *L'Enfant aux cerises*, se pendit dans son atelier, inspirant à Baudelaire un court récit et plongeant Manet dans une dépression. L'artiste l'avait réprimandé et menacé de le renvoyer chez ses parents, mais sans imaginer l'effet tragique que cette scène provoquerait. Durant les deux ou trois années suivantes, alors que sa réputation et sa capacité à provoquer le scandale s'accroissaient encore, il trouva lui-même l'occasion d'une mésentente avec Baudelaire. Le poète l'avait soutenu loyalement pendant

Manet
Madame Manet au piano
vers 1868
huile sur toile, 38 x 46,5 cm
Paris, musée d'Orsay
Madame Manet était une pianiste accomplie et le couple organisait souvent des soirées musicales pour leurs amis. Bourgeoise respectable depuis son mariage, elle admettait les passades de son époux.

Manet
Le Bateau de Folkestone à Boulogne
1869
huile sur toile, 60 x 73 cm
Philadelphie, Museum of Art
Manet passa l'été à Boulogne, en compagnie de Degas; il y peignit six paysages, les seuls qu'il réalisa en dehors de Paris dans les années soixante. Il montre ici les passagers prêts à embarquer pour la traversée de la Manche.

l'épisode du *Déjeuner sur l'herbe* en 1863, mais quand le scandale de l'*Olympia* éclata deux ans plus tard, Manet était au bout du rouleau, accablé par la méchanceté des critiques qu'il déchaînait. L'année précédente, Baudelaire avait attiré son attention sur le fait que dans le *Christ mort et les anges*, la blessure provoquée par la lance se trouvait du mauvais côté du corps. Il demanda à Manet, mais trop tard, de changer l'emplacement de la blessure avant l'ouverture de l'exposition afin de ne pas donner aux visiteurs l'occasion de se moquer de lui.

Pendant le scandale de l'*Olympia*, Manet, désespéré, écrivit à Baudelaire :

Je voudrais bien vous avoir ici, mon cher Baudelaire, les injures pleuvent sur moi comme grêle[,] je ne m'étais pas encore trouvé à pareille fête. J'aurais voulu votre jugement sain sur mes tableaux car tous ces cris agacent et il est évident qu'il y a quelqu'un qui se trompe...

Baudelaire répliqua avec mépris :

Il faut donc que je vous parle encore de vous. Il faut que je m'applique à vous démontrer ce que vous valez. C'est vraiment bête ce que vous exigez. On se moque de vous; les plaisanteries vous agacent; on ne sait pas vous rendre justice, etc., etc. Croyez-vous que vous soyez le premier homme placé dans ce cas ? Avez-vous plus de génie que Chateaubriand et que Wagner ? On s'est bien moqué d'eux cependant ! Ils n'en sont pas morts. Et pour

Manet
Madame Manet et son fils Léon à Arcachon
1871
aquarelle
Une scène familiale paisible, une atmosphère sereine dont Manet avait besoin pour apaiser son esprit. La répression de la Commune avait été sanglante et sans pardon, affectant fortement les habitants de Paris.

Manet
Portrait d'Émile Zola
1867/1868
huile sur toile,
146,5 x 114 cm
Paris, musée d'Orsay
En 1866, Manet rencontre le journaliste et écrivain Émile Zola, un ami d'enfance de Cézanne. À l'époque où il défendait le réalisme, Zola était quelque peu critique à l'égard des impressionnistes. "L'élément individuel, au contraire, l'homme, est variable à l'infini : autant d'œuvres et autant d'esprits différents; si le tempérament n'existait pas, tous les tableaux devraient être forcément de simples photographies."

Manet
La File devant une boucherie pendant la guerre
1871
gravure, 23 x 16 cm
Chicago, Art Institute

Manet
Claude Monet peignant dans son atelier
1874
huile sur toile, 82,5 x 104 cm
Munich, Neue Pinakothek
Renoir et Monet passèrent l'été 1874 à Argenteuil, petite ville en bord de Seine, près de Paris. Manet les rejoignit et réalisa quatre tableaux, fort influencés par le style de Monet.

ne pas vous inspirer trop d'orgueil, je vous dirai que ces hommes sont des modèles, chacun dans son genre, et dans un monde très riche, et que vous, vous n'êtes que le premier dans la décrépitude de votre art. J'espère que vous ne m'en voudrez pas du sans-façon avec lequel je vous traite. Vous connaissez mon amitié pour vous.
J'ai voulu avoir l'impression personnelle de ce M. Chorner, autant du moins qu'un Belge puisse être considéré comme une personne. Je dois dire qu'il a été gentil, et ce qu'il m'a dit s'accorde avec ce que je sais de vous, et ce que quelques gens d'esprit disent de vous : "Il y a des défauts, des défaillances, un manque d'aplomb, mais il y a un charme irrésistible." Je suis un des premiers qui l'ont compris. Il a ajouté que le tableau représentant la femme nue, avec la négresse, et le chat (est-ce un chat décidément?), était très supérieur au tableau religieux (Jésus insulté par les soldats).

La technique de Manet n'était pas la dernière des causes de ses ennuis. Depuis les années passées chez Couture, où il dessinait parfaitement des objets à l'envers pour se distraire, il développa une "peinture claire", que l'historien d'art anglo-saxon Bernard Denvir définit comme une manière nouvelle de peindre créant une gamme de tons colorés par l'application de pigments gras, coulant sur la toile et sur lesquels, alors que la peinture est encore humide, on ajoute les demi-tons et les tons plus sombres, l'inverse de la manière académique reconnue en somme. Le résultat est plein de vie et de dynamisme.

Le problème pour les critiques de l'époque était qu'il applique cette technique franche et nouvelle au service d'une ré-interprétation fon-

Manet
En bateau
1874
huile sur toile, 97 x 130 cm
New York, Metropolitan Museum of Art
Son beau-frère Leenhoff porte le costume d'un club de navigation à la mode. Manet présenta ce tableau au Salon de 1879.

Manet
Sur la berge à Argenteuil
1874
huile sur toile, 61 x 100 cm
Cardiff, National Museum of Wales
Manet s'intéressait moins que Monet ou Renoir aux effets lumineux. Le coup de pinceau de Manet est beaucoup plus lisse et contrôlé que celui des autres artistes.

Manet
La Famille de Monet dans le jardin
1874
huile sur toile, 48 x 100 cm
New York, Metropolitan Museum of Art
Monet accueillit Manet, Renoir et leurs familles respectives pendant l'été 1874; les deux peintres invités peignirent la famille Monet dans son jardin. Madame Monet et son fils Jean y ont une pose tellement proche qu'il est probable que les deux tableaux aient été peints en même temps.

Manet
Le Grand Canal à Venise
1875
huile sur toile, 57 x 48 cm
Collection privée
Manet arriva à Venise en compagnie de Tissot, qui, à Londres, durant la guerre, avait obtenu un grand succès avec ses peintures élégantes. Le style de Manet conserve le souvenir de l'été passé à Argenteuil l'année précédente: plus impressionniste, des coups de pinceaux plus brefs, variables, et une palette enrichie.

Manet
Nana
1877
huile sur toile, 150 x 116 cm
Hambourg, Kunsthalle
*Le public ne fut pas aussi scandalisé par ce tableau que par l'*Olympia*; Cependant, il fut refusé au Salon pour les mêmes raisons. Manet s'était inspiré de l'actrice Henriette Hauser, la maîtresse du prince d'Orange.*

damentale de sujets ayant quasi le statut d'icônes dans l'art occidental. En réinventant le nu dans *Le Déjeuner sur l'herbe* ou dans *Olympia*, avec des références explicites aux maîtres du passé, il apparaît en rupture totale avec la tradition la plus intouchable. Il était un iconoclaste pour les jeunes impressionnistes; lui-même estimait qu'il prolongeait la tradition là où d'autres voyaient une rupture brutale.

À l'âge de trente-huit ans, avec la coupure de la guerre franco-prussienne de 1870, Manet peignit quelques chefs-d'œuvre et comme Zola le disait en 1866 dans *L'Événement :*

> *Nos pères ont ri de Courbet, et voilà que nous nous extasions devant lui; nous rions de Manet, et ce seront nos fils qui s'extasieront en face de ses toiles.*

Manet était alors l'artiste le plus célèbre de son temps, mais ses nerfs le lâchèrent à la fin de l'épisode de la Commune, au point qu'il dut partir en convalescence à Boulogne en août 1871.

Manet
La Prune
1878
huile sur toile,
73,5 x 50 cm
Washington, National
Gallery of Art
Assise devant une prune au brandy, cette jeune femme tient à la main une cigarette éteinte. Ce tableau présente le silence particulier aux œuvres de Manet. Plusieurs interprétations en ont été données, mais il s'agit sans doute simplement d'une jeune femme arrêtée un moment après son travail, avant de regagner son logis.

Malgré sa célébrité ambiguë, il ne vendit que très peu de tableaux dans les années 1860. Ce n'était pas tellement une question d'argent mais plutôt un besoin de reconnaissance officielle non assouvi. Durand-Ruel, le sauveur de Monet, Pissarro, Renoir et Sisley, intervint et, avec une grande lucidité, acheta pour 50 000 francs de tableaux. Manet refusa néanmoins de se défaire de *La Musique aux Tuileries*, du *Déjeuner sur l'herbe*, d'*Olympia* et de *L'Exécution de l'empereur Maximilien*, évalués par le marchand d'art à un total de 76 000 francs, une somme astronomique pour l'époque. Sept ans après la mort de l'artiste, en 1890, une souscription permit à l'État français d'acquérir *Olympia*. Mais ce ne fut qu'en 1907, après que Monet fut intervenu directement auprès du président Clemenceau, que l'*Olympia* fut transféré du musée du Luxembourg au Louvre, qui l'avait refusé pendant dix-sept ans. Le scandale autour de l'œuvre prenait fin, plus de quarante ans après sa création !

Manet
Dans le tub
1878/1879
huile sur toile,
54 x 45 cm
Paris, musée d'Orsay
Manet a peint peu de nus; la pose de celui-ci est d'ailleurs plus familière des modèles de Degas, bien que l'approche en soit différente. La femme, comme Nana et Olympia, est consciente du regard, qu'il soit du spectateur ou du peintre, tandis que les femmes de Degas étaient indifférentes à toute présence.

En décembre 1874, sa proche amie Berthe Morisot épouse le frère de Manet, Eugène. Après quoi on ne retrouvera plus de peintures langoureuses de la jeune femme comme dans *Le Balcon* ou *Le Sofa*. Quelles qu'aient été leurs relations auparavant, qui furent sûrement intenses, elle ne posa plus pour lui. En 1876, le personnage d'Odette Swann de Marcel Proust était fondé sur une formidable courtisane, amoureuse du poète Stéphane Mallarmé. Manet eut une liaison avec elle ; ils étaient certainement très proches dans les dernières années de la vie de Manet et elle lui servit de modèle dans ses derniers tableaux. Le poète symboliste Mallarmé et Manet devinrent amis en 1873 et développèrent une relation amicale profonde rivalisant avec celle qu'il avait avec Baudelaire.

Manet
La Serveuse de bocks
1878/1879
huile sur toile, 97 x 77,5 cm
Londres, National Gallery
Manet a élargi la composition pour placer deux personnages dans un espace plus large et l'on aperçoit davantage la danseuse sur la scène. La scène se passait au cabaret Reichshoffen, sur le boulevard Rochechouart, mais le tableau a été exécuté dans l'atelier de l'artiste.

Manet
Étude pour La Serveuse de bocks
1878/1879
huile sur toile, 77,5 x 65 cm
Paris, musée du Louvre
Le modèle est une serveuse que Manet connaissait, mais elle n'accepta de poser qu'en la présence de son ami, assis devant elle. Dans l'étude, la femme est également consciente d'une présence et regarde vers nous.

Manet
Au café-concert
1879
huile sur toile, 47 x 39 cm
Baltimore, Walters Art Gallery
On retrouve, dans cette scène, une jeune femme semblable à celle de La Prune, *tenant aussi une cigarette. Comme beaucoup d'autres hommes de son époque, celui-ci est d'une élégance toute bohémienne. Le jeu de réflexion dans le miroir, déjà présent ici, sera exploité de manière grandiose dans* Le Bar aux Folies-Bergère.

Manet
Monsieur et madame Jules Guillemet dans le jardin d'hiver
1879
huile sur toile, 115 x 150 cm
Berlin, Staatliche Museen
Les modèles sont Jules Guillemet et son épouse américaine. Les serres, d'abord très en vogue auprès d'un public fortuné, furent bien vite adoptées par la bourgeoisie.

Mallarmé était loin d'être sensible à la décadence baudelairienne (l'écrivain fut forcé d'emprunter 500 francs à Manet, somme qu'il n'avait pas encore remboursée à la mort de ce dernier). Il tint salon les jeudis soirs, où se réunirent les jeunes loups du monde de l'art, y compris Manet et les impressionnistes. De cette amitié naquirent l'illustration par Manet de la traduction du *Corbeau* d'Edgar Allan Poe par Mallarmé ainsi qu'un superbe portrait du poète qui montre l'influence grandissante de ses amis impressionnistes. En effet, Manet passa l'été 1874 avec Monet et sa famille à Argenteuil durant lequel sa palette sombre s'éclaircit et son style prit des accents impressionnistes manifestes. Les portraits qu'il fit de Monet, Camille et Jean en plein air comptent parmi les témoignages les plus vivants de l'impressionnisme à

Manet
Portrait de Georges Clemenceau
1879/1880
huile sur toile, 114 x 94 cm
Fort Worth, Kimbell Museum of Art
Gustave Manet, le frère cadet d'Édouard, était l'ami du fameux politicien français, qui devint ensuite député au Parlement. Manet réalisa deux portraits au pastel de lui et un, également au pastel, de sa femme.

Manet
La Femme au chapeau noir : Portrait d'Irma Brunner/ la Viennoise
1882
pastel sur toile, 53,5 x 44 cm
Paris, musée d'Orsay
Le modèle est une femme d'origine viennoise qui avait été présentée à Manet par son amie Méry Laurent en 1882. Le peintre affectionnait les portraits de profil; les chapeaux sombres mettaient en relief les traits des visages.

Manet
Banc dans le jardin de l'artiste à Versailles
1881
huile sur toile, 65 x 81 cm
Collection privée
En mauvaise santé, Manet loua une maison à Versailles durant l'été 1881, avec l'intention de peindre les jardins du château, mais il n'en eut pas la force.

Manet
Automne (Méry Laurent)
1881
huile sur toile, 72 x 50 cm
Nancy, musée des Beaux-Arts
Manet avait rencontré son modèle, "une grande cocotte", en 1876, lors de la visite de celle-ci à l'exposition qu'il avait organisée dans son atelier après que deux de ses tableaux eurent été une nouvelle fois refusés au Salon. Il obtint un succès tel que le public faisait la file dans la rue. Amateurs de hasard, ils comptaient ensuite parmi les bons amis du peintre. Ce tableau, commandé par Antonin Proust, devait faire partie d'une série des quatre saisons, thème indémodable depuis des siècles, mais Manet ne compléta jamais la série.

son apogée. Ce nouvel intérêt pour la lumière et la couleur se manifeste encore dans les toiles pleines de vie qu'il réalisa à Venise l'année suivante.

À la fin des années 1870, Manet commence à ressentir les effets de l'ataxie locomotrice qu'il avait contractée et qui le tuerait avant longtemps. La reconnaissance officielle qu'il attendait avec tant de force était sur le point de lui échapper; mais il était toujours capable de faire scandale. En 1876, *Nana* était refusé au Salon pour inconvenance et en 1881 il reçut un faible éloge quand le Salon le récompensa d'une seconde médaille pour le *Portrait de Pertuiset*. Finalement, son ami d'enfance Antonin Proust, devenu ministre des Arts, lui remit la Légion d'honneur. Manet terminait péniblement son dernier chef-d'œuvre, le *Bar aux Folies-Bergère*. Il éprouvait de plus en plus de difficultés à tenir son pinceau en main. Le 6 avril 1883, il fut incapable de marcher et il se confina dans son lit. Deux semaines plus tard, on lui amputa la jambe gauche pour arrêter le développement de la gangrène. Il mourut le 30 avril et fut enterré au cimetière de Passy le 3 mai.

Manet
Œillets et clématite dans un vase de cristal
vers 1882
huile sur toile, 56 x 35,5 cm
Paris, musée d'Orsay
Méry Laurent avait envoyé des fleurs à son ami souffrant et il en avait représenté certaines dans des natures mortes comme celle-ci. Malgré sa terrible maladie qui lui rendait difficile même l'effort de tenir un pastel, et encore plus un pinceau, la technique de l'artiste demeure remarquablement contrôlée, sans qu'il ait à réduire le format de ses tableaux.

Manet
Étude pour Bar aux Folies-Bergère
1881
huile sur toile, 47 x 56 cm
Amsterdam, Gemeentemuseum
Dans cette grande esquisse, la serveuse est décentrée, regarde sur le côté, et le miroir paraît situé derrière son dos, tandis que le consommateur est tout petit.

Manet
Bar aux Folies-Bergère
1881/1882
huile sur toile, 96 x 130 cm
Londres, Courtauld Institute Galleries
Dans le tableau achevé, Manet revient à un modèle placé face à nous, qui regarde cependant plus à travers nous que vers nous. Le premier plan est à lui seul une magnifique nature morte, mais Manet fut critiqué à cause du dos de la femme et des consommateurs reflétés dans le miroir.

Degas

Edgar Degas

Degas
Autoportrait au porte-fusain
vers 1855
huile sur toile, 81 x 64 cm
Paris, musée d'Orsay

Dans une fameuse déclaration, Edgar Degas compare son art à un crime : "Faites faux et ajoutez un accent de nature..." Degas ne peignit jamais en plein air. Il exprimait son dédain pour les peintres qui s'y livraient, préférant réaliser des esquisses de ses sujets – de préférence des personnages en mouvement – et utiliser tous les moyens à sa disposition, y compris la photographie, pour assurer une observation précise avant le travail en atelier. Jusqu'à ces dernières expériences au pastel et à la gouache, Degas n'eut pas grand-chose en commun avec l'impressionnisme de Monet, Renoir, ou les dernières œuvres de Manet. Mais, tout comme Manet, son inspiration s'enracine dans son admiration pour les maîtres anciens.
Malgré son refus catégorique d'épouser le style des impressionnistes, Degas participa à la fondation de la Société anonyme et à toutes les expositions impressionnistes, à l'exception de celle de 1882.

Degas
Danseuses à la barre
vers 1877
pastel sur papier, 66 x 51 cm
Collection privée

La vie et l'œuvre : Edgar Degas (1834-1917)

Un tableau est une chose qui exige autant de rouerie, de malice et de vice que la perpétration d'un crime, faites faux et ajouter un accent de nature...
Edgar Degas

Comme Manet, Edgar Degas est né dans une famille de la haute société parisienne; en fait, durant la révolution, son grand-père avait fui à Naples où il avait ouvert une banque. Son fils ouvrit une succursale à Paris. Hilaire-Germain-Edgar de Gas (dont il supprimera la particule plus tard) vint au monde un 19 juillet 1834 rue Saint-Georges. Mais, contrairement à Manet, Degas ne dut pas lutter avec ses parents pour devenir artiste. Il y avait, parmi les amis des Degas, un certain nombre de riches collectionneurs et de représentants gouvernementaux qui encouragèrent Edgar, même en autodidacte, en lui permettant d'étudier et de copier leurs trésors artistiques. Les Valpinçon, par exemple, possédaient *L'Odalisque au turban* d'Ingres, qui fut une source d'inspiration essentielle pour le jeune Degas. Achille Devéria, conservateur du Cabinet des Estampes, des Imprimés et des Dessins de la Bibliothèque nationale de Paris, permit à Degas de parfaire ses connaissances et de copier les œuvres in situ. Âgé de dix-huit ans, Degas obtint aussi la permission de copier au musée du Louvre. Dans ce contexte familial confortable et compréhensif, avec un père tout entier dévoué à son fils (sa mère les quitta quand Degas avait quinze ans), Edgar put développer ses talents sous les encouragements d'un public favorable et grâce aux ressources de plusieurs collections privées. En 1854, il entreprend plusieurs voyages au cours desquels il rend visite à de riches oncles, tantes et cousins résidant à Naples et à Florence où, d'après un de ses biographes, il fréquente de très nombreux musées et copie les grands maîtres italiens : Giotto, Botticelli, Raphaël, Mantegna, Bellini, Pollaiuolo...

Quand, en 1855, Édouard de Valpinçon présenta le jeune Degas à Ingres, celui-ci lui conseilla de continuer à dessiner sans cesse : "Faites des lignes, beaucoup de lignes, soit d'après le souvenir, soit d'après nature."

En juillet 1856, Degas termina ses brèves études académiques, sur les conseils de Louis Lamothe, un disciple d'Ingres et de Flandrin, chez qui il avait pris quelques leçons.

Ingres
Odalisque
1826
huile sur toile, 32 x 25 cm
Washington, Phillips Collection
Le jeune Degas admirait la pureté de la ligne. Des amis de la famille Degas possédaient une odalisque semblable à celle-ci qui avait fasciné Degas.

Degas
Jeunes Spartiates provoquant des garçons à la lutte
vers 1860
huile sur toile,
109 x 154,5 cm
Londres, National Gallery
Ses lectures d'auteurs classiques inspirèrent Degas pour ce sujet inhabituel. Contrairement aux peintres plus académiques, il délaissa définitivement les éléments grecs comme l'architecture.

Son immersion profonde dans l'œuvre des maîtres anciens de tous les genres et époques, et en particulier les écoles picturales italiennes, a donné à Degas des capacités hors du commun. Degas poursuivit son périple italien, dévorant les grands maîtres de la peinture et réalisant des portraits de famille, jusqu'en avril 1859, pratiquement sans discontinuer. En novembre 1858, Auguste, le père du peintre à la réception d'une caisse de dessins et de peintures de son fils, lui écrivit à Florence. Il lui disait tout le bien qu'il pensait de son travail les progrès qu'il avait faits ces derniers temps. Il trouvait ses dessins très forts et les couleurs justes et le réconforta quant à ses capacités d'artiste, lui prédisant même un avenir des plus brillants. Auguste Degas semble avoir pris la mesure des potentialités de son fils. Les portraits, autoportraits, peintures de genre, copies de fresques et des grands peintres du passé façonnèrent le jeune Degas. Les nombreux autoportraits réalisés dès son jeune âge démontrent que la passion de l'artiste pour l'art se double d'un égocentrisme outrancier; il restera résolument un adolescent toute sa vie.

De retour à Paris, Degas continua sa formation en autodidacte, en copiant des œuvres du Louvre. Il en obtint la permission en faisant passer son ami Émile Lévy comme son maître. C'est là qu'Édouard Manet, en 1862, l'interrompit pendant qu'il copiait l'*Infante Margarita* de Vélasquez. Degas essayait à cette époque de finaliser sa première importante série picturale, *Sémiramis construisant Babylone*, et, avec cette amicale rivalité qui marqua leur relation, Manet déclara dix ans plus tard au café de la Nouvelle-Athènes que Degas peignait Sémiramis alors qu'il peignait le Paris moderne. Manet avait

Degas
Monsieur et madame Edmond Morbilli
vers 1865
huile sur toile,
117,5 x 90 cm
Boston, Museum of Fine Arts
Thérèse, la sœur de Degas, avait épousé son premier cousin en 1863.

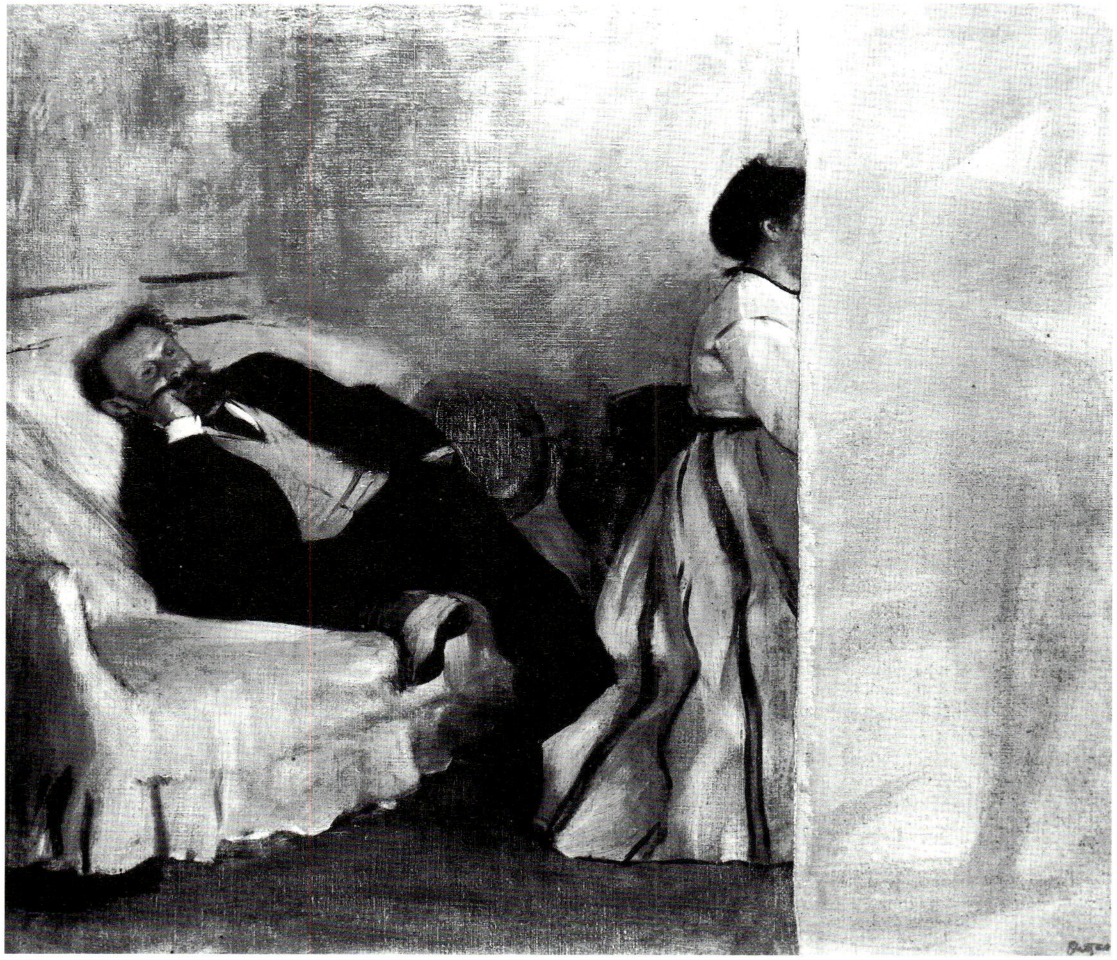

Degas
Manet écoutant sa femme jouer du piano
1865
huile sur toile, 65 x 71 cm
Collection privée
Manet n'apprécia pas la manière dont Degas avait représenté sa femme Suzanne et il découpa une partie de la toile, au grand déplaisir de Degas. Degas avait l'intention de la réparer, ce qu'il ne fit jamais, peut-être parce que Manet avait réalisé un portrait semblable, un peu plus tard.

Degas
En haut de la falaise
vers 1869
pastel sur papier
30,5 x 45 cm
Bien qu'il fût résolument contre la peinture de plein air, Degas peignit une centaine de paysages, entre 1860 et 1890.

sans doute achevé Le *Buveur d'absinthe, La Musique aux Tuileries* et le fameux *Déjeuner sur l'herbe ;* pratiquement il réinventait l'art pictural de son temps, bien que Degas, de deux ans son cadet, ne fût pas si éloigné de ses préoccupations, ce dont témoigne la composition si originale, datée de 1862, de son tableau *Course des gentilshommes, avant le départ.*

Bien que la relation entre les deux artistes ait été décrite au travers de nombreuses anecdotes relatées par des amis (et ennemis), elle reste auréolée d'un certain mystère. Nous savons qu'ils s'admiraient réciproquement et qu'ils se voyaient fréquemment. En 1869, Manet écrivait à Degas, le priant de lui restituer les deux volumes de Baudelaire. Un incident en particulier nous en dit long sur le caractère étrange de leur amitié. Entre 1868 et 1869, Manet peignit un double portrait de Manet et de sa femme, Suzanne, au piano. Manet n'apprécia pas la manière dont Degas avait présenté son épouse et n'accepta pas la toile qu'il entailla même. Degas fit ajouter une bande de toile. Il nous reste aujourd'hui un tableau incomplet témoignant de l'altercation entre les deux hommes.

Degas

Degas
Aux Courses en province
1869
huile sur toile, 36,5 x 56 cm
Boston, Museum of Fine Arts
Paul Valpinçon, un ami d'enfance de Degas, est ici représenté avec sa femme penchée vers la nourrice de son fils nouveau-né. L'artiste réalisa plusieurs portrait de son ami et de sa famille et séjourna souvent avec eux en Normandie.

En 1924, le marchand Ambroise Vollard raconte :

Je me rappelle qu'un jour, à cette occasion, un indiscret lui dit :
- Cependant, monsieur Degas, Manet lui-même n'a-t-il pas coupé le portrait que vous aviez fait de lui et de sa femme?
Le peintre répondit vivement :
- Mais qui vous permet, monsieur, de juger Manet? Oui, c'est vrai... Après tout, c'est peut-être lui qui avait raison. Et j'ai été le dindon de cette affaire, car, furieux, sur le moment, je décrochai du mur une petite nature morte que Manet m'avait donnée : "Monsieur, lui écrivis-je, je vous renvoie vos Prunes..."

Degas
Chevaux de course devant les tribunes
1866/1868
huile sur toile, 46 x 61 cm
Paris, musée d'Orsay

Degas
Le Bureau de coton
1873
huile sur toile, 73 x 92 cm
Pau, musée des Beaux-Arts
Le tableau fut réalisé à l'époque où Degas se trouvait à La Nouvelle-Orléans avec des parents. Il pensait pouvoir le vendre à Manchester, centre de filature du coton, mais il fut exposé en 1878 dans la ville de Pau qui l'acheta pour son musée.

Vers le début des années 1870, Degas émerge d'une étude approfondie du passé et de ses formes et, suivant l'exemple de Manet, il peint le monde moderne qui l'entoure, en particulier ses contemporains (et les chevaux) en mouvement. Contrairement aux impressionnistes, Degas ne montre que peu d'intérêt pour le paysage. Vollard se souvient :

Si j'étais le gouvernement, disait-il, j'aurais une brigade de gendarmes pour surveiller des gens qui font du paysage sur nature... Oh! je ne veux la mort de personne; j'accepterais bien encore qu'on mette du petit plomb dans leurs fusils, pour commencer.

Les paysages qu'il produisit à la fin des années soixante sont des pastels imaginaires, aux tons délicats, achevés de mémoire en atelier, tandis que les monotypes des années 1890 étaient encore plus imaginaires, apparaissant quasiment comme des abstractions.

Les sujets auxquels il s'attaque durant les années suivantes sont étonnants : danseurs en répétition avant, pendant et après leur prestation ; courses de chevaux, avant, pendant et après la course ; cafés-concerts avec leurs chanteurs en action ; l'opéra ; des acrobates ; des prostituées ; des hommes d'affaires ; des modistes ; un pédicure ; des musiciens ; une salle de billard. Aucun recoin du Paris des années 1870 et 1880

Degas
La Classe de danse
1873/1875
huile sur toile, 85 x 75 cm
Paris, musée d'Orsay
Les images de danseuses ont été exécutées à la vieille Maison de l'Opéra qui brûla en 1873. Il y réalisa de nombreuses études.

Degas
Le Maître de ballet Jules Perrot
1875
huile sur papier, 48 x 30,5 cm
Philadelphia, Museum of Art
Perrot, qui s'était retiré au moment où cette peinture fut réalisée, avait été un danseur étoile et avait enseigné pendant dix ans à Saint-Pétersbourg.

Degas
L'Absinthe
1875/1876
huile sur toile, 92 x 68 cm
Paris, musée d'Orsay
Les modèles sont l'actrice Hélène Andrée et le peintre Marcellin Desboutin, tous deux amis de Degas. Lorsque Walter Crane vit ce tableau en 1893, il dit qu'il y voyait une étude sur la déchéance humaine, qu'elle soit de l'homme ou de la femme.

Degas
La Danseuse au bouquet
vers 1877
pastel et gouache sur papier, 72 x 77,5 cm
Paris, musée d'Orsay
La lumière violente du soleil abîmait les yeux de l'artiste, mais il appréciait les effets de l'éclairage artificiel. Il expérimenta le mélange de plusieurs techniques, comme dans ce tableau.

Degas
Le Café-Concert Aux Ambassadeurs
1877
pastel/monotype, 37 x 27 cm
Lyon, musée des Beaux-Arts
Degas expérimenta la technique des monotypes vers le milieu des années 1870. Le procédé consiste à appliquer des encres grasses d'imprimerie ou de la peinture à l'huile sur une plaque de métal. La plaque est ensuite appuyée sur le papier; elle peut être colorée à l'aide de multiples médias, mais surtout l'huile ou le pastel. Les cafés-concerts, dont les prix et la qualité variaient de l'un à l'autre, étaient fort fréquentés par la société parisienne.

n'était à l'abri de son regard ou de ses croquis. Son carnet subsiste encore et révèle le cheminement de la pensée de l'artiste. Une annotation de 1876 décrit bien ses préoccupations :

> *Faire de la tête d'expression (style académique) une étude du sentiment moderne,* avait-il écrit. *Faire toute espèce d'objets d'usage placés, accompagnés de façon qu'ils aient la vie de l'homme ou de la femme, des corsets qu'on vient d'ôter, par exemple, et qui gardent comme la forme du corps, etc.*

Voici certaines séries qu'il prévoyait de travailler :

> *Série sur les instruments et les instrumentistes, leurs formes ; tortillement de la main, des bras et du cou du violoniste par exemple, gonflement et creusement des joues des bassons, hautbois, etc., etc. Sur la boulangerie, le pain, série sur les mitrons, vus dans la cave même ou à travers les soupiraux de la rue. Dos couleur de farine rose, belles courbes de pâte ; natures mortes sur les différents pains, gros, ovales, flûtes, ronds, etc., essais en couleur sur les jaunes, roses, gris, blanc des pains. Perspective des rangées de pains, distribution ravissante de boulangeries. Gâteaux, le blé, les moulins ; la farine, les sacs, les forts des Halles.*

Degas
À la Bourse
vers 1878/1879
huile sur toile, 100 x 82 cm
Paris, musée d'Orsay
Ernest May, au centre, un financier fortuné, client et ami de Degas, possédait une collection de tableaux de Corot et d'impressionnistes. Le tableau fut montré à l'exposition impressionniste de 1879 et 1880, bien qu'il ne soit pas à vendre.

Degas
La Fête de la patronne
1876/1877
pastel/monotype, 26,5 x 29,5 cm
Paris, musée Picasso
On croira aisément que Degas peignait ce genre de tableau pour son propre plaisir et celui de ses amis. C'était probablement vrai aussi de Picasso qui posséda ce tableau.

Degas a hérité du Paris glauque et corrompu de Baudelaire :

> *La rue assourdissante autour de moi hurlait.*
> *Longue, mince, en grand deuil, douleur majestueuse,*
> *Une femme passa, d'une main fastueuse*
> *Soulevant, balançant le feston et l'ourlet.*

...le Paris habité de citoyens obscurs, et la vie bouillonnante de la Ville Lumière, le seul endroit où il se sentait chez lui, avec ses nombreux travailleurs fréquentant ses cafés qui avaient poussé comme des champignons, ses concerts, ses opéras, ses ballets et ses stars de pacotille.

Plus que tout, Degas était intéressé par la forme féminine : les femmes qui dansent, qui chantent, qui repassent, les femmes avant, pendant et après le bain, les femmes qui dorment, se coiffent et tressent leurs cheveux.

> *C'est bien la femme qui est là, mais une certaine femme, sans l'expression du visage, sans le jeu de l'œil, sans le décor de la toilette, réduite à la gesticulation de ses membres, à l'aspect de son corps, la femme considérée en femelle, exprimée en sa seule animalité, comme s'il s'agissait d'un traité de zoologie réclamant une illustration supérieure. ... il a voulu peindre la femme qui ne se sait pas regardée, telle qu'on la verrait, cachée par un rideau, ou par le trou d'une serrure. Il est parvenu à la fixer, se baissant, se redressant dans son tub, les pieds rougis par l'eau, s'épongeant la*

Degas
Edmond Duranty
1879
pastel et tempera sur papier, 101 x 100,5 cm
Glasgow, Art Gallery of Scotland
Duranty était un écrivain et critique d'art fortuné. Pour ce tableau, réalisé un an avant la mort de Duranty, Degas réalisa trois études préliminaires.

Degas
Les Pensionnaires du bordel
vers 1879
pastel/monotype,
14 x 20,5 cm
Collection privée
Degas réalisa une cinquantaine d'œuvres de ce genre, qui plongèrent dans l'embarras ses admirateurs et les critiques autant que les historiens; ceux-ci proposèrent de multiples interprétations quant au choix du sujet et à la manière de le traiter.

Degas
Étude pour Miss Lala au cirque Fernando
1879
pastel sur papier, 61 x 48 cm
Londres, Tate Gallery
Degas assista à plusieurs exploits au cirque en 1879 et réalisa plusieurs études, dont celle-ci est la dernière.

nuque, se levant sur ses courtes jambes massives, tendant les bras pour remettre sa chemise, s'essuyant, à genoux, avec une serviette, ou debout, la tête basse et la croupe tendue, ou renversée sur le côté.

Voilà ce que pensait le critique d'art contemporain Gustave Geffroy des sujets féminins de Degas. Il souligne la profonde différence existant entre Degas et Manet, qui avait présenté le nu féminin et sa *Nana* comme des provocations par rapport à l'art en vigueur. Les nus tardifs de Degas ressemblent quelque peu à ceux de Renoir par leur sens du volume. Renoir peignait ses femmes comme "l'expression d'un visage" avec tout ce que cela implique. De plus en plus, les femmes à leur toilette peintes par Degas dans les années 1890 sont habillées et fournissent un prétexte à une étude des lignes et des couleurs; la ligne colorée, obtenue grâce au pastel, ouvre de nouvelles perspectives et de nouvelles voies d'expérimentations.

Degas dit au peintre anglais Walter Sickert :

J'ai toujours essayé de pousser mes collègues à chercher de nouvelles combinaisons dans la voie du dessin que je considère plus féconde que celle de la couleur.
Mais ils n'ont pas voulu m'entendre et ont suivi l'autre direction.

Personne ne pouvait dessiner avec la maîtrise et l'investissement total de Degas.
L'énergie pure de Degas, son entière implication dans la capture du mouvement fugace dans ses plus petites nuances se révèlent dans une prodigieuse série de peintures, pastels, monotypes, dessins et parfois même dans des sculptures en cire. Mis à part les portraits, il est impossible de trouver un tableau de Degas où l'action et le mouvement soient absents. Sa manière est exactement à l'opposé de celle des impressionnistes. Il n'essaie pas de capter l'instantané par un petit coup de pinceau nerveux, il n'y a rien d'impulsif chez Degas. Tout est étudié, planifié et exécuté en atelier sous un contrôle constant.

Degas
Femme se coiffant
vers 1877/1879
pastel/monotype, 21,5 x 16 cm
Collection privée
Il est étonnant qu'en ayant admiré les lignes pures et idéalisées de Ingres, Degas ait pu peindre de telles figures.

Degas
Mademoiselle Lala au cirque Fernando
1879
huile sur toile, 117 x 77,5 cm
Londres, National Gallery
Le cirque Fernando était installé à Montmartre avant de devenir le cirque Médrano. Mademoiselle Lala était connue pour la longueur de ses dents.

Jamais il n'y eut d'art moins spontané que le mien. Ce que je fais est le résultat de la réflexion et de l'étude des grands maîtres. De l'inspiration, de la spontanéité, du tempérament, je ne sais rien.

Il écrit encore :

C'est très bien de copier ce que l'on voit, mais c'est beaucoup mieux de dessiner ce que l'on ne voit plus que dans sa mémoire. C'est une transformation pendant laquelle l'imagination collabore avec la mémoire.

Degas comprenait son implication dans l'impressionnisme du point de vue d'un réaliste parce qu'il se considérait lui-même comme tel ; il avait vu dans la première exposition du boulevard des Capucines l'opportunité de promouvoir ce qu'il appelait le "Salon des Réalistes". Il faut toutefois noter que les termes étaient utilisés confusément, le mot "impressionnisme" synthétisait en fait une grande partie de ce qui était jugé comme nouveau et révolutionnaire.

Degas et Manet, en vertu de leur âge et de leur statut particulier, étaient considérés comme les chefs de file du mouvement impression-

Degas
Les Repasseuses
vers 1884/1886
huile sur toile, 76 x 81 cm
Paris, musée d'Orsay
Georges Rivière, critique et ami des impressionnistes, écrivait à propos de Degas: "Il est observateur; il ne cherche jamais l'exagération; l'effet est toujours obtenu, par la nature elle-même, sans charge. c'est ce qui fait de lui l'historien le plus précieux des scènes qu'il nous montre."

Degas
Chez la modiste
1882
pastel sur papier gris, 76 x 85 cm
New York, Metropolitan Museum of Art
Celui-ci est sans doute le plus séduisant de la série des modistes dessinées dans les années 1880. Le tableau fut exposé chez Durand-Ruel en 1882 à Londres, où il n'attira l'attention que d'un critique inconnu.

Degas
La Boutique de la modiste
vers 1882/1886
huile sur toile, 100 x 110,5 cm
Chicago, Art Institute
C'est le plus grand tableau de la série, caractérisé par sa composition inhabituelle et ingénieuse.

Degas
L'Attente
vers 1882
pastel sur papier, 48 x 61 cm
Pasadena, Norton Simon Foundation
Les danseuses étaient souvent des jeunes filles issues de la classe ouvrière, chaperonnées par des mères ambitieuses qui intervenaient aussi dans le choix des "bienfaiteurs" de leurs filles, hommes fortunés qui venaient à l'Opéra choisir des jeunes et jolies filles pour leur plaisir.

niste, bien que ces titres auraient pu être brigués par Monet et Pissarro. Il est clair que Degas n'avait aucun intérêt pour la peinture de plein air qu'exploitaient au contraire Monet, Pissarro, Renoir, Sisley et Morisot dans les années 1870; ses sujets étaient exclusivement parisiens, allant des courses de chevaux aux prostituées. Il expérimentait surtout de nouvelles techniques et remettait à l'honneur des médias négligés jusqu'alors comme le pastel, la gouache et la détrempe, tentant de la sorte de transcender les limites de la peinture à l'huile. En abandonnant l'huile, il pouvait peindre rapidement sur un support de papier, extensible à l'infini selon les besoins par l'assemblage de plusieurs feuilles. D'autre part, Degas essaya de trouver une alternative au cadre doré traditionnel. Après avoir révolutionné la peinture par le choix des sujets et la manière de les présenter, il s'attaqua à l'environnement immédiat de la peinture, incluant même le décor et la lumière de la salle d'exposition elle-même.

L'intérêt de Degas pour la vie ne concerne pas seulement les gens mais aussi les innovations techniques du moment, de la nouvelle méthode de la gravure à la pointe sèche (où intervient l'électricité) aux découvertes relatives au déplacement humain et animal permises par les remarquables photographies d'Edward Muybridge. Degas fut lui-même un bon photo-

Degas
Danseuse vue d'une loge
1885
pastel sur papier, 66 x 51 cm
Philadelphie, Museum of Art
Ceci est un exemple des compositions sophistiquées de l'artiste; la femme au premier plan est dans l'ombre tandis que la danseuse surgit dans la lumière. A l'arrière-plan, comme dans une photographie découpée, les danseuses représentées à moitié et dans des tons sourds ne distraient pas de la danseuse étoile.

Degas
Femme s'essuyant les pieds
vers 1885/1886
pastel sur papier jaune
54,5 x 52,5 cm
Paris, musée d'Orsay
Degas, dans ses nombreuses scènes de bain, demandait à ses modèles d'adopter les poses les plus diverses.

Degas
Jockeys
vers 1886/1890
huile sur papier, 26 x 36 cm
Collection privée
Degas retourna plusieurs fois durant sa carrière au thème des courses de chevaux. Ils sont généralement représentés juste avant ou après les courses, dans une variété de mouvements. Degas avait un sens de l'observation très aigu et une mémoire visuelle bien entraînée qui lui permettait de réaliser toutes ces œuvres dans son atelier, se servant des croquis pris dans le feu de l'action.

graphe. Si Manet et les impressionnistes furent tous influencés, à des degrés divers, par cette nouvelle fenêtre ouverte sur le monde, Degas, le réaliste scientifique en quelque sorte, assimila profondément les découvertes de Muybridge.

En 1872, Edward Muybridge, un citoyen anglais travaillant pour le gouvernement américain, commença ses expériences photographiques. Il figea les mouvements d'un cheval et découvrit que jamais les quatre pattes de celui-ci ne quittaient simultanément le sol durant le trot, le petit trot ou le galop, comme les peintures le montraient jusque-là. Aidé financièrement par Leland Stanford, le gouverneur de Californie, Muybridge réussit, entre 1877 et 1878, utilisant une batterie d'appareils photo reliés entre eux, à restituer les mouvements d'un cheval tous les centièmes de seconde, éta-

Degas
Le Peintre et sa gouvernante Zoé Closier
photographie
1898 / 1900
Collection privée
Degas utilisait la photographie depuis 1865.

blissant la vérité une fois pour toutes. Les premières découvertes de Muybridge atteignirent Paris au début des années 1874, bien que la publication de son ouvrage *Animal Locomotion* dût attendre 1887. Le méticuleux Degas dessinait ses chevaux à la manière entendue, c'est-à-dire scientifiquement incorrecte. Après 1887 toutefois, il copia certaines photographies de Muybridge au pastel, et sa manière de représenter les chevaux en mouvement, dont quelques sculptures en cire, évolua dans la direction indiquée par le photographe anglais.

Bien que Degas s'avérât un éternel adolescent, il fut capable d'être un ami dévoué pour ceux qui réussissaient à franchir ses nombreuses barrières protectrices. Ses relations avec les impressionnistes sont marquées par une adhésion énergique à leur cause, quand bien même il s'était détourné de la peinture de plein air. Comme Renoir, il fut un antisémite et se rangea aux côtés des antidreyfusards. Cela ne l'empêcha pas de travailler étroitement avec Pissarro et son ami d'enfance, l'écrivain et dramaturge Ludovic Halévy. Dans ses dernières années, sa vue, qui lui avait toujours posé problème, commença à défaillir. De plus en plus seul, de plus en plus sombre, seuls l'amour de l'art et le désir de réussir le poussaient encore en avant. Il resta actif jusqu'à sa mort le 27 septembre 1917, se tournant fréquemment vers la sculpture, et produisit, ironiquement, dans ses dernières années, ses pastels les plus impressionnistes et les plus colorés.

Degas
Trois danseuses russes
vers 1910
pastel sur papier
62 x 67 cm
Stockholm, Nationalmuseum
Degas produisit une série de dix-sept danseuses russes, dont celle-ci, qui est sans doute la dernière. Certaines sont plus colorées.

Claude Monet

Renoir
Portrait de Monet
1875
huile sur toile,
31 x 64 cm
Paris, musée d'Orsay

Monet et l'impressionnisme peuvent être considérés comme des synonymes. Une de ses peintures détermina même l'appellation du mouvement. Il fut le peintre le plus productif, le moins enclin au compromis en ce qui regarde le rendu de l'instantanéité, impressionniste, et le plus attaché à la restitution de la totalité de la réalité in situ. Il était exigeant pour lui et pour les autres : la qualité de la lumière n'était jamais assez bonne, il n'avait pas assez d'argent, le temps lui manquait, l'appréciation du public était inexistante ou trop frileuse. Être l'ami de Monet, dans les premiers temps de l'impressionnisme, avait des conséquences sur les ressources financières et émotionnelles, comme le constata aimablement Bazille. Quoi qu'il en soit, quand il fut consacré et connut la célébrité mondiale, le peintre qui compta parmi les plus pauvres s'est vu offrir des milliers de dollars pour une meule de foin, et il fit en sorte, de manière habile, que ses œuvres soient vendues à leur juste prix.

Monet
Promenade dans la campagne
1875
huile sur toile,
60 x 80 cm
Collection privée

La vie et l'œuvre : Claude Monet (1840-1926)

... plus je vais, plus je vois qu'il faut beaucoup travailler pour arriver à rendre ce que je cherche : "l'instantanéité", surtout l'enveloppe, la même lumière répandue partout, et plus que jamais les choses faciles venues d'un jet me dégoûtent.

Lettre de Monet à Gustave Geffroy,
21 juillet 1890

Claude-Oscar Monet, le plus jeune des deux fils, est né le 14 novembre 1840 à Paris. Cinq années plus tard, Adolphe Monet emmenait sa famille au Havre pour rejoindre l'entreprise dynamique spécialisée dans la vente en gros et au détail que dirigeaient les Lecadre, des membres de sa famille. Dès son plus jeune âge, Claude fit preuve d'une aptitude pour le dessin. Dès qu'il fut en âge de rentrer au collège du Havre, il entreprit des études sous l'œil attentif de Jacques-Louis David, le célèbre peintre néo-classique et le peintre officiel de l'empereur Napoléon Ier.

Ma jeunesse ... a été essentiellement vagabonde, dira Monet en 1900 en se rappelant cette époque.
J'étais un indiscipliné de naissance ; on n'a jamais pu me plier, même dans ma petite

Boudin
Le Port d'Honfleur ciel orageux
vers 1852/1855
huile sur bois
26 x 37,5 cm
Collection privée
Dans ce tableau, on ne trouve pas la touche légère familière du peintre qui s'aventura rarement loin de la mer, mais bien la simplicité de style et une manière caractéristique de rendre la lumière.

enfance, à une règle. C'est chez moi que j'ai appris le peu que je sais. Le collège m'a toujours fait l'effet d'une prison, et je n'ai jamais pu me résoudre à y vivre, même quatre heures par jour, quand le soleil était invitant, la mer belle, et qu'il faisait si bon courir sur les falaises, au grand air, ou barboter dans l'eau.

À l'âge de quinze ans, il était déjà connu au Havre pour ses caricatures, un passe-temps qu'il avait cultivé en croquant ses enseignants "de la manière la plus irrévérencieuse". Cependant, madame Lecadre, sa tante, qui peignait à ses heures, l'encouragea et prit à cœur la formation artistique de Monet, spécialement après la mort de sa mère en 1857. La passion que Monet éprouvait pour l'art envenima les relations entre Claude et son père qui aurait aimé qu'il continue ses études et obtienne son baccalauréat. Madame Lecadre, soutenue par le peintre Armand Gautier, persuada Adolphe Monet, bien qu'à contrecœur, de le laisser poursuivre une carrière artistique.

Le jeune Monet ne se présenta même pas à l'examen et quitta l'école sans qualification, mis à part une énergie extraordinaire et une confiance illimitée en lui.

Pourtant, les capacités de Monet se devaient d'être canalisées. Il n'aurait pas pu progresser sans avoir une solide formation, bien que cela fût contre sa nature. Un premier événement décisif survint lorsque Gravier, un encadreur, chez qui Monet exposait ses dessins, le pré-

Monet
Vue prise à Rouelles
1858
huile sur toile
46 x 65 cm
Collection privée
Cette toile est considérée comme un des premiers paysages de Monet. Dans ce coin de Normandie, apparaissent déjà les thèmes qui domineront plus tard l'œuvre de Monet : l'eau, les peupliers et le ciel. Boudin l'avait initié à la peinture de plein air deux ans auparavant.

Jongkind
Incendie sur le Pont-Neuf à Paris
1853
huile sur toile,
27,5 x 40,7 cm
Collection privée
Jongkind et Boudin furent les vrais maîtres de Monet au point que celui-ci fut désolé de les voir refusés au Salon.

senta au paysagiste local Eugène Boudin. Monet avait d'abord évité cette rencontre :

> *Pour mes yeux, habitués aux marines de Gudin, aux colorations arbitraires, aux notes fausses et aux arrangements fantaisistes des peintres à la mode, les petites compositions si sincères de Boudin… uniquement dessinées et peintes d'après nature, n'avaient rien d'artistique et la fidélité m'en paraissait plus que suspecte.*

Mais Boudin arriva à le convaincre aussitôt de l'accompagner dans ses expéditions. Ce fut une révélation :

> *J'avais compris, j'avais saisi ce que pouvait être la peinture; par le seul exemple de cet artiste épris de son art et d'indépendance, ma destinée de peintre s'était ouverte.*

N'ayant pas réussi à obtenir une bourse des autorités municipales du Havre pour poursuivre ses études artistiques à Paris, Monet rassemble ses économies – provenant de la vente de ses caricatures – et arrive à Paris au printemps 1859, pourvu de lettres de recommandation de Boudin à l'attention de plusieurs artistes, parmi lesquels Troyon et Gautier.

Troyon estima que Monet promettait et lui conseilla de s'inscrire dans l'atelier de Thomas Couture (chez qui Édouard Manet avait étudié également). Monet écarta cette proposition, bien que Couture fût un des maîtres les plus renom-

Monet
Nature morte avec bouteilles
1859
huile sur toile
41 x 60 cm
Chicago, Art Institute
La formation d'un artiste comportait beaucoup de natures mortes et d'études de nus; Monet, qui représenta rarement ce genre de sujets, prouva qu'il pouvait également produire des études solides, sinon exceptionnelles. Troyon l'encouragea à s'exercer au dessin.

Monet
Route de Chailly, Fontainebleau
1864
huile sur toile,
98 x 129 cm
Collection privée
Village situé à proximité de Barbizon, Chailly était cher aux paysagistes de la génération des Corot, Courbet et Daubigny. À propos d'un de ses paysages de Fontainebleau, Monet écrivit à Bazille, disant qu'il pouvait rappeler l'esprit de Corot mais insistant sur le fait que ce n'était pas une copie d'après le vieil artiste.

Monet
Ferme en Normandie
1864
huile sur toile,
65 x 81,5 cm
Paris, musée d'Orsay
Durant l'été 1864, Monet voyage avec Bazille le long de la Seine jusqu'en Normandie, où ils louèrent des logements modestes et représentèrent des paysages avant de rejoindre Jongkind et Boudin à Honfleur.

Monet
Le Déjeuner sur l'herbe
(fragments)
1865/1866
huile sur toile,
150 x 42 cm
248 x 217 cm
Paris, musée d'Orsay
Inspiré par le scandaleux Déjeuner sur l'herbe *de Manet, Monet décide de réaliser sa propre version du sujet, qu'il conçut comme une scène tout à fait contemporaine, demandant à ses amis de poser pour lui, y compris son amie Camille. L'intérêt de l'artiste pour les vêtements est manifeste, mais il l'est encore davantage pour la lumière qui, tombant de derrière les figures, est rendue en taches puissantes. Monet dira plus tard que ce tableau inaugurait sa recherche sur le principe de la division des couleurs, s'attachant à des effets de couleurs et de lumières contraires aux conventions.*

més de Paris à l'époque, et il retourna au Havre. Il revint à Paris l'hiver suivant et dessina des modèles à l'académie Suisse où il rencontra Pissarro.

En 1861, il était appelé sous les drapeaux pour faire son service militaire qui devait durer normalement sept ans. Les hommes jeunes devaient s'inscrire et étaient sélectionnés au hasard. Les familles fortunées pouvaient éviter cette obligation à leurs fils. Le père de Monet consentait à faire cette démarche pour peu que son fils abandonne ses études et entre dans les affaires familiales. Par défi, Monet s'engagea, rejoignit les Chasseurs d'Afrique, dans la colonie française d'Algérie (où il fut impressionné par la qualité de la lumière et de l'espace); mais, souffrant de la fièvre typhoïde, il retourna à Paris la même année. Il rencontra alors son premier vrai maître, qui éduqua enfin son œil, selon ses propres termes, Johan Jongkind, un peintre hollandais de paysages et de marines qui exerça sur lui une influence décisive.

Madame Lecadre, convaincue du talent de Monet, lui proposa de le soustraire à l'armée en payant la caution, et un accord fut passé avec le père de l'artiste selon lequel Monet serait autorisé à suivre un enseignement artistique à Paris pour peu qu'il s'inscrive dans un atelier reconnu et reçoive une formation pointilleuse. Monet accepta et choisit l'atelier de Charles Gleyre. L'intérêt de Gleyre pour le paysage était connu; il prépara plusieurs de ses étudiants pour le prix du Paysage historique.

De plus, il ne faisait payer aux étudiants que les modèles et le matériel, non son enseignement, ce qui représentait un atout supplémentaire aux yeux de Monet, considéré comme un irresponsable sur le plan financier par son père qui tenait solidement les rênes de sa bourse.

C'est donc en 1862 qu'il entama sa formation dans l'atelier de Gleyre et rencontra Renoir,

Bazille et Sisley qu'il entraîna, pendant des mois, dans la forêt de Fontainebleau et dans la campagne environnante pour y peindre des paysages. En 1863, le monde artistique français était en ébullition. Édouard Manet avait choqué le public au Salon des Refusés avec son *Déjeuner sur l'herbe*. Encore largement inconnu, Monet allait de l'avant, suivant son propre programme et une formation énergique en autodidacte, après avoir rejeté l'enseignement de Gleyre. Lorsque Gleyre fut contraint de fermer son atelier en 1864, Monet, à vingt-quatre ans, était libre de poursuivre sa carrière comme il l'entendait, bien qu'il fût encore à la merci de son père dont il dépendait financièrement.

Bazille l'aida dans ce sens, lui offrit son amitié et, entre 1865 et 1866, partagea avec lui un atelier à la rue Fürstenberg. Monet subit une lourde perte quand Bazille mourut prématurément.

Au Salon de 1865, Monet rencontra un certain succès et décrocha quelques commandes. Deux de ses paysages furent acceptés et présentés lors d'une exposition. Un critique dira de lui qu'en tant que jeune réaliste, il promettait beaucoup. Un autre compara son œuvre à un barbouillage d'enfant. En dépit des critiques, l'obsession qu'il montrait à étudier les effets de la lumière et de la couleur se confirmait comme centrale dans son travail. Toujours influencé par Boudin, Jongkind, Manet et même Courbet, son œuvre ne manifestait aucun signe pourtant d'un retour patent au réalisme. Déçu par ses tentatives de représenter des figures en grandes dimensions, il délaissa la figure humaine comme sujet du tableau. Dans son *Déjeuner sur l'herbe*, qu'il ne termina jamais, il essayait d'abord d'intégrer des effets lumineux et des figures dans une seule composition, qui selon Forge devait "monumentaliser" le langage de l'esquisse faite en plein air.

C'était une tentative audacieuse sans doute vouée à l'échec. Monet n'avait ni le temps, ni l'espace, ni l'argent nécessaire pour mener sa recherche à terme. En 1865, il s'était blessé à la jambe et dut s'aliter quelque temps, incapable de peindre. Bazille, qui avait abandonné ses études médicales pour se consacrer à la peinture, utilisa ses connaissances dans ce domaine et mit au point un ingénieux dispositif qui soulagea sa douleur. Dans un portrait attachant, Bazille montre Monet, irrité, sur son lit à l'Auberge du Cheval blanc de Chailly, où il avait passé l'été à travailler à son ambitieux projet, attendant impatiemment l'arrivée de Bazille qui devait poser pour lui. *Monet, après son accident* est aussi un témoignage éloquent du dévouement de Bazille envers son malheureux ami.

Monet était plongé dans un embarras de plus en plus gênant vis-à-vis de son père et de sa tante. Son amie, Camille-Léonie Doncieux, avait posé plusieurs fois pour les figures du *Déjeuner sur l'herbe* et une autre peinture de grandes dimensions, finalement refusée au Salon, *Femmes au jardin.* Les amoureux se brouillèrent avec leurs parents respectifs. En 1867, Monet était poursuivi par ses créditeurs, Camille était enceinte et les 800 francs que Monet avait gagnés au Salon de 1867 s'étaient évaporés depuis longtemps. La tante Lecadre, au nom d'Adolphe Monet, obligea Monet à revenir à Sainte-Adresse, sur la côte normande. Au mois de juillet, son fils Jean naquit à Paris en son absence. Nous savons par une lettre adressée à Bazille en mai 1867 que Camille elle-même était malade, alitée et sans le sou et qu'il ne savait que faire si ce n'est rappeler à son ami qu'il lui devait 50 francs pour le premier du mois. Bazille était venu en aide à Monet en lui achetant *Femmes au jardin* pour la somme de 2 500 francs, payables en mensualités. En juin, il demandait à Bazille 100 ou 150 francs; au mois d'août, il lui écrivait une lettre suppliante dans laquelle il s'apitoyait sur le sort de la mère de son fils qui n'avait rien à manger. Désespéré, il conclut en disant que certaines choses ne

Monet
La Terrasse à Sainte-Adresse
1866/1867
huile sur toile
98 x 129 cm
New York, Metropolitan Museum of Art
En 1866, Monet fut contraint à quitter Camille pour rejoindre la résidence estivale de sa tante à Sainte-Adresse, où il peignit cette vue depuis sa fenêtre du premier étage. On aperçoit sa tante assise sous un parasol et son père, installé à côté d'elle. Sa cousine Jeanne-Marguerite se trouve avec un ami devant le treillis. Monet a laissé vide la majeure partie de la mer afin de suggérer la profondeur, délimitant l'horizon par une série de silhouettes de navires les plus divers.

Monet
Falaises à Étretat
vers 1868
huile sur toile
81 x 100 cm
Cambridge (Mass), Fogg Museum of Fine Arts
Étretat fut l'un des sujets favoris de Monet. Il représenta plusieurs fois cette partie-ci de la falaise, appelée "l'Aiguille". Dans ce tableau, qui compte parmi les premiers, Monet établit une correspondance entre les strates de calcaire et les nuages allongés.

Monet
La Plage à Honfleur
vers 1867
huile sur toile
60 x 81 cm
Los Angeles, Museum of Art
Monet profita de cet été pour se promener et peindre une série de scènes de plage, dans lesquelles il se préoccupe essentiellement de l'aspect changeant de la lumière dans le ciel et sur la mer. Il est désormais impossible de confondre son œuvre avec celle de Boudin, Jongkind ou quelque autre peintre.

peuvent pas être remises au lendemain et que sa lettre était une de celles-là.

Le séjour forcé à Sainte-Adresse permit à Monet de réaliser plusieurs scènes de plage, qui témoignent d'une maturité de vision en plein développement. Cette période de sa vie fut des plus désastreuses. À l'automne, Monet dut s'arrêter de peindre pour reposer ses yeux fatigués par la lumière du soleil. L'année suivante, malgré la vente d'un portrait de Camille en pied, appelé *Femme en vert*, à Arsène Houssaye, l'éditeur de *L'Artiste*, et malgré la commande d'un portrait de madame Gaudibert, l'épouse d'un notable du Havre, Monet vit les créanciers se saisir de ses tableaux lors d'une exposition au Havre. Sa relation avec Camille, jeune mère à présent, dut être très tendue. Les bons et les mauvais moments alternaient sans cesse. En juin 1868, Monet, Camille et leur fils Jean étaient mis à la porte d'une auberge de campagne; Monet avait tenté de se suicider et l'écrivait à Bazille. Il est impossible de savoir si le solide Normand était capable de se suicider – le pathos qu'il répand dans ses lettres à son ami est significatif à ce propos. En décembre, Monet, au comble du bonheur, écrit à Bazille depuis la petite fermette d'Étretat, sur la côte normande, où il s'était installé avec sa famille, grâce au soutien de monsieur Gaudibert, exprimant son bonheur d'être au milieu des siens et de pouvoir travailler dans la paix. Au sujet de son travail, il ajoute : "Plus je vais, plus je regrette

Monet
Zaandam
1871
huile sur toile
40 x 72 cm
Paris, musée d'Orsay
En quittant Londres, Monet se rendit aux Pays-Bas, où il peignit plusieurs paysages de Zaandam et d'autres sites. Le choix de la Hollande était naturel pour un artiste aussi attaché à l'eau.

le peu que je sais ; c'est cela qui me gêne le plus."

C'est précisément ce qu'entreprit sérieusement Monet durant l'été 1869, lorsque, en travaillant avec Renoir à La Grenouillère sur la Seine, il réalisa les premiers vrais tableaux impressionnistes. Même s'il les appelait ses "mauvaises pochades", Monet les signait. En effet, elles devaient servir d'esquisses pour un tableau aujourd'hui perdu dont le souvenir est conservé grâce à une photographie plutôt illisible; il semble que ces esquisses de La Grenouillère soient très proches de la version définitive.

À ce point de l'histoire de l'impressionnisme, la différence entre l'esquisse et l'œuvre achevée avait de moins en moins d'importance. La confiance de Monet s'exprimait de plus en plus par des coups de brosse rapides et appuyés, ajoutant de la matière en certains endroits encore humides, afin de créer des mélanges fluides et subtils de couleurs. Il développa cette technique l'été suivant à Trouville sur la côte normande et la perfectionna encore durant son exil à Londres en 1870/1871 et le séjour en Hollande qu'il fit au retour. Monet venait d'épouser Camille lorsqu'il dut s'enfuir à Londres afin d'éviter l'appel aux armes contre les Prussiens. Malgré les difficultés qu'il rencontra durant cette période – "J'ai supporté beaucoup de pauvreté", se rappelait-il en 1900 –, il entendait par là qu'il était en compagnie de

Monet
Baigneurs à La Grenouillère
1869
huile sur toile
73 x 92 cm
Londres, National Gallery
La Grenouillère était si populaire que le couple impérial s'y arrêta lors d'une excursion. Il était installé sur une petite île au milieu de la Seine, sur deux péniches amarrées sous les arbres et recouvertes d'une bâche. Les appontements étaient reliés aux barges par un mince îlot artificiel, appelé "le Camembert". La série de peintures réalisées à La Grenouillère marque un moment décisif de l'impressionnisme, même si Monet estimait qu'il n'avait produit que de "mauvaises pochades".

Monet
l'Hôtel des Roches noires à Trouville
1870
huile sur toile
52 x 59 cm
Hartford, Wadsworth Atheneum
L'Hôtel des Roches noires fait partie des sujets qu'il traita plusieurs fois. Le chemin de fer ayant rendu la Normandie facilement accessible, les vacanciers élégants avaient besoin d'hôtels comme celui-ci, qui comportait cent cinquante chambres et des salles de divertissement. Les Monet n'appartenaient pas à la classe fortunée, ils s'installèrent donc dans un modeste hôtel de la rue voisine.

Monet
La Tamise et le Parlement
1871
huile sur toile,
47 x 72,5 cm
Londres, National Gallery
Durant la guerre, Pissarro s'activa dans la région située au sud de la Tamise, où vivait sa mère. Monet resta en ville, peignant des vues des parcs et de la Tamise, où il retournera quelques années après, spécialement en hiver. Il était fasciné par l'effet de la lumière et du brouillard, phénomène unique, et disait que Londres serait une ville très laide sans cela. Pendant son séjour, il essaya, en vain, de participer à l'exposition annuelle de la Royal Academy.

Pissarro, Daubigny, le marchand Durand-Ruel, tous exilés à cause de la guerre. La relation d'affaires qu'il établit avec Durand-Ruel s'avéra d'une importance capitale pour le reste de sa carrière, malgré des hauts et des bas. Londres elle-même, avec son climat variable, ses brouillards prodigieux, son fleuve, ses parcs et ses immeubles, posait à Monet de nouveaux problèmes atmosphériques.

À son grand déplaisir, il allait retrouver les caprices du climat anglais lorsqu'il retourna à Londres trente ans plus tard.

En 1871, après la guerre et la Commune, Monet revint en France et s'installa avec sa famille à Argenteuil, près de Paris. Ils y vécurent, dans une relative stabilité, durant sept ans. Dans la petite ville rurale d'Argenteuil alors en pleine croissance, suffisamment proche de Paris pour y faire de fréquentes incursions par le train, Monet pouvait enfin essayer de reporter sur la toile l'“enveloppe”que seule sa vision percevait. Les sujets qu'il abordait à présent

Monet
Champ de coquelicots
1873
huile sur toile,
50 x 65 cm
Paris, musée d'Orsay
Monet a sûrement représenté Camille et son fils Jean se promenant dans une prairie, au milieu des coquelicots, à proximité de leur maison. Argenteuil et les localités voisines avaient subi de profondes modifications depuis que le tracé du chemin de fer avait rendu cette région accessible aux Parisiens. Ce tableau est l'archétype du style impressionniste, atmosphérique, esquissé, vivant et éclaboussé de lumière.

Monet
Le Pont d'Argenteuil
1874
huile sur toile,
60 x 81 cm
Paris, musée d'Orsay
Argenteuil possédait des richesses inépuisables pour un peintre comme Monet : la campagne, un jardin rempli de fleurs, la Seine avec ses bateaux de plaisance. Le nouveau pont, reconstruit après la guerre, et le train représentaient la vie moderne qui intéressait les impressionnistes, en contraste avec les paysagistes de l'école de Barbizon.

Monet
Train dans la neige
1875
huile sur toile,
59 x 78 cm
Paris, musée Marmottan
La maison de Monet était située en face de la gare d'Argenteuil; il la représenta plusieurs fois. C'est une des nombreuses scènes de neige dont il ne se fatigua jamais, même si, pour les réaliser, il avait à supporter les conditions les plus difficiles.

allaient des rues d'Argenteuil et de Paris au fleuve et au chemin de fer, en passant par sa maison et la campagne environnante. Travaillant le plus souvent à l'extérieur, et selon une méthode qu'il n'abandonnera plus, Monet commençait plusieurs toiles en même temps, toujours prêt à capturer les effets atmosphériques fugitifs. Il entama à ce moment les séries vues d'un même sujet à travers des conditions climatiques différentes. La série de *La Gare Saint-Lazare*, à Paris, en marque l'apogée : la gare, sa structure imposante et les jets de vapeur traités comme un tissu de couleurs, sont de vrais paysages urbains. Son tableau *Impres-*

Monet
Le Jardin des Tuileries
vers 1876
huile sur toile, 53 x 72 cm
Paris, musée Marmottan
L'aménagement du Jardin des Tuileries, incendié durant la Commune, avait été fort remanié et Monet, s'installant à la fenêtre de son ami, le collectionneur Victor Chocquet, réalisa quatre tableaux montrant les étangs et les allées symétriques. Des images des nouvelles échappées urbaines étaient probablement commerciales, une considération que Monet ne pouvait ignorer. Cependant, elles offrent aussi une diversion des scènes campagnardes et des jardins.

Monet
La Gare Saint-Lazare
1877
huile sur toile
75,5 x 104 cm
Londres, National Gallery
Une autre vue de la gare, avec, au loin, le Pont de l'Europe.

sion, soleil levant fut légitimement à l'origine du nom du mouvement. En effet, durant les années 1870, il progressa inlassablement, exerçant une influence considérable sur ses compagnons. L'été passé à Argenteuil en compagnie de Monet et de Renoir imposa à Manet une nouvelle orientation dans sa manière de peindre, marquée désormais par l'application rapide de pigments brillants. Renoir et Pissarro avaient également été accueillis à Argenteuil. Durant une période relativement courte, Monet fut au centre du mouvement impressionniste, participant aux expositions, se mêlant aux discussions du Café Guerbois, empruntant de l'argent à un cercle de plus en plus grand d'amis, y compris Manet et Zola. Les sommes substantielles qu'il gagnait à présent servaient, entre autres, à payer le personnel de la grande maison d'Argenteuil. Monet entretenait également d'excellentes relations avec des clients comme Hoschedé et Chocquet. À la longue, pourtant, les circonstances et le caractère solitaire et ambitieux de la tentative de Monet l'éloignèrent des autres impressionnistes. La ruine de son client Hoschedé, le déclin de la maigre fortune de Manet, la seconde grossesse de Camille et, peu après, l'aggravation de sa maladie, obligèrent les deux familles à vivre ensemble dans une nouvelle maison à Vétheuil, plus loin sur la Seine. Ernest Hoschedé quitta aussitôt le ménage Monet-Hoschedé, et après la mort de Camille, Monet, Jean, Michel, le nouveau-né, Alice Hoschedé et ses six enfants tentèrent de vivre ensemble tant bien que mal. Sa vie personnelle mouvementée, la menace réelle de la pauvreté, une famille de neuf personnes à charge et le relâchement de ses liens avec le reste des impressionnistes, ne permirent pas à Monet d'entrer dans la nouvelle décennie sous d'heureux auspices. Trop pauvre et découragé par la quatrième exposition de 1879, il ne voulait plus participer à la suivante. Cependant, son ami Caillebotte, qui avait déjà loué un atelier où Monet avait achevé sa série des *Gare Saint-Lazare*, avait lui-même rassemblé vingt-neuf tableaux de Monet et les avait envoyés à l'exposition. L'année suivante, Monet ne figurait pas à la cinquième exposition du groupe. Au grand regret de Pissarro et de Degas, Monet se présenta au Salon, pour la première fois depuis plusieurs années.

La relation avec Durand-Ruel acquit une importance décisive. Durand-Ruel le trouvait à présent négociable en cette période de récession économique et Monet fut le premier des impressionnistes à bénéficier d'une exposition individuelle dans la galerie du marchand en 1883. Durant les années 1880, Monet commença à profiter de revenus confortables. En 1883, il pouvait s'installer à Giverny, son ultime

Turner
Le Coucher de soleil sur la Loire à Tours
vers 1832
aquarelle sur papier bleu, 13,5 x 19 cm
Londres, Tate Gallery
Durant son séjour à Londres, Monet visita la National Gallery où étaient exposées plusieurs aquarelles de Turner, dont sans doute celle-ci. Peu représentative du style de Turner, cette œuvre est étonnamment impressionniste, quelque quarante ans avant la première exposition impressionniste tenue à Paris. Si Monet la vit effectivement, elle aura sûrement trouvé sa voie dans le subconscient de l'artiste.

Monet
Coucher de soleil à Lavacourt
1880
huile sur toile, 101,5 x 150 cm
Paris, musée du Petit Palais
Ce tableau forme une suite du fameux Impression, soleil levant.

Monet
Le Jardin de l'artiste à Vétheuil
1881
huile sur toile
150 x 120 cm
Washington, National Gallery of Art
On retrouve les mêmes jarres bleues et blanches que dans le jardin d'Argenteuil, mais on ne voit plus le chemin entre le jardin et la maison, une bizarrerie topographique également présente à Giverny, de même qu'on ne voit pas la Seine derrière le peintre, dans le bas du jardin.

Monet
Promenade sur la falaise, Pourville
1882
huile sur toile
65 x 81 cm
Chicago, Art Institute
Monet se rendait fréquemment sur la même plage normande, généralement seul. Il resta plus de dix mois dans la région, étudiant les variations lumineuses. Il avait inventé des boîtes spéciales, qui lui permettaient de préserver ses tableaux fraîchement peints.

demeure. Il pouvait se consacrer sans contrainte à l'affinement de sa vision. En quête d'inspiration, il entreprit des voyages susceptibles de lui faire découvrir de nouvelles problématiques. Il se rendit d'abord sur la côte normande, laissant Alice et les enfants et, plus tard, sous des climats plus éloignés, dans le sud de la France, en Italie et en Norvège. Intrépide, l'artiste luttait souvent contre les éléments. Une lettre à Alice envoyée d'Étretat en 1885 montre la manière dont il travaillait à Manneporte, une formation rocheuse spectaculaire sur la côte nord-ouest qu'il représenta dans plusieurs de ses peintures. Un jour, il ne vit pas arriver une vague gigantesque qui le projeta sur la falaise et l'entraîna dans le ressac. Gustave Geffroy rapportera dans ses souvenirs ces mots de Monet :

> *Quand je mourrai, je voudrais être enterré dans une bouée.* Selon Geffroy, *il riait dans sa barbe à la pensée d'être enfermé pour toujours dans cette espèce de bouchon vulnérable dansant parmi les flots, bravant les tempêtes, se reposant mollement au mouvement harmonieux des temps calmes, sous la lumière du soleil. Cette évocation n'avait pour lui rien de funèbre, lui semblait la conclusion logique de son amour pour la mer.*

Pour un artiste comme Monet, extrêmement sensible aux couleurs des paysages du nord de la France, soumis la plupart du temps aux dures lois de l'hiver, on peut comprendre l'impact du soleil méditerranéen sur son esprit. Les bleus scintillants de la mer et du ciel étaient effroyables et le dépassaient.

Finalement, il en vint à bout. Durant les années 1880, la palette de Monet se libéra de toute attache à la couleur naturaliste ; *Rochers à*

Belle-Île et *Champs de pavots à Giverny* sont travaillés et retravaillés en atelier avec de surprenants pigments plombés. Plus qu'une simple impression de valeurs colorées, ils servent à présent à définir la relation émotionnelle très complexe entre l'artiste et le sujet en termes de couleurs. En 1892, la mort d'Ernest Hoschedé permet à Monet et Alice de se marier. L'artiste a interrompu ses voyages et se remet à peindre les paysages qui entourent sa maison. Toujours à la recherche d'un moyen de peindre le moment insaisissable, l'"effet fugitif" comme il disait, Monet s'est lancé à partir de 1885 dans plusieurs séries, parmi lesquelles *Les Meules*. Lorsque les séries furent exposées à la galerie de Durand-Ruel en 1891, Pissarro se plaignit à son fils Lucien :

On ne demande plus que des Monet, il paraît qu'il n'en fait pas assez. Le plus terrible, c'est que tous veulent avoir des meules au soleil couchant... Tout ce qu'il fait part pour l'Amérique.

Les séries des *Meules* connurent un succès étonnant, tant sur le plan financier qu'artistique. Le concept d'une série de tableaux consacrés au même sujet, envisagés comme une totalité, reflète la méthode de Monet qui travaillait plusieurs toiles en même temps, guettant les changements de lumière afin de choisir la qualité de lumière qui convient le mieux à chaque tableau. Bien plus, les séries représentent l'enregistrement, à l'intérieur d'une troublante réalité, non seulement d'un sujet soumis à des conditions climatiques variables mais aussi la réponse atemporelle de Monet à ce phénomène.

À propos des *Meules* qu'il avait vues en 1895, le peintre Wassily Kandinsky dira :

Monet
Le Matin à Étretat
1883
huile sur toile,
63 x 81 cm
Collection privée
Monet passa une partie de ses étés entre 1883 et 1886 à Étretat, peignant les nombreuses falaises voûtées.

Monet
Les Meules, coucher du soleil
1891
huile sur toile,
65 x 100 cm
Chicago, Art Institute
Les néo-impressionnistes traitèrent Monet de vieux jeu, estimant qu'il n'avait fait qu'évoluer sans changer radicalement de direction.

Monet
La Cathédrale (Soleil)
vers 1894
huile sur toile
107 x 73 cm
Paris, musée d'Orsay

Monet
La Cathédrale de Rouen, effet de soleil, fin de journée
1892
huile sur toile
100 x 65 cm
Paris, musée Marmottan

Monet
La Cathédrale de Rouen, la Tour d'Albane
1894
huile sur toile
106 x 74 cm
Boston, Museum of Fine Arts

La peinture en acquit une force et un éclat fabuleux. Mais, inconsciemment aussi, l'objet en tant qu'élément indispensable du tableau en fut discrédité.

Il est vrai que les spectateurs de l'époque restaient perplexes face à cette fragmentation de la réalité. L'"objet discrédité", en d'autres termes l'objet rendu abstrait par sa répétition dans différents contextes, est une des conséquences des peintures en série de Monet. Avec les séries des *Peupliers*, de 1891, de la *Cathédrale de Rouen* en 1894 et des *Levers de soleil sur la Seine* de 1896/1897, Monet poursuit son objectif. Dans les dernières années du siècle et les premières du XXe, Monet fait ses derniers séjours à Londres (il peint plus de cent vues de la Tamise en 1904) et un dernier séjour à Venise en 1908. La vente de ses tableaux lui rapportait désormais suffisamment d'argent pour qu'il puisse enfin réaliser son rêve et aménager un grand jardin de fleurs et d'étangs; il acheta un lotissement adjacent à sa maison, détourna le courant qui passait sur ces terres et créa un bassin de nénuphars surplombé par un pont japonais. C'est dans ce jardin qu'il passa les dernières décades de sa vie. Au fil des années, le jardin s'embellit d'une variété infinie de fleurs.

Il s'intéressait à présent à la perspective offerte par l'étang de nénuphars. Il en résulta la prodigieuse série des *Nymphéas* ou nénuphars,

Monet
La Cathédrale de Rouen
1893
huile sur toile,
107 x 73 cm
Williamstown, Clark
Institute of Art

Monet
La Cathédrale dans le brouillard
1894
huile sur toile,
106 x 73 cm
Collection privée
Monet entama sa série des Cathédrales de Rouen à la fin de l'hiver 1892/1893, s'installant à la fenêtre d'un magasin d'où il pouvait observer les modifications de la lumière sur la façade médiévale.

Monet
Les Peupliers au bord de l'Epte
1891
huile sur toile,
92 x 73 cm
Londres, Tate Gallery
Monet aimait particulièrement cette petite étude, peut-être parce qu'elle était à la fois audacieuse et stylisée. L'effet y est pourtant obtenu avec beaucoup moins de nuances que dans d'autres peintures.

Monet
Les Peupliers au bord de l'Epte, Automne
1891
huile sur toile,
100 x 65 cm
collection privée
La série des Peupliers succéda à celle des Meules ; elle fut exposée chez Durand-Ruel en 1892. Après cela, la vue de Monet se détériora.

Monet
Le Pont japonais, Giverny
1895
huile sur toile, 98 x 117 cm
Collection privée
Monet avait construit un pont de style japonais au-dessus d'un étang aménagé grâce au détournement du cours de l'Epte. Il avait déjà aménagé une grande partie du jardin, mais les nénuphars ne poussaient pas encore dans l'étang, bien qu'il ait essayé de les faire pousser avant d'avoir l'autorisation de dévier le cours d'eau. Monet représenta inlassablement ce pont jusqu'à sa mort en 1926.

entraînant Monet dans un nouvel univers visuel. Comme il disait à Geffroy en 1908 :

> *Ces paysages d'eau et de reflets sont devenus une obsession. C'est au-delà de mes forces de vieillard, et je veux cependant arriver à rendre ce que je ressens. J'en ai détruit [...] J'en recommence [...] et j'espère que de tant d'efforts, il sortira quelque chose.*

De cette obsession, il en sortit *Nymphéas, paysages d'eau,* une série de quarante-huit toiles exposées chez Durand-Ruel en 1909. Plus tard, elles furent à l'origine d'un concept monumental pour une décoration grandiose offerte à l'État et installée dans un bâtiment public parisien. Le projet audacieux, encouragé par le politicien Georges Clemenceau, semblait pourtant ne jamais devoir se réaliser. En 1911, Alice mourait, suivie en 1914 par Jean, le fils de Monet. Soutenu par sa belle-fille Blanche Hoschedé-Monet et avec l'aide de Clemenceau, Monet, alors âgé de soixante-quatorze ans, persévéra cependant dans ce projet de décoration. Monet proposa la construction d'un atelier spécial qui abriterait l'œuvre en cours de réalisation. Alors que la Première Guerre mondiale faisait rage autour de lui, Monet surveillait la construction de l'atelier et travaillait aux *Nymphéas* dans son vieil atelier. Souffrant de la cataracte et distinguant à peine les couleurs, il

Monet
Nymphéas (détail)
non daté
huile sur toile, 132 x 84 cm
collection privée
Monet peignit des centaines de fois l'étang, en tout ou en partie.

s'acharnait pourtant au travail. Les dernières toiles sont couvertes de coups de pinceau violents et fiévreux, dans un enfer de couleurs ; le dernier défi à la lumière du soleil de la part de l'un des plus grands impressionnistes. Dès que l'atelier fut terminé, en 1916, il se consacra aux décorations pendant une dizaine d'années, et ce, sans interruption. Sa quasi-cécité l'empêchait de voir ce qu'il peignait et, désespéré, il détruisit plusieurs toiles. L'opération qu'il subit en 1923 à l'âge de quatre-vingt-trois ans, alors qu'il souffrait déjà d'un cancer provoqué par la cigarette, lui rendit aussitôt la vue, suffisamment du moins pour lui permettre de mener son entreprise à terme. L'œuvre, de dimensions gigantesques, devait être placée dans une pièce circulaire ou ovale ; l'Orangerie, située près du Louvre, était toute désignée, non sans quelques complications politiques.

Monet mourut le 5 décembre 1926, un mois après son quatre-vingt-sixième anniversaire. Clemenceau fut à ses côtés en ses derniers instants. Il avait pu assister à la réalisation finale des décorations de l'Orangerie. Gustave Geffroy disait, à propos de l'étang des nénuphars, qui avait inspiré ses derniers grands tableaux :

> *C'est dans son jardin de Giverny, un jardin spécial, qu'il a créé en détournant le cours de la petite rivière de l'Epte. Il a obtenu un étang minuscule aux eaux toujours claires, il l'a entouré d'arbres, d'arbustes, de fleurs de son choix, et il a orné sa surface de nymphéas de diverses couleurs qui éclosent au printemps, parmi les larges feuilles, et qui s'épanouissent tout l'été. Au-dessus de cette eau fleurie, un léger pont de bois, du genre des ponts japonais, et dans l'eau, parmi les fleurs, tout le ciel qui passe, tout l'air qui joue à travers les arbres, tout le mouvement du vent, toutes les nuances des heures, toute l'image apaisée de la nature environnante.*

Monet était connu dans le monde entier et ses œuvres atteignaient des prix extraordinaires ; sa persévérance et sa dévotion totale à l'art furent à l'origine de sa fortune. Il avait survécu

Monet
Une allée à Giverny
1902
huile sur toile, 79 x 90 cm
Collection privée
Le jardin de Giverny, très vaste, était aménagé en plusieurs recoins.

Monet
Allée à Giverny
vers 1920
huile sur toile, 89 x 100 cm
Collection privée
La mauvaise vue de Monet ne peut expliquer entièrement la quasi-abstraction à laquelle il parvient à cette époque. Il arrive souvent que les artistes âgés perdent leur vigueur et produisent des œuvres difficilement comparables aux précédentes. Ce ne fut pas le cas de Monet.

à deux femmes, un fils, la Seconde République, le Second Empire, et à tous ses contemporains, y compris Pissarro, Degas et Renoir.

Six mois avant sa mort, il écrivait : "J'ai toujours eu horreur des théories... Je n'ai que le mérite d'avoir peint directement, devant la nature, en cherchant à rendre mes impressions devant les effets les plus fugitifs, et je reste désolé d'avoir été la cause du nom donné à un groupe dont la plupart n'avaient rien d'impressionniste."

Renoir.

Pierre-Auguste Renoir

Renoir
Autoportrait
1879
huile sur toile,
38 x 31 cm
Williamstown (Mass.),
Clark Institute of Art

George Moore, écrivain anglais assez proche des impressionnistes aux beaux jours des Batignolles, disait de Pierre-Auguste Renoir qu'il était doué d'une certaine "vulgarité", sentiment exprimé de manière implicite par Renoir lui-même, dont la renommée reposa, en fin de compte et de manière quelque peu gênante, sur son côté artisanal qu'il avouait par ailleurs quand il se surnommait "l'ouvrier de la peinture". À la manière d'un iconoclaste, son mécontentement au sujet des effets superficiels de sa première période impressionniste atteint son apogée dans la recherche d'une simplicité classique de la ligne et du volume, qui le mena aux œuvres de Raphaël d'une part et, d'autre part, aux expériences de Cézanne. Il trouva finalement ce qu'il cherchait dans la représentation de la figure féminine. Malgré ses problèmes de vue et son rhumatisme aux mains, il se mit à la sculpture, aidé d'un assistant, à la tapisserie et à la céramique, comme pour rappeler qu'il avait commencé sa carrière comme peintre sur porcelaine.

Renoir
Baigneuse assise
vers 1885
huile sur toile,
54,5 x 42 cm
Collection privée

Renoir
Bazille au travail
1867
huile sur toile
105 x 73, cm
Paris, musée d'Orsay
Renoir a réalisé un portrait honnête et direct de son ami. Le rendu est fluide, mais l'artiste n'a pas encore trouvé le style qui lui a valu son succès.

La vie et l'œuvre : Pierre-Auguste Renoir (1841-1919)

Voulez-vous que je vous dise quelles sont pour moi les deux qualités de l'art? Il doit être indescriptible et inimitable... L'œuvre d'art doit vous saisir, vous envelopper, vous emporter. C'est le moyen pour l'artiste d'exprimer sa passion ; c'est le courant qui jaillit de lui qui vous emporte dans sa passion.

Pierre-Auguste Renoir

Le père de Pierre-Auguste Renoir, Léonard "Raynouard" comme l'indique le registre de sa ville, était tailleur à Limoges avant de s'installer à Paris en 1844 avec sa famille. Sa mère, Marguerite, était couturière et Pierre-Auguste, né le 25 février 1841, était le sixième de sept enfants, dont deux décédèrent très jeunes. À l'âge de quatorze ans, Renoir entrait en apprentissage chez M. Levy, un peintre sur porcelaine, et apprit le dessin dans une école libre. Lorsque l'atelier de Levy ne fut plus en mesure de concurrencer les nouvelles méthodes mécaniques de peinture sur porcelaine et ferma son atelier en 1858, Renoir travailla pour son frère Henri en peignant des éventails sur lesquels il recopiait des tableaux de Watteau, Lancret, Boucher et Fragonard et des abat-jour pour un certain monsieur Gilbert, jusqu'à ce qu'il entre dans l'atelier de Charles Gleyre en 1861. Une année plus tard, il y rencontrait Monet, Bazille et Sisley. Progressant par ses propres moyens de manière étonnante, il obtint, en 1862, une place à l'École des beaux-arts où il étudia jusqu'en 1864, en tant qu'élève de Gleyre. Il avait également décroché l'autorisation de copier des œuvres au Louvre et au Cabinet des Estampes. Plus tard, lorsque les impressionnistes commenceront à être célèbres, il fut le seul à reconnaître les efforts de Charles Gleyre, disant que c'était grâce à lui qu'il avait appris son métier de peintre. En 1880, il retournait d'ailleurs à la technique apprise chez son ancien maître. Pourtant, lorsqu'il était dans son atelier, sa relation avec Gleyre était parfois houleuse. Un jour que Gleyre observait un travail de Renoir, et lui ayant dit que sans doute il ne peignait que pour s'amuser, Renoir avait répondu :

Mais certainement, et si ça ne m'amusait pas, je vous prie de croire que je n'en ferais pas !

La carrière de Renoir à l'École des beaux-arts fut difficile; il obtint une seule fois la quatrième place avec une mention honorable au concours de dessin en perspective, mais généralement ses résultats n'étaient guère brillants. Son amitié avec les autres étudiants de Gleyre lui fut plus profitable sur le plan de la formation. En 1862, il les avait déjà accompagnés dans la forêt de Fontainebleau pour dessiner des paysages d'après nature. Il se souviendra plus tard de ces escapades en forêt, avec pour tout bagage leur matériel de peinture et le vêtement qu'ils avaient sur le dos. Ils allaient ainsi de village en village, jusqu'au moment où, à court d'argent, ils étaient obligés de rentrer chez eux.

Monet, Bazille et Sisley étaient déjà devenus de redoutables complices. Ils étaient tous issus d'un classe moyenne prospère, alors que Renoir, provenant de la classe ouvrière laborieuse – il le rappelait en se considérant lui-même comme un "ouvrier de la peinture" –, devait gagner sa vie en exécutant des travaux décoratifs. Comme l'observe John House dans son étude *Renoir's Worlds*, lorsque Bazille, soutenu financièrement par ses parents, loua l'atelier qu'il partagea avec ses amis, Monet joua le rôle du bohémien qui avait rejeté l'autorité parentale, tandis que Renoir recherchait simplement des moyens pour survivre. Renoir se battit pour devenir un bourgeois, par le biais de son œuvre et de ses amis.

Il fut reçu pour la première fois au Salon en 1865 avec un portrait du père de Sisley; la plus grande partie de sa carrière dépendra d'un mécénat bourgeois, amateur de ses portraits. Pourtant, le problème de son appartenance sociale le préoccupa sa vie durant.

Terrifié à l'idée qu'elle puisse être considérée comme une paysanne de basse classe, il tiendra secret pour ses amis son mariage avec une blanchisseuse, Aline Charigot.

Renoir était d'un naturel inquiet et dans ce sens, il fut comparé plus tard à Watteau, dont il avait subi l'attrait à ses débuts. Il était très influençable. Des analyses sans compassion de son œuvre mettent en lumière l'influence considérable de ses contemporains, d'abord Monet, ensuite Cézanne, prouvant ainsi qu'il était ambivalent et indécis quant à son identité artistique.

Bien que cela s'avère exact jusqu'à un certain point, son talent reste cependant convain-

Rubens
L'Allégorie de la Fécondité
(détail)
collection privée
C'était le type féminin prisé par Renoir, bien éloigné des beautés froides et lisses mises à l'honneur par le Salon.

Renoir
Lise (La Femme à l'ombrelle)
1867
huile sur toile,
184 x 114 cm
Essen, Folkwang Museum
Peint en 1867, le portrait de la maîtresse de l'artiste fut exposé au Salon l'année suivant sa réalisation.

cant et original, surtout dans ses portraits et les représentations de la vie parisienne qu'il admirait tant.

En 1868, Renoir et Bazille louent des chambres avec atelier dans le quartier des Batignolles. En tant que membre du groupe des impressionnistes, qui gravitaient autour des Batignolles et du Café Guerbois où Édouard Manet tenait ses réunions, Renoir participait désormais à la lutte engagée pour obtenir une reconnaissance. Quand sa *Diane chasseresse* fut refusée par le Salon en 1867, il signa une pétition qui exigeait un nouveau Salon des Refusés, et devint bientôt un membre incontournable de la Société anonyme qui exposa pour la première fois en 1874. En 1868, il avait reçu des éloges au Salon pour son tableau *Lise au parasol*, dont Zola dira qu'il s'agissait d'une exploration réussie de la modernité.

Le critique Duret avait acheté une *Lise*, aussi connue sous le nom de *La Gitane ;* et le nom de Renoir fut lié à l'avant-garde alors que son style était encore subtilement élaboré pour le Salon. Lise Tréhot, le modèle de *Lise* et de plusieurs autres tableaux, était la sœur de Clémence Tréhot, la maîtresse de Jules Le Cœur, peintre et ami intime de Renoir et de Sisley. En 1865, Le Cœur avait acheté une maison à Marlotte, dans la forêt de Fontainebleau, dans laquelle Renoir, Sisley et les sœurs Tréhot passèrent plusieurs étés. Non loin de là, était installé le Cabaret de la mère Anthony, une auberge campagnarde fréquentée par des artistes, des écrivains et des bohémiens de tous bords. Le Cabaret est représenté dans un tableau dont Renoir se souvenait avec plaisir, non pour la peinture elle-même mais pour l'image qu'il conservait de l'auberge et de ses hôtes.

Renoir
La Grenouillère
1869
huile sur toile, 65 x 93 cm
Winterthur, Oscar Reinhart Foundation
Les vacanciers sont représentés debout sur le ponton qui relie la rive au "Camembert" d'où ils peuvent regarder les baigneurs. Les coups de pinceau de Renoir sont plus légers et n'ont pas la hardiesse de Monet.

Renoir
La Loge
1874
huile sur toile
80 x 64 cm
Londres, Courtauld Institute Galleries
Ce désormais célèbre tableau passa inaperçu lors de la première exposition impressionniste, comme les autres tableaux de l'artiste, bien que ce sujet soit traité pour la première fois par les impressionnistes. Depuis, il a été reconnu comme un chef-d'œuvre. Une œuvre de charme et de candeur, la diversité des spectateurs ajoutant à l'attrait du tableau. Le modèle de la femme est Nini Lopez, qui n'a pas l'allure d'une femme de la haute bourgeoisie. L'homme est Edmond Renoir, le frère de l'artiste, complice de beaucoup d'autres tableaux de l'artiste.

Renoir
Victor Chocquet
vers 1876
huile sur toile
47 x 37 cm
Cambridge (Mass.), Fogg Museum of Art
Chocquet, fonctionnaire aux revenus modestes, était un collectionneur acharné de tableaux.

Renoir
Le Coup de vent
vers 1872
huile sur toile
52 x 82,5 cm
Cambridge, Fitzwilliam Collection
Renoir avait abandonné l'idée d'arriver à la même audace que Monet; il tente, à présent, de représenter l'effet d'un jour de vent et les mouvements des nuages, à l'aide d'un coup de pinceau léger.

À la fin des années 1860, le style de Renoir se trouve à la croisée de plusieurs courants d'influence. *Les Patineurs au bois de Boulogne*, rapidement exécuté en 1868, témoigne d'une influence certaine de Monet et contraste avec la sobriété du portrait émouvant de Sisley et sa fiancée, *Les Fiancés*, daté de la même année. En 1869, Renoir passa l'été à Louveciennes en compagnie de ses parents. Presque chaque jour, il franchissait les quelques kilomètres qui le séparaient de Bougival où habitait Monet; ensemble, ils allaient peindre à La Grenouillère, un établissement de bain populaire situé sur l'Île-de-Croissy sur la Seine. Au regard de certains, c'est là qu'est né l'impressionnisme. Les deux artistes travaillaient côte à côte, représentant les mêmes paysages, avec pratiquement la même palette et les mêmes pinceaux. La comparaison de ces travaux d'été montre que Renoir tenta de s'approcher du style de Monet. Les coups de pinceau courts et rapides et les couleurs brillantes employées par Monet sont répercutés par Renoir, mais de manière indécise, ce dernier se concentrant davantage sur le rassemblement des figures.

Pendant la guerre franco-prussienne, Renoir rejoint le 10e régiment de cavalerie caserné à Libourne, dans la région de Bordeaux. Là, souffrant d'une crise de dysenterie, il fut recueilli par un oncle qui le reçut chez lui à Bordeaux, le temps qu'il récupère. Il avait retrouvé son régiment fin février 1871 et ses mémoires rappellent qu'il se comporta bien pendant la guerre.

En avril, il fut démobilisé et regagna Paris, alors sous régime de la Commune. Rien ne pou-

Renoir
Le Chemin montant dans les hautes herbes
vers 1875
huile sur toile, 60 x 74 cm
Paris, musée d'Orsay
La composition rappelle celle du Champ de coquelicots *peint deux ans plus tôt par Monet. Alors que Monet intègre une large portion de ciel et que son horizon est nettement marqué par une rangée d'arbres, Renoir utilise ici le chemin comme axe de son tableau, équilibré par l'arbre vertical au fond. La végétation est détaillée dans un style fluide propre à l'artiste.*

Renoir
Bal au Moulin de la Galette
1876
huile sur toile, 131 x 175 cm
Paris, musée d'Orsay
Pour réaliser ce tableau, Renoir fit appel à plusieurs de ses amis. A droite, on reconnaît Pierre Franc-Lamy et Norbert Goeneutte, *tous deux peintres, et l'écrivain Georges Rivière. Sur le banc, deux sœurs, Estelle et Jeanne, qui serviront plus tard de modèles à Renoir, pour* La Balançoire. *La danseuse en rose est Margot (Marguerite Legrand) accompagnée du peintre cubain Solarès. Les femmes proviennent toutes de la classe ouvrière et les hommes étaient de jeunes amis du peintre.*

Renoir
Sous la tonnelle, au Moulin de la Galette
1876
huile sur toile,
81 x 65 cm
Moscou, musée Pouchkine
Par un beau dimanche d'été, les personnages sont tous plus jeunes que l'artiste et la vie paraît aussi légère et insouciante que les après-midi oisifs évoqués dans les tableaux du XVIIIe siècle.

Renoir
La Première Sortie
vers 1876/1877
huile sur toile
65 x 50 cm
Londres, National Gallery
Deux ans après La Loge, *l'atmosphère du tableau est très différente. La jeune fille n'est pas aussi sophistiquée. On a découvert récemment que Renoir avait d'abord peint un homme de profil occupant la plus grande partie de l'espace octroyé à présent aux loges, et que le vêtement bleu, situé à gauche dans la partie médiane, était en fait une partie de son habit.*

vait l'empêcher de créer et il obtint du préfet de police un laissez-passer qui lui permit de quitter Paris pour aller peindre et rendre visite à ses parents à Louveciennes.

Entre 1871 et 1874, Renoir fut très proche de Monet, lui rendant visite à Argenteuil pendant l'été; il était de plus en plus impliqué dans la mise sur pied de la Société anonyme. Il louait maintenant un atelier à Montmartre, rue Saint-Georges où la Société anonyme se réunit plusieurs fois en 1873 pour organiser sa première exposition. Son style arrivait à maturité. Sa vue du Pont-Neuf, dont le sujet est encore inspiré par l'œuvre de Monet, montre une utilisation originale de la couleur et contraste avec le tableau plutôt austère représentant un sujet semblable, *Le Pont des Arts*, daté de 1867. Edmond Renoir, journaliste et frère de l'artiste, rapporte une anecdote intéressante sur la manière dont fut peint le *Pont-Neuf*. Les deux frères se seraient installés dans un petit café et, pour dix centimes chacun, pouvaient s'y asseoir durant des heures en consommant deux cafés. Pendant qu'Auguste peignait, Edmond écrivait, s'aventurant de temps à autre sur le pont pour interpeller des passants, de sorte que le peintre puisse les représenter in situ. D'une autre veine, *L'Allée cavalière au bois de Boulogne*, un très grand tableau exécuté en 1873 dans l'espoir de figurer au Salon, est un essai de peinture à grande échelle. En dépit de ses espérances, le tableau ne fut pas admis et fut exposé au Salon des Refusés.

Lorsque les avances versées pour la première exposition de la Société anonyme furent remboursées après le désastre de 1874, chaque

Renoir
La Seine à Asnières
vers 1879
huile sur toile
71 x 92 cm
Londres, National Gallery
Victor Chocquet acheta ce tableau qui faisait partie d'une série réalisée entre 1879 et 1880. Renoir réussit à restituer les jeux de lumière à la surface de l'eau, en utilisant de petits coups de pinceau. Dans le fond, un train surgit derrière une haie. C'est la palette arc-en-ciel typique de l'artiste.

Renoir
Portrait de madame Georges Charpentier et ses enfants
1878
huile sur toile
154 x 190 cm
New York, Metropolitan Museum of Art

En 1876, Renoir eut la chance de rencontrer le couple Charpentier, influent et riche. Marguerite lui commanda son portrait et, utilisant ses relations, lui assura une place de choix aux cimaises du Salon officiel.
Comme beaucoup de tableaux du peintre, cette œuvre révèle le coloriste de génie mais aussi la faiblesse du dessinateur.

Renoir
Venise, place Saint-Marc
1881
huile sur toile
64 x 81 cm
Minneapolis, Institute of Arts
Le marchand Durand-Ruel refusa d'acquérir cette charmante petite toile incomplète malgré son éclat étonnant. En peignant la basilique Saint-Marc, Renoir cherchait avant tout à parfaire sa technique et à étudier les œuvres des maîtres anciens.

Renoir
Les Parapluies
1883
huile sur toile
180,5 x 115 cm
Londres, Tate Gallery
Alors que le style de la plupart des peintres devient, avec l'expérience, plus synthétique et évolue vers une plus grande liberté, Renoir, tout au contraire, adopte, après avoir étudié les fresques pompéiennes, les tableaux de Raphaël Sanzio et d'Ingres, les contours nets et précis. C'est la période que le peintre nomme "manière aigre" ou que l'on appelle aussi "manière ingresque" quand le dessin prend le pas sur la couleur.

membre de la société perçut la somme de 184 francs et 50 centimes; quelques tableaux avaient été vendus et Renoir avait réussi à éviter les critiques histériques dirigées contre ses collègues, surtout Monet, Pissarro et Degas. *La Loge*, un de ses tableaux accrochés aux cimaises, le premier d'une série sur ce thème, maintenant considéré comme un symbole de l'impressionnisme, fut acheté plus tard pour la somme de 425 francs par Père Martin, un marchand de troisième ordre plutôt douteux. Ce n'était pas une somme négligeable pour un artiste dans le besoin comme Renoir – de toute manière, Renoir était en retard dans le paiement de son loyer – mais un tableau de Meissonier exposé au Salon pouvait atteindre la somme de 40 000 francs. En décembre, la Société fermait ses portes, sous la présidence de Renoir.

L'année suivante, jamais à court d'idées, il imagina une vente collective d'œuvres de Monet, Sisley et Morisot à l'hôtel Drouot. Les impressionnistes, nouvellement nommés, étaient alors jugés de manière tellement injurieuse à ce moment qu'il y eut des manifestations lorsque les tableaux furent exposés en mars. Renoir vendit vingt tableaux pour une moyenne de 112 francs, certains n'atteignant pas plus de 50 francs. Heureusement, Renoir serait bientôt tiré d'affaire par l'entrée en scène du collectionneur Victor Chocquet, qui lui commanda plusieurs portraits de famille et qui permit à l'artiste de refaire surface financièrement. En 1875, Renoir loua comme atelier, pour cent francs par mois, les dépendances délabrées d'un ancien édifice,

Renoir
Le Déjeuner des canotiers
1881
huile sur toile
130 x 173 cm
Washington, Phillips Collection
On reconnaît dans ce tableau que Renoir peignit durant l'été 1880, à gauche, Aline Charigot, la future compagne et épouse de l'artiste, Alphonse Fournaise, le fils du propriétaire des lieux, l'écrivain, banquier et collectionneur Charles Ephrussi, coiffé d'un chapeau haut de forme, deux modèles du peintre, l'une accoudée à la balustrade et l'autre, Angèle, attablée et portant un verre à ses lèvres, l'actrice Jeanne Samary en conversation avec le peintre Caillebotte, grand ami de Renoir, assis à califourchon sur une chaise à l'avant de la composition, et avec le peintre Lhote. Il s'agit du dernier tableau peuplé d'autant de figures que le peintre réalisa et l'un de ses plus célèbres.

Renoir
Danse à la campagne
1883
huile sur toile
180 x 90 cm
Paris, musée d'Orsay
Entre 1882 et 1883, Renoir réalisa trois tableaux de danseurs pratiquement en grandeur nature. C'est Aline, sa délicieuse épouse, qui lui servit de modèle.

Renoir
Danse à la ville
1882-1883
huile sur toile
180 x 90 cm
Paris, musée d'Orsay
Dans ce tableau à la composition plus soignée, Renoir prit Marie Clémentine (plus connue sous son nom d'artiste Suzanne Valadon) pour modèle. Son vieil ami, le peintre Lhote, posa pour ces deux toiles.

Renoir
Paysage à Guernesey
1883
huile sur toile
46 x 56 cm
Williamstown, Clark Institute of Art
Renoir et sa famille passèrent un mois sur cette île de la Manche durant l'été 1883. Renoir y peignit environ quinze toiles, qu'il travailla comme des esquisses préparatoires à parachever en atelier.

avec jardin, situé rue Cortot. L'été suivant, ses amis Pierre Lamy, Frédéric Cordey et Georges Rivière le rejoignaient et se rendaient dans un lieu populaire, le Moulin de la Galette, une salle de danse et un café situé juste à côté du dernier moulin de Montmartre. Selon Georges Rivière, lui-même et d'autres amis auraient aidé chaque jour l'artiste à installer sa toile et son pinceau dans le jardin de l'établissement; il y passa le reste de l'été à peindre un grand tableau, connu maintenant sous le nom de *Bal au Moulin de la Galette*, l'un des grands chefs-d'œuvre qu'il réalisa durant cet été. Bien qu'il ait certainement travaillé in situ, faisant poser ses amis et connaissances, y compris Rivière, il termina le tableau dans son atelier de la rue Cortot, sur base des esquisses réalisées sur place. Néanmoins, c'est le premier tableau de grandes dimensions dans lequel il déploie sa technique légère, qu'il développait depuis l'été passé en 1869 à La Grenouillère avec Monet. La lumière du soleil tachetée est spécifique à

cette période, de même que la liberté des tons dans les ombres. Le tableau fut montré l'année suivante à la troisième exposition du groupe. Un critique anonyme, sous le pseudonyme de Flor O'Squar, parlait ainsi du tableau de Renoir:

> *Le peintre a très exactement rendu l'ensemble tapageur et légèrement débraillé de cette guinguette... On danse dans le petit jardin maigre qui tient au moulin. Une très grande lumière brutale tombe du ciel à travers les transparences vertes du feuillage, dore les cheveux blonds et les joues roses, met des étincelles aux rubans des petites filles, illumine toute la profondeur du tableau d'une flamme joyeuse dont les ombres mêmes prennent un reflet, et au milieu de laquelle se tord une foule de danseurs dans les attitudes variées d'une chorégraphie perdue. C'est comme un miroitement d'arc-en-ciel...*

Renoir
Portrait d'Aline Charigot
vers 1885
huile sur toile
65 x 54 cm
Philadelphie, Museum of Art

Renoir
Maternité
1885
esquisse à la craie rouge
Strasbourg, musée d'Art moderne
Renoir fit un certain nombre d'esquisses et trois toiles d'Aline et de son premier fils Pierre. L'artiste, qui se plaignait d'être vieux à quarante ans, fut très ému par la naissance de son fils alors qu'il était déjà âgé de quarante-quatre ans.

Renoir
La Vendeuse de pommes
vers 1890
huile sur toile
66 x 54 cm
Cleveland, Museum of Art
Aline, une jeune fille anonyme, et probablement son fils Pierre ont posé pour cette scène campagnarde. Il s'agit de la composition la plus élaborée parmi les trois toiles que Renoir réalisa sur le même thème.

Renoir
Berthe Morisot et sa fille, Julie Manet
1894
pastel sur papier, 59 x 45 cm
Paris, musée du Petit Palais
Dans les dernières années de son existence, Renoir devint l'intime de Berthe Morisot et Degas. Accablée par la mort de son mari Eugène Manet en 1892, Morisot vieillit rapidement. Nous la voyons ici avec sa fille aînée, Julie, âgée de 15 ans. Renoir, en peintre de la jeunesse qu'il est profondément, accorde sans doute inconsciemment une place prééminente à la jeune fille, bien que la toile qu'il en fit par la suite rétablit quelque peu l'équilibre entre les deux personnages.

Le même été, il réalisait *La Balançoire*, également célèbre, peinte dans le jardin de la rue Cortot. Jeanne, une jeune femme du quartier, qui apparaît aussi dans *Le Bal*, posa sur la balançoire. La même lumière tachetée, encore plus intense ici, imprègne le tableau du charme insouciant dont seul Renoir (qui avait copié Watteau dans sa jeunesse pour survivre) était capable. Zola était tellement épris du tableau qu'il s'y référa dans sa nouvelle intitulée *Une Page d'amour* en 1878 :

> *Hélène donna un regard à la richesse du salon, aux rideaux et aux sièges noir et or qui jetaient un éblouissement d'astre. Des fleurs s'épanouissaient sur la cheminée, sur le piano, sur les tables ; et par les glaces des fenêtres, entrait la lumière claire du jardin...*

Vers la fin des années soixante-dix, Renoir s'impliqua de moins en moins dans le groupe des impressionnistes. Après la troisième exposition, il abandonna les autres et misa tous ses espoirs sur le Salon. Charpentier, son nouveau client, lui passa commande de plusieurs portraits et de décors pour sa maison parisienne, et Renoir enregistra un certain succès au Salon de 1879 avec le *Portrait de madame Charpentier et ses enfants*. Marcel Proust décrit longuement le tableau dans *Le Temps retrouvé* et le compare au meilleur des Titien. Les critiques les plus favorables retenaient l'utilisation originale de la couleur brillante. L'exploitation soutenue de ce que l'on appellera sa "palette arc-en-ciel" apparaît sans doute sous sa forme la plus brillante et la plus impressionniste dans *Canotage sur la Seine* (aussi connu comme *La Seine à Asnières*, bien qu'il fût probablement peint à Chatou), réalisé en même temps que le portrait de madame Charpentier. Le tableau est une application au pied de la lettre des principes de Chevreul sur les contrastes simultanés des couleurs; Renoir n'utilisa que sept pigments plus le blanc, les posant sur la toile en taches épaisses et pures, dans le but de provoquer une impression de pure luminosité.

Ironie caractéristique de Renoir, c'est au moment où il produisait de vrais symboles de l'impressionnisme, qu'il remit en question ses capacités. Les raisons financières qui l'obligeaient à peindre de nombreux portraits de société aggravaient sans doute la tension qui pesait sur son propre jugement artistique. Pour ne rien arranger, Renoir et Monet avaient rompu en 1880 avec Degas, qu'ils soupçonnaient de vouloir chapeauter les expositions et de les noyauter avec ses protégés. Un voyage à Alger au printemps 1881 le rassura sur la direction à prendre en tant qu'impressionniste et de retour en France, il peignit à Bougival et à Chatou des

Renoir
Paysage
vers 1895
huile sur toile
46 x 33 cm
collection privée
Renoir essaie ici de manière explicite la technique de Cézanne avec qui il avait peint à l'Estaque en 1882. Cette toile, de par sa vigueur, constitue une exception dans son œuvre.

Renoir
Jeunes filles au piano
1892
huile sur toile
116 x 90 cm
Paris, musée d'Orsay
Artiste officiellement reconnu dans les années 1890, le gouvernement français lui commande une œuvre pour la collection nationale. Celle-ci lui fut payée 4 000 francs.

chefs-d'œuvres tels que *Le Déjeuner des canotiers,* dans lequel il redouble de vigueur. Mais en octobre il écrivait d'Italie à madame Charpentier qu'il s'était soudain transformé en voyageur et qu'il attendait fiévreusement le moment où il découvrirait Raphaël. Renoir s'était rendu en Algérie sur les traces romantiques de Delacroix mais en Italie, il allait rechercher le classicisme formel de Raphaël, qu'il trouvait "admirable de simplicité" et qu'il découvrit dans les grands décorations de la Villa Farnesiana. Il fut aussi impressionné par les anciennes fresques de Pompéi, "riches avec si peu". Peu de temps avant qu'il puisse se réconcilier avec ces nouvelles influences, il écrivait à Durand-Ruel : "Je ne suis pas content, et j'efface, j'efface encore. J'espère que cette manie va finir... Je suis comme les enfants à l'école. La page blanche doit toujours être bien écrite et paf !... un pâté. J'en suis encore aux pâtés - et j'ai quarante ans." De retour en France en janvier 1882, Renoir rejoignait Cézanne à l'Estaque dans le sud de la Fran-

Renoir
Baigneuse (Eurydice)
1895-1900
huile sur toile
116 x 89 cm
Paris, musée Picasso
Ce nu n'est pas quelconque, car il s'agit de la déesse Vénus. Les quatre personnages du fond fournissent le prétexte du sujet. Dans ce tableau, Renoir retourne à son premier style plus doux qu'il avait abandonné dans les portraits officiels.

Renoir
Gabrielle et Jean
1895-1896
huile sur toile
65 x 54 cm
Paris, musée d'Orsay
Jean, le second fils de Renoir, est né en septembre 1894, peu après que Gabrielle, une parente éloignée d'Aline, ne vint vivre sous son toit comme servante pendant près de vingt ans. Alors que Renoir n'utilisa pratiquement que des modèles professionnels, il mit parfois Gabrielle à contribution.

Renoir
La Maison de l'artiste à Essoyes
1906
huile sur toile
31 x 40 cm
Collection privée
Le dernier style de Renoir devient très lâche, ce qui s'explique par les problèmes de vue qu'il connaissait alors et ses crises d'arthrite qui l'obligèrent à se déplacer en chaise roulante.

Renoir
Claude Renoir jouant
1905
huile sur toile
46 x 55 cm
Paris, musée d'Orsay
Renoir aimait représenter les enfants, et les siens en particulier. Son style s'adaptait parfaitement au thème de l'enfance.

Renoir
Portrait de Paul Durand-Ruel
1910
huile sur toile
65 x 54 cm
Collection privée
Il est assez surprenant de constater que Renoir attendit 1910 pour peindre son marchand et ami Durand-Ruel.

Renoir
Portrait de l'artiste au chapeau blanc
1910
huile sur toile
42 x 33 cm
Collection privée
Le peintre âgé de 69 ans.

ce. Les deux artistes réalisèrent des paysages mais Renoir y contracta une pneumonie. Il emprunta à Cézanne sa conception de la nature comme une structure cachée de surfaces et de lignes. La confluence des diverses manières est visible dans l'œuvre de Renoir, en particulier dans *Les Parapluies*, où il tente de réconcilier un style linéaire avec un coup de pinceau impressionniste. Vers 1885, il privilégia le nu féminin comme vecteur de la lumière, de la couleur et de la forme. Il dira à Berthe Morisot que le nu lui semblait une des formes essentielles dans l'art. "Un sein", écrivait-il, "c'est rond, c'est chaud. Si Dieu n'avait créé la gorge de la femme, je ne sais si j'aurais été peintre".

Les compagnons impressionnistes de Renoir et le marchand Durand-Ruel exprimèrent leur désarroi face à ce nouveau style linéaire, mais Renoir persista en peignant plusieurs séries de *Baigneuses*, dont les plus célèbres sont les monumentales *Baigneuses* de 1887. Son intérêt pour les formes féminines prit un nouveau tour lorsque sa maîtresse Aline Charigot mit au monde son fils Pierre, incitant l'artiste à créer sa *Maternité*, inspirée de Raphaël et développant le thème simplifié des *Baigneuses*.

Renoir abandonna sa "manière aigre", comme il la définit lui-même, à la fin des années quatre-vingt. Lors d'un voyage en Espagne en 1892, il trouva son inspiration chez Vélasquez. Il retourna également aux œuvres de Watteau et de Fragonard qu'il avait copiées dans sa jeunesse sur des éventails et redécouvrit les qualités de Corot que les collectionneurs s'arrachaient alors. L'insistance sur la ligne s'atténua, tandis que son intérêt humaniste pour la figure humaine persista par-dessus tout.

En 1902, Renoir et Aline s'installaient dans le sud de la France, où la douceur du climat soulagea son rhumatisme qui l'empêchait de travailler. Il ne pouvait plus peindre dans le détail et le nerf de son œil droit était partiellement atrophié. Handicapé par sa maladie, il entama une série de sculptures représentant aussi des nus féminins. Il dut cependant recourir à l'aide d'un assistant pour les modeler.

Atteinte de boulimie, Aline mourut en 1915 d'une attaque cardiaque causée par un excédent de poids. Renoir mourut le 3 décembre 1919 et fut enterré à ses côtés à Essoyes.

En 1900, il avait été fait Chevalier de la Légion d'honneur et, en 1919, Commandant de la Légion d'honneur, un triomphe pour cet humble "ouvrier de la peinture".

Renoir
Les Baigneuses
vers 1918/1919
huile sur toile
110 x 160 cm
Paris, musée d'Orsay
Avec cette toile, Renoir, souffrant, signe en quelque sorte son testament pictural. Il montre des femmes nues étendues dans un paysage, un de ses sujets de prédilection. Accablé par la maladie, il disposa son chevalet de telle sorte qu'il puisse atteindre chaque partie de la toile. Il dut interrompre son œuvre plusieurs fois à cause de la douleur. Bien que son fils Jean relate que son père considérait cette toile comme le couronnement de son œuvre, synthétisant à travers elle les recherches de toute une vie, certains la considèrent comme la dernière réalisation d'un artiste affaibli, sans imagination, ayant perdu tout sens dramatique.

Sisley. 74

Alfred Sisley

Renoir
Portrait de Sisley
1874
Chicago, Art Institute

Sisley
La Route de Mantes à Choisy-le-Roi
1872
huile sur toile
46 x 55 cm
collection privée

Alfred Sisley était le fils d'un homme d'affaires aisé installé à Paris. Son histoire est marquée par un déclin tragique et un succès tardif.
Par la suite de la faillite de l'entreprise paternelle causée par la guerre franco-prussienne, Sisley et sa famille furent réduits à une misère qui persista jusqu'à la fin de sa vie quand un cancer de la gorge le terrassa à soixante ans.
Le faible engouement que connaissent ses œuvres à l'échelle internationale, s'explique incontestablement par son intérêt exclusif pour une nature banale qu'il traduisit en des paysages peu spectaculaires. S'il s'était davantage intéressé aux effets colorés produits par les éblouissants jeux du soleil ou par les paysages marins, il aurait certainement été admiré bien avant et, à part les collectionneurs et amateurs éclairés qui le reconnurent comme un grand maître, il aurait rencontré un succès plus large. Son œuvre est originale, dramatique et puissante, et ses paysages enneigés en particulier symbolisent la tristesse qui l'a marqué sa vie durant.

Renoir
Sisley et sa femme
1868
huile sur toile
106 x 74 cm
Cologne, Wallraf-Richartz-Museum
On estime généralement qu'il s'agit du couple Sisley, bien qu'il soit possible aussi que Renoir ait pris, sa maîtresse, Lise Tréhot, comme modèle. D'autant que Renoir écrivit à Bazille qu'il avait choisi Lise et Sisley comme modèles d'un tableau qu'il proposa aux époux Charpentier.

La vie et l'œuvre : Alfred Sisley (1839-1899)

Sisley n'eut jamais que la préoccupation de son art, l'orgueil de vaincre la nature en ce combat journalier que livre l'artiste, l'espoir qu'il aurait fixé sur ses toiles un peu de la beauté fugitive des choses éternelles.

Gustave Geffroy

Alfred Sisley est né à Paris le 30 octobre 1839 de parents anglais. Son père, William, gérait une entreprise d'exportation de fleurs artificielles vers l'Afrique du Sud et sa mère, Félicia, était réputée pour l'intérêt qu'elle portait aux arts et à la musique. À l'âge de 18 ans, Alfred est envoyé à Londres pour préparer une carrière commerciale, mais les quatre années qu'il y passa furent surtout consacrées à tout autre chose; il passa une grande part de son temps dans les galeries d'art et les musées, rêvant de devenir artiste. Les œuvres des paysagistes anglais Constable et Turner l'attiraient spécialement, genre dans lequel il se forgera une réputation universelle.

En 1862, Sisley s'en revint pour un temps à Paris et il persuada ses parents de le laisser poursuivre une carrière artistique. En octobre, Sisley entre dans l'atelier Gleyre. Deux mois plus tard, il participe à un dîner donné par Bazille où, parmi les invités, on retrouve Monet

Sisley
Le Canal Saint Martin à Paris
1870
huile sur toile
50 x 65 cm
Paris, musée d'Orsay
Sisley, comme la plupart de ses amis impressionnistes, peignit le ciel et l'eau, deux des éléments les plus difficiles à rendre mais qui leur permettaient de faire évoluer leurs recherches.

Sisley
Le Pont à Argenteuil
1872
huile sur toile
39 x 60 cm
Paris, musée d'Orsay
Sisley travailla à Argenteuil, dont le nom évoque essentiellement Monet qui y peignit plus de 175 toiles.

et Renoir. À Pâques de l'année suivante, les impressionnistes, alors débutants, quittèrent l'atelier de Gleyre et se retrouvèrent pour peindre en plein air à Chailly, en lisière de la forêt de Fontainebleau. Ces expériences le détermineront pour le restant de ses jours à peindre des paysages, mêlant la tradition anglaise du genre avec les nouvelles techniques développées par les jeunes impressionnistes.

En 1866, Sisley expose deux œuvres au Salon. Il avait étroitement travaillé avec Monet, élaborant une palette plus assourdie, plus proche de son tempérament réservé et calme. Peu après le Salon de 1866, il épouse une jeune Parisienne, Marie Lescouezec, avec qui il aura deux enfants, Pierre et Jeanne. Deux ans plus tard, alors que les Sisley habitaient rue de la Paix aux Batignolles, Renoir peignit un double portrait de la famille qui traduit à la fois la classe naturelle du peintre et la dévotion qu'il vouait à sa femme. À la fin des années 1860, il resserre ses liens avec le groupe des Batignolles réuni au Café Guerbois. Comme Bazille, il était un homme sans souci, peignant quand et comme il voulait et refusant de peindre sous la pression, ce qui lui aurait peut-être permis de rencontrer le succès financier. Il ne compta pas parmi les membres fondateurs de la Société anonyme en 1873, sa vie prenant une tournure radicalement différente.

La guerre franco-prussienne de 1870-1871 précipita la faillite totale de William Sisley et

Sisley
La Route de Louveciennes en hiver
1874
huile sur toile
38 x 46,5 cm
Collection privée
Tout comme Pissarro et Monet, Sisley aimait représenter des paysages hivernaux. Son style est d'ailleurs assez proche de celui de Pissarro et de Guillaumin mais empreint d'une plus grande simplicité que celui de Monet.

Sisley
L'Aqueduc à Marly
1874
huile sur toile
54 x 81 cm
Toledo, Museum of Art
L'aqueduc survécut à la destruction du château. Napoléon III le fit même restaurer en 1858.

inaugura une longue et pénible période pour son fils et sa jeune famille. Le père d'Alfred Sisley tomba malade et son affaire sombra. Quand il mourut en 1871, la famille était ruinée. Par chance, Monet et Pissarro, qui avait rencontré le marchand Durand-Ruel à Londres pendant la guerre, lui présentèrent Sisley en 1872 et il fut ainsi assuré de quelques ventes, pas assez toutefois pour retrouver son insouciance d'antan. La production de Sisley durant l'après-guerre s'amplifia fortement dès lors qu'il se mit à peindre les alentours de sa maison située près de Louveciennes.

Sisley exposa cinq peintures à la première exposition impressionniste de 1874. Pour Sisley qui ne recherchait pas le scandale, elles étaient effacées par les toiles aux touches larges de couleurs osées de Monet et les autres peintures "scandaleuses".

L'influence de Monet est évidente dans l'œuvre de Sisley; il commença par user d'un pigment lumineux tout en peignant par taches juxtaposées caractéristiques du travail de Monet, Renoir et Pissarro pendant les années 1870 et du début des années 1880. Un voyage en Angleterre en juillet 1874 donna lieu aux plus colorées des vues de la Tamise et des régates à Hampton Court que l'artiste ait peintes.

Sisley exposera encore avec les impressionnistes en 1876, 1877 et 1882. Entre 1874 et 1877, il vécu à Marly-le-Roi avec sa famille où il réalisa quelques-unes de ses plus belles toiles représentant les inondations régulières en cet endroit. Le critique d'art Georges Rivière, écrivant dans *L'Impressionniste*, qui ne parut malheureusement pas longtemps, disait qu'il découvrait le même goût, la même sensibilité et le même calme dans tous les tableaux du peintre. Les effets de lumière reflétés par les eaux sous un ciel gris et lourd et l'aspect mélancolique du

Sisley
Régates à Moseley
1874
huile sur toile, 66 x 91,5 cm
Paris, musée d'Orsay
Lors d'un voyage en Grande-Bretagne en 1874, Sisley adopta un style proche de celui de Monet à Argenteuil.

Sisley
La Pièce d'eau à Marly
1875
huile sur toile, 49,5 x 65,5 cm
Londres, Tate Gallery
Rapidement exécutée par temps froid, cette œuvre est presque illisible bien qu'elle fût retouchée en atelier quelque temps après.

Sisley
La Route de Versailles
1875
huile sur toile, 47 x 38 cm
Paris, musée d'Orsay
Cette route reliait Versailles à Marly depuis le XVIIe siècle. Elle fut un des thèmes favoris de Pissarro, Renoir et Sisley.

paysage de neige rendent bien compte de l'état dépressif de Sisley à cette époque. Il connaissait des soucis d'argent permanent allégés quelque peu par Durand-Ruel et les protecteurs de Renoir, les riches Charpentier. Le pâtissier Eugène Murer invitait Sisley et sa femme dans son restaurant chaque mercredi en compagnie de Guillaumin, Renoir et le fameux marchand de couleurs, le père Tanguy.

À la fin des années 1870, Sisley était désespéré. En 1879, il renonça à participer aux expositions impressionnistes et tenta une nouvelle fois sa chance au Salon. Il écrit alors à Théodore Duret :

> *Je suis fatigué de végéter comme je le fais depuis si longtemps. Le moment est venu pour moi de prendre une décision. Nos expositions ont servi, il est vrai, à nous faire connaître, et en cela elles nous ont été très utiles, mais il ne faut pas, je crois, s'isoler trop longtemps. Le moment est encore loin où l'on pourra se passer du prestige qui*

Sisley
Le Chemin du vieux ferry à By
1880
huile sur toile, 50 x 65 cm
Londres, Tate Gallery
Sisley essaya de peindre des sujets picturaux plus commerciaux, mais sans succès. Il tenta aussi d'imiter le style de Monet et ses compositions, espérant être payé en retour.

Sisley
La Barque pendant l'inondation à Port-Marly
1876
huile sur toile
60 x 81 cm
Paris, musée d'Orsay
Malgré le sujet dramatique, Sisley confère un caractère paisible et bucolique à la scène. Il conçoit l'eau comme médium esthétique, comme une surface réfléchissant les maisons et le ciel.

Sisley
Printemps à Veneux
1880
huile sur toile,
73 x 90 cm
collection privée
Les toiles de Sisley ne sont pas aussi empreintes d'individualisme que celles des autres impressionnistes.

s'attache aux expositions officielles. Je suis donc résolu à envoyer au Salon. Si je suis reçu, il y a des chances cette année, je crois que je pourrai faire des affaires...

À l'invitation de Pissarro à participer à l'exposition impressionniste, le peintre répondit :

Je pense qu'au milieu des difficultés soulevées par mon envoi au Salon, il serait très convenable pour moi de ne pas prendre part à l'exposition des impressionnistes.

Mais Sisley fut rejeté du Salon et chassé de la maison qu'il occupait avec sa famille depuis 1877 à Sèvres. Ils furent relogés grâce à l'aide

Sisley

des Charpentier et, durant les années 1880, vivant dans les environs de Fontainebleau, la chance sourit peu à peu à l'artiste. Peu enclin à promouvoir sa propre personne, Sisley continua à peindre tranquillement dans sa région. Ses paysages étaient pourtant admirés par ses amis, quelques critiques, ainsi que par un certain nombre de marchands, si bien qu'au début des années 1890, ses œuvres commencèrent à trouver acquéreurs, spécialement sa nouvelle série de tableaux basée sur l'église de Moret, le village où la famille s'était installée. Au milieu des années 1890, alors que les toiles de Monet et de Renoir se vendaient à des prix élevés, Pissarro se plaignait que les siennes et celles de Sisley occupaient toujours le dernier rang parmi les impressionnistes.

En 1897, malgré de terribles rhumatismes contractés au cours des longues séances de création dans des paysages enneigés, il commit quelques-uns de ses plus beaux paysages lors d'un voyage qu'il fit dans le sud de l'Angleterre et au pays de Galles. À son retour à Moret pourtant, un cancer de la gorge avait déjà opéré ses ravages. Un de ses amis dira, en évoquant ses dernières années :

Il était irritable, mécontent, agité.

Sisley
Cour de ferme à Saint-Mammet
1885
huile sur toile
73 x 93 cm
Paris, musée d'Orsay
Le style qu'il adopte ici est plus serré que celui d'autres paysages de la même période, bien qu'il utilise de petites touches nerveuses rendant bien les textures du toit et du sol.

Sisley
Inondation à Moret-sur-Loing
1889
huile sur toile
64,5 x 81 cm
Collection privée
Cette toile est un des rares exemples où l'artiste retourne à son premier style spontané dans lequel les coups de pinceau rendent les mêmes effets que ceux de ses premières toiles.

Sisley
Paysage avec une rivière
1881
huile sur toile
54 x 73 cm
Collection privée
Si les coups de pinceau légers et spontanés ne sont pas caractéristiques de Sisley, ce paysage démontre sa curiosité et son envie d'expérimenter diverses voies expressives.

Sisley
Lady's cove, Langland Bay
1897
huile sur toile
65 x 81 cm
collection privée
Deux ans avant sa mort, le style de Sisley devint hésitant, mêlant des touches brèves avec un rendu plus ample, spécialement dans le ciel.

Sisley
Le Canal de Loing
1892
huile sur toile
73 x 93 cm
Paris, musée d'Orsay
Sisley peignit au moins dix vues du même canal situé non loin de sa demeure à Moret.

Sisley
L'Église de Moret
1893
huile sur toile,
100 x 82 cm
Paris, musée du Petit Palais
Dans cette toile, un écho de la célèbre série des cathédrales peintes par Monet la même année à Rouen, Sisley choisit également la façade médiévale d'un édifice local pour rendre les effets de lumière et d'ombre.

Il saisissait avec une avidité poignante et touchante les marques de sympathie qui lui venaient d'inconnus, de nouveaux venus, et tout aussitôt, il s'éloignait encore avec défiance de ses nouvelles amitiés.
Il devenait tout à fait malheureux et éprouvait d'extrêmes difficultés pour vivre...

Il connut une courte rémission en fin d'année. Une semaine avant sa mort, Sisley demanda à Monet de veiller sur les siens et de se charger de ses affaires. Il mourut le 29 janvier 1899 et fut enterré par une froide journée grise au cimetière de Moret-sur-Loing en présence de quelques amis, dont Renoir et Monet.

Frédéric Bazille

Frédéric Bazille
Autoportrait
1865
Chicago, Art Institute

La guerre franco-prussienne de 1870-1871 priva le tout jeune mouvement impressionniste des talents de Frédéric Bazille. Le rôle de Bazille dans l'histoire de l'impressionnisme se limite à quelques toiles qui furent regardées avec grande attention par ses contemporains. Sans sa générosité et sa bienveillante attention, le début de la carrière de Monet, et de Renoir en particulier, aurait été bien plus pénible qu'il ne l'a été.
Bazille était heureux de pouvoir annoncer à ses parents en 1867, tandis qu'il s'installait dans un nouvel atelier :
"Monet m'est tombé du ciel avec une collection de toiles magnifiques... Avec Renoir, voilà deux peintres besogneux que je loge (...). J'en suis enchanté."
L'ami intime du peintre, Edmond Maître, a pu dire qu'il était le plus doué et le plus aimable dans tous les sens du terme ; ce qu'aucun de ses contemporains ne nia jamais.

Bazille
Les Remparts d'Aigues-Mortes
1867
huile sur toile, 46 x 55 cm
Montpellier, musée Fabre

La vie et l'œuvre : Frédéric Bazille (1841-1870)

Bazille n'a pas cherché comme Monet la palpitation de l'instant visuel ou, comme Cézanne, je ne sais quelle solidité rêvée.... Sa profonde originalité fut de "vivre sa peinture et de peindre sa vie".

François Daulte

Frédéric Bazille est né le 6 décembre 1841 à Montpellier. Il fut tué le 28 novembre 1870 à Beaune-la-Rolande près d'Orléans dans les derniers jours de la guerre franco-prussienne. Renoir se rappelle de lui comme d'un homme bon, au cœur pur, comme l'ami de sa jeunesse.

Monet
Jardin en fleurs
vers 1866
huile sur toile
64 x 54 cm
Paris, musée d'Orsay
Bazille admirait Monet depuis 1866 au moment où l'influence de Corot se fit le plus sentir dans son œuvre.

La mort prématurée de ce jeune artiste plein de promesses fut aussi une grande perte pour les amis qu'il fréquenta dans l'atelier de Gleyre en 1862, Monet et Renoir, qu'il a toujours soutenus dans leurs moments difficiles.

Né dans une famille aisée de grossistes en vin de la région de Montpellier, Frédéric Bazille, à l'instar de Manet et Degas, était appelé à un avenir prometteur. Alfred Bruyas, le grand protecteur et collectionneur de Courbet, encouragea sa vocation d'artiste. Bazille ne suivit pas les désirs paternels, bien qu'il terminât trois années de médecine à Montpellier. En 1862, il s'installe à Paris afin de poursuivre ses études médicales et, dans le même temps, il s'inscrit dans l'atelier de Gleyre. Finalement, la médecine devint accessoire pour lui et il se concentra sur sa carrière d'artiste. Les nouveaux amis qu'il rencontra dans l'atelier du peintre Gleyre se retrouvent dans les lettres qu'il envoie à ses parents. Il y relate le talent de paysagiste de Monet et les précieux conseils que ce dernier lui prodigue. Pour sa part, Bazille rendit de fiers services et aida financièrement Monet et Renoir qui vivaient alors de manière très précaire. La générosité de Bazille était légendaire. Quand Monet se blessa à la jambe en 1865, ce fut Bazille qui, en exploitant ses connaissances médicales, imagina un dispositif pour soulager sa douleur. Il lui prêtait de l'argent et achetait ses peintures en lui versant un acompte, lui trouvait un modèle quand c'était nécessaire. C'est toujours Bazille qui procura un atelier à Renoir et Monet chaque fois qu'ils en ont eu besoin.

Entre 1865 et 1866, Bazille partageait son atelier de la rue de Fürstenberg à Paris avec Monet. Après le pénible été de 1865, Monet, souffrant de sa jambe blessée, en train de peindre son énorme version du *Déjeuner sur l'herbe*, lui demanda d'abandonner ce qu'il faisait et de poser pour lui à Chailly. Cette anecdote nous laisse bien imaginer la grande générosité et l'infinie patience de Bazille envers ses amis. En janvier de l'année suivante, Bazille organisa une extraordinaire réception costumée dans son atelier, pour laquelle il s'était déguisé en uniforme d'officier de cavalerie. Monet, quant à lui, apparut habillé en pêcheur normand. Bazille loua un nouvel appartement, Monet reprenant le loyer du précédent. Bazille écrivit à son frère en février 1866, peu de temps après avoir emménagé à la rue Godot-de-Mauroy, qu'il désirait vivre seul pour quelque temps sans avoir à partager les soucis d'un autre. Cette vie solitaire ne se prolongea néanmoins pas longtemps ; Monet et Renoir finissaient par partager l'atelier de Bazille que ce dernier quittait pour en reprendre un autre en solitaire, etc. L'avant-dernier atelier de la rue de La Condamine servit de décor au portrait de groupe qu'il réalisa de ses amis, dont Monet, Manet et Zola. Bazille était sociable par nature et mondain par sa culture ; ses amis bénéficièrent de ses relations, ainsi que de celles de Manet, dans la bonne société et les milieux artistiques confirmés. Monet et Renoir purent ainsi rencontrer, malgré leur piteux état pécuniaire, les compositeurs Fauré, Saint-Saëns et Chabrier. Son appartenance à la bonne bourgeoisie donnait à Bazille

Bazille
La Terrasse à Méric
1867
huile sur toile, 55,5 x 91,5 cm
Cincinnati, Museum of Art
Cette toile montre l'influence exercée par Monet sur sa manière de rendre les ombres et les lumières.

la possibilité d'accéder aux salons parisiens les plus respectables et il en fit bon usage, tout en continuant à fréquenter le Café Guerbois. C'est en cet endroit que naquit pour la première fois l'idée d'une société d'exposition indépendante, sept ans avant l'exposition impressionniste du boulevard des Capucines, à laquelle Bazille n'eut évidemment pas la chance de participer. Dans une lettre écrite à ses parents en 1867, Bazille évoque l'idée de louer un vaste atelier dans lequel le jeune groupe d'artistes pourrait exposer toutes les œuvres qu'il voudrait, sans dépendre enfin du jury du Salon. Bazille était sûr du succès d'une telle entreprise :

> *Nous inviterons les peintres qui nous plaisent à envoyer des tableaux. Courbet, Corot, Diaz, Daubigny et beaucoup d'autres... Avec ces gens-là et Monet, qui est plus fort qu'eux tous, nous sommes sûrs de réussir. Vous verrez qu'on parlera de nous.*

Aucun de ces premiers adeptes de la peinture de plein air ni le réaliste Courbet ne participeront aux expositions impressionnistes, pas plus que Bazille, bien sûr, décédé quatre ans avant la première manifestation.

La guerre franco-prussienne interrompit les soirées au Café Guerbois. Les protagonistes de l'atelier Gleyre se dispersèrent. Monet et Pissarro fuirent à Londres, Renoir fut mobilisé dans le sud et Bazille rejoignit le régiment des Zouaves, obtenant rapidement le grade de second lieutenant.

Le désarroi de l'armée française fut sensible dès le début des hostilités, tandis les Prussiens avançaient rapidement. Le régiment de Bazille perdait du temps en des déplacements inutiles dans tout le pays.

Bazille
Autoportrait
1865
huile sur toile
109 x 72 cm
Chicago, Art Institute
Bazille exécuta ce portrait prometteur trois ans après avoir ses débuts de peintre. Á son arrivée à Paris en 1862, il rencontra Cézanne et Zola, tous deux originaires comme lui du midi, Sisley, Guillaumin et Monet qu'il admirait.

Bazille
Vue d'un village (Castelnau)
1868
huile sur toile
130 x 89 cm
Montpellier, musée Fabre
Cette peinture, admise au Salon de 1869, est une version améliorée de La Robe rose *de 1864. Élégamment réalisée, la raideur des premières toiles disparaît ici. La jeune fille du premier plan est très présente et attachante. Morisot apprécia beaucoup cette œuvre qu'elle vit pour la première fois au Salon de 1869.*

Bazille
La Réunion de famille
1867
fusain sur papier
Paris, musée d'Orsay
Dans cette étude, Bazille apparaît comme moins bon dessinateur que ne l'était Degas.

Un mois plus tard, le 28 novembre, la compagnie de Bazille reçut l'ordre de marcher sur Beaune-la-Rolande située près d'Orléans. Le biographe François Daulte décrit les derniers moments du jeune homme :

Nous sommes à deux pas de Besançon, errant sans motif, de campements en campements... les petites marches et changements de position inutiles qu'on nous fait faire ennuient beaucoup les hommes et leur enlèvent un peu de leur premier feu... Toujours pluie monotone, froid aux pieds. Je m'ennuie et ne croyais pas souffrir de ce mal-là, en guerre.
La compagnie s'arrête sur la crête d'un mouvement de terrain dominant Beaune. Elle est accueillie par une fusillade nourrie des Prussiens. Les premiers hommes qui courent vers la ville tombent comme des mouches. ...Dans le désarroi général, des femmes et des enfants s'échappent de la ville et courent vers les fermes isolées qui les protègent un peu. Devant le danger qui les menace, Bazille s'élance à son tour, en criant : "Surtout, ne tirez pas sur les femmes et les enfants." Mais deux balles l'atteignent au bras et au ventre. Il s'écroule, face contre terre, à cinquante mètres du château dont Corot avait fait un de ses chefs-d'œuvre.

Six jours plus tard, le père de Bazille déterra le corps enfoui sous la neige et le ramena à Montpellier.

Le peu de temps que dura son activité artistique, Bazille fut au cœur de la naissance du mouvement impressionniste et son œuvre restée en friche témoigne d'un talent remarquable, spécialement dans ses portraits et ses paysages paisibles. Même sa courte carrière au Salon ne

Bazille
La Réunion de famille
1867
huile sur toile
152 x 230 cm
Paris, musée d'Orsay
Bazille changea sa composition : la femme qui se tenait debout dans l'esquisse au fusain est assise sur la toile peinte, l'espace plus profond permet à l'artiste d'intégrer trois personnages à droite de la composition au lieu de deux au préalable. Le chien a disparu et Bazille occupe le premier plan avec un superbe bouquet de fleurs, un chapeau et un parapluie. Les personnages paraissent toutefois quelque peu guindés, comme s'ils posaient pour une photographie bien qu'il ait réussi à rendre avec justesse l'atmosphère d'une réunion familiale bourgeoise, baignée d'ombre et de lumière.

Bazille
L'Atelier de la rue de La Condamine
1870
huile sur toile, 98 x 128,5 cm
Paris, musée d'Orsay
Cette peinture fut achevée peu avant la mort prématurée de l'artiste survenue lors des combats de 1870. Elle vaut plus en tant que document que comme œuvre d'art car nous pouvons y voir son environnement et ses amis les plus proches. On reconnaît Zola s'appuyant sur la rampe de l'escalier en grande conversation avec Renoir, Manet regardant la peinture posée sur le chevalet tandis que Monet se tient derrière lui. Le grand personnage quelque peu disproportionné se tenant aux pieds du chevalet représente Bazille. C'est Manet qui le peignit, exagérant la grandeur de son ami. L'atelier de Bazille était un refuge pour les infortunés Monet et Renoir.

Bazille
Verlaine en troubadour
1868
huile sur toile, 45 x 37,5 cm
Dallas, Museum of Fine Art
Bazille réalise ce portrait pénétrant du poète tourmenté et alcoolique qu'était Verlaine. Bazille le représente assis, le visage éclairé d'une lumière rasante contrastant avec les habits sombres et les couleurs gaies du béret.

fut pas banale. Sa *Réunion de famille*, une toile froide et statique, influencée par la photographie, connut un certain succès au Salon de 1868, et, quand sa *Toilette* fut acceptée en 1870, elle y figurait en bonne place. Il communiqua à ses parents sa joie de voir son œuvre aussi bien exposée, de telle manière qu'elle pût être vue par tout le monde, les nombreux commentaires, tantôt railleurs, tantôt très élogieux, qu'elle provoquait chez les visiteurs. (Le Salon, qui se tenait alors au Palais de l'Industrie, était si vaste que de nombreuses peintures se retrouvaient accrochées en hauteur ; voir son œuvre à hauteur d'yeux constituait un grand avantage comme le découvrit Berthe Morisot.)

Les premiers paysages de Bazille étant perdus, il est impossible d'évaluer objectivement l'apport essentiel de Monet en ce domaine, comme le peintre le laisse sous-entendre dans ses lettres. Quelques vues plus récentes réalisées à Aigues-Mortes sous différents angles et à diverses distances témoignent d'un talent sûr et assez éloigné du travail de Monet. Ses paysages sont marqués par le calme et la sérénité. Bazille ne saisit pas les effets fugaces naturels. Il est en effet peu probable que Bazille ait jamais développé un style dans la veine de l'impressionnisme de Monet, Pissarro ou Sisley. Daulte conclut :

> *Bazille n'a pas cherché comme Monet la palpitation de l'instant visuel ou, comme Cézanne, je ne sais quelle solidité rêvée.... Sa profonde originalité fut de "vivre sa peinture et de peindre sa vie".*

Berthe Morisot

Manet
Berthe Morisot au manchon
vers 1869
huile sur toile, 73,6 x 60 cm
Cleveland, Museum of Art

En 1877, dans *Le Temps*, le clairvoyant critique d'art Paul Mantz considérait Berthe Morisot comme la seule vraie artiste impressionniste. Nonobstant l'œuvre de Monet, Pissarro, Renoir et Sisley, Berthe Morisot était une des grandes figures du style impressionniste, restituant sa vision délicate et précise de son environnement, environnement par ailleurs limité par de sévères restrictions.
Morisot représenta la vie des siens dans leur contexte, sa fille, sa sœur Edma et ses amies, abordant ses sujets avec une vitalité et une originalité qui furent définies par beaucoup de critiques comme l'expression du "charme féminin", mais elle fut très appréciée par ses contemporains pour ce qu'elle était réellement et comme une artiste impressionniste à part entière. Nombre d'histoires de l'impressionnisme relèguent Morisot, avec Mary Cassatt d'ailleurs, en marge du mouvement, considérant son œuvre comme une parure de l'impressionnisme.

Morisot
Intérieur à l'île de Wight
1875
huile sur toile, 27 x 35 cm
Collection privée

Non seulement Berthe Morisot rencontra un certain succès au Salon officiel, mais ses contributions régulières aux expositions du groupe en font une des figures marquantes de l'impressionnisme.

La vie et l'œuvre : Berthe Morisot (1841-1895)

Cette pauvre Madame Morisot, c'est à peine si le public la connaît.
Camille Pissarro à son fils Lucien, 1895

Berthe Morisot et ses sœurs Edma et Yves sont nées dans une famille aisée de hauts fonctionnaires respectables, installée dans le chic faubourg parisien de Passy qui, au XIXe siècle, était un havre de calme à l'écart de l'affairement de la cité en pleine expansion. Elles y bénéficièrent d'une éducation qui seyait à une dame à l'époque et s'initièrent donc à l'art de la conversation, à la musique et au dessin. Dans un tel environnement, les talents des jeunes femmes eurent l'occasion d'éclore au bénéfice de leur âmes mortelles, leurs parents et en définitive au profit de leurs époux.

La bourgeoise de l'époque, modeste et respectable, se devait d'être cultivée, point trop néanmoins, en tant qu'ornement dans une société dominée par les hommes qui apprécient par-dessus tout la grâce, le charme et l'entregent de leurs femmes et de leurs mères.

L'éducation que reçurent Berthe Morisot et ses sœurs était donc classique à cet égard : une gouvernante anglaise, une école privée et bien sûr des cours de dessin donnés par un artiste professionnel digne, dans ce cas Joseph-Benoît Guichard, un suiveur de Ingres et de Delacroix. Le but premier consistait à développer chez les jeunes filles les talents d'honnêtes amateurs et non d'en faire des artistes confirmées. Les dangereux précédents du XIXe siècle effrayaient la bourgeoisie qui ne tenait absolument pas à ce que leurs filles suivent leurs traces. Dans le domaine littéraire par exemple, la prodigieuse et très populaire George Sand scandalisait la bonne société autant à cause de l'indépendance littéraire à laquelle elle aspirait que de la liberté d'esprit qu'elle exprimait en portant des habits masculins. Ses récits, centrés sur le droit des femmes d'élire leurs amours et leur destinée, choquaient ou divertissaient. Quand Berthe

Boucher
Pan et Syrinx
1759
huile sur toile
32,5 x 42 cm
Londres, National Gallery
Boucher fut un des grands maîtres que Morisot copia au Louvre en 1858.

Corot
Mur, Côtes-du-Nord
vers 1855
huile sur toile, 33 x 56 cm
Philadelphie,
Museum of Art
Vers 1855, Morisot rencontra Corot alors déjà assez âgé.

Corot
Limay
1870-1872
huile sur toile, 41 x 66 cm
Los Angeles, Museum of Art

Morisot
Vue de Paris des hauteurs du Trocadéro
1872
huile sur toile, 45 x 81 cm
Santa Barbara, Museum of Art
Ce type de vue est inhabituelle chez Morisot. Elle montre l'influence persistante de Corot. Morisot préfère plutôt les scènes domestiques qu'elle pouvait peindre avec une plus grande aisance.

et Edma commencèrent à s'intéresser à leurs études artistiques au-delà de ce que permettaient les conventions, Guichard prévint immédiatement Madame Morisot des dangereuses inclinations de ses filles en ces termes :

> *Avec des natures comme celles de vos filles, ce ne sont pas des petits talents d'agrément dont mon enseignement les dotera, elles deviendront des peintres. Vous rendez-vous compte de ce que cela veut dire? Dans le milieu de grande bourgeoisie qui est le vôtre, ce sera une révolution, je dirai presque une catastrophe. Êtes-vous bien sûre de ne jamais maudire le jour où l'art, entré dans cette maison si respectablement paisible, sera le seul maître de la destinée de deux de vos enfants?*

Guichard pensa peut-être qu'avant longtemps il verrait les deux jeunes filles habillées en homme, plantées sur le Pont-Neuf, accompagnées de leur seul chevalet.

Heureusement, Madame Morisot fit confiance à son propre jugement et permit à ses filles de développer pleinement leurs talents. Elle et son mari fréquentaient les cercles artistiques parisiens reconnus (dans lesquels, rappelons-le, le dangereux Manet était également admis de par son statut social). Très vite, Berthe et Edma ne se contentèrent plus de ce que pouvait encore leur apprendre leur premier maître et prirent des leçons chez l'illustre Corot qui vint dîner à la maison des Morisot lors d'un passage à Paris. Lors de l'été 1861, les deux sœurs persuadèrent leurs parents de s'installer à Ville-d'Avray de façon à bénéficier des leçons de Corot. Berthe Morisot, suivant l'exemple de Corot qui influença tant de jeunes impressionnistes, devint une adepte de la peinture de plein air et l'une des meilleures représentantes de l'impressionnisme, développant la technique nerveuse et fluide de touches juxtaposées de couleurs éclatantes.

Deux de ses peintures furent acceptées au Salon de 1864, *Les Bords de l'Oise* et *Le Vieux Sentier à Auvers ;* même succès l'année suivante

Bazille
Eva Gonzalès
1870
huile sur toile
191 x 133,5 cm
Londres, National Gallery
Eva Gonzalès fut la seule élève de Manet, Berthe en était jalouse et la considéra comme une rivale potentielle.

Manet
Le Repas (Berthe Morisot)
huile sur toile
74 x 56 cm
Providence, Rhode Island School of Design
Cette toile est quasi une esquisse du maître. La lumière et la touche très vivante contrastent pourtant avec la manière sombre qu'il utilise d'habitude.

avec un paysage et une nature-morte. Ce succès força l'admiration de certains critiques, bien que la plupart qualifiassent son œuvre de "charmante" ou "féminine". Durant les années 1860, Morisot, comme la plupart de ses contemporains, fut une copiste assidue des peintures du Louvre. Elle améliorait sa technique du dessin par le biais des œuvres des grands maîtres du passé. En 1868, elle fut présentée par le peintre Fantin-Latour à "l'infamant" Édouard Manet qui fut immédiatement séduit par son talent et sa beauté. On la retrouve d'ailleurs dans *Le Balcon* que Manet réalisa à l'automne 1868, et Morisot lui rendit la pareille en lui offrant *Le Port de Lorient* qui montre Edma assise à même le sol sous un parasol.

Le fait que Manet peignit Morisot à maintes reprises mais que celle-ci ne le représenta jamais ne constitue pas une marque de désintérêt. Une femme respectable appartenant à la haute société ne pouvait recevoir seule un homme dans son atelier sans provoquer la désapprobation. Il était par contre admis qu'une femme de la bonne société pose chez un artiste. Dans les années 1870, les hommes qui avaient décidé de capturer la "vie moderne" définie par Baudelaire, passaient sans encombre les portes des maisons closes, des cafés mal famés ou des loges de théâtre et se rendaient partout où ils voulaient. Baudelaire, Manet et Degas étaient tous des flâneurs, des promeneurs arpentant un Paris étonnant et plein de vie. Comme l'a démontré récemment l'historienne Griselda Pollock, les femmes du XIXe siècle auraient été incapables de devenir des "peintres de la vie moderne" (tels Manet ou Degas). L'espace dans lequel elles pouvaient travailler était symboliquement limité à quelques endroits clés du royaume de la bourgeoise qu'elles étaient en droit de peindre sans crainte comme la salle à manger, le salon, la chambre à coucher, le jardin d'hiver, les vérandas et les balcons. À l'extérieur, les scènes de parc et la loge privée au théâtre étaient permises aussi longtemps qu'elles montraient des jeunes femmes chaperonnées ; une jeune femme respectable ne pouvait en aucune circonstance être vue seule en public. Une autre artiste habitant Paris, contemporaine de Morisot et de Cassatt, Marie Bashkirtseff, décrit, dans son journal en date de janvier 1879, quelques-unes des nombreuses restrictions dont elle était victime :

Ce que j'envie, c'est la liberté de se promener tout seul, d'aller, de venir,

Degas
Eugène Manet
1874
huile sur toile, 65 x 81 cm
Collection privée
Alors que Morisot posait pour Édouard Manet en 1872, ce dernier suggéra à la jeune femme d'épouser son frère Eugène; ce qu'elle fit deux ans plus tard.

Morisot
Madame Edma Pontillon
1871
pastel sur papier
81 x 64,5 cm
Paris, musée d'Orsay
Cette jeune femme est la sœur de Berthe Morisot. Ce portrait sobre et serein montre bien l'influence de Manet.

Morisot
Jeune Femme près d'une fenêtre
1878
huile sur toile, 76 x 61 cm
Montpellier, musée Fabre
La nervosité et la vivacité du trait caractérisent parfaitement le style de Berthe Morisot.

Morisot
Jour d'été
vers 1879
huile sur toile, 45,5 x 75 cm
Londres, National Gallery
Cette toile fut présentée lors de la cinquième exposition impressionniste de 1880.

de s'asseoir sur les bancs du jardin des Tuileries et surtout du Luxembourg, de s'arrêter aux vitrines artistiques, d'entrer dans les églises, les musées, de se promener le soir dans les vieilles rues ; voilà ce que j'envie et voilà la liberté sans laquelle on ne peut pas devenir un vrai artiste. Vous croyez qu'on profite de ce qu'on voit, quand on est accompagnée ou quand, pour aller au Louvre, il faut attendre sa voiture, sa demoiselle de compagnie ou sa famille? Ah! cré nom d'un chien, c'est alors que je rage d'être femme!

Si ces contraintes s'érodaient au fil du temps, cela ne permit pas à Berthe Morisot de s'en défaire, même si elle le désirait vraiment. Mais, les sujets qu'elle peignit tournent essentiellement autour de la maternité, l'éducation des enfants, le travail domestique, les relations amicales avec d'autres femmes, c'est-à-dire en définitive l'univers d'une bourgeoise avec tous ses rituels. Si la variété des sujets était assez riche, ils n'en demeuraient pas moins des "scènes de genre" condamnées à rester au bas de l'échelle des valeurs artistiques. Morisot, Cassatt et Marie Bracquemond (qui à l'instar de Cassatt exposa avec les impressionnistes en 1879) commencent à peindre des scènes de leur vie quotidienne dans un style différent, proche des thèses de Baudelaire sur la "peinture de la vie moderne", et rompent avec les représentations des femmes et des enfants généralement traitées jusque-là comme des portraits documentaires ou transformées en symboles mythiques ou religieux, madones ou chérubins. Bien que Morisot ne transgresse pas les normes sociales du temps, qui sont les siennes également, elle évoque sa vie au travers d'un vocabulaire personnel.

Le problème des critiques artistiques de son époque demeurait qu'elle fût une artiste douée

Tissot
Les Vacances
vers 1876
huile sur toile, 76 x 99,5 cm
Londres, Tate Gallery
Contrairement aux autres impressionnistes, Tissot attache de l'importance au rendu des détails et à la précision du trait.

Morisot
Eugène Manet et sa fille Julie dans le jardin de Bougival
1881
huile sur toile, 73 x 92 cm
Collection privée
L'historien de l'art, banquier et collectionneur Charles Ephrussi disait des toiles de Morisot qu'elles étaient presque illisibles.

Morisot
Dans le jardin de Maurecourt
1884
huile sur toile, 54 x 65 cm
Toledo, Museum of Art
Morisot affectionnait tout particulièrement les scènes de jardin.

Morisot
Copie d'Apollon et Latone d'après Boucher
vers 1892
huile sur toile, 63,5 x 79 cm
Collection privée
Vers 1885, Morisot fit de nombreux nus et étudia les nus anciens, suivant en cela l'exemple de Renoir.

en même temps qu'une femme. Les deux termes étaient à l'évidence difficilement conciliables : il n'y avait pas de tradition (du moins acceptable par des hommes) de femmes artistes et comme tous les critiques et les jurés étaient des hommes, sa peinture donnait lieu à une approbation basée erronément sur ses qualités de fraîcheur, délicatesse, sensibilité ou de féminité, ou simplement considérée comme une trahison totale, à l'instar de ce que Joris-Karl Huysmans appelait "hystérie". De manière exemplaire, le critique Albert Wolff, ennemi juré des impressionnistes, éprouve des difficultés à accommoder Morisot, en tant que femme, avec son incontestable talent de peintre. Dans sa dénonciation au vitriol de la deuxième exposition impressionniste de 1876, il écrit :

> *Il y a aussi une femme dans le groupe, comme dans toutes les bandes fameuses : elle s'appelle Berthe Morisot et est curieuse à observer. Chez elle, la grâce féminine se maintient au niveau des débordements d'un esprit en délire.*

Bien qu'il éconduise Morisot en deux phrases, il se centre sur un problème d'histoire de l'art et de critique qui persiste encore à notre époque.

Au-delà de tout, Berthe Morisot apporta une dimension sociale et fut une source d'inspiration originale pour les impressionnistes. Morisot était vraiment au centre du mouvement par sa participation régulière aux expositions du groupe, aimée et respectée par Manet (son frère Eugène épousa Berthe), Degas, Renoir, Monet, Pissarro, Whistler et le poète Mallarmé (qui devint le tuteur de leur seul enfant, Julie, après la mort de l'artiste), mais elle ne put y jouer un autre rôle que celui que lui destinait la société, même s'il s'agissait d'un rassemblement d'artistes révolutionnaires. Elle ne put se joindre à leurs

Morisot
Autoportrait
1885
pastel sur papier
37 x 30 cm
Chicago, Art Institute
Mis à part les touches nerveuses, ce portrait est fort influencé par Manet, qui mourut deux ans auparavant.

Morisot
Fillette à la poupée
1886
huile sur toile, 97 x 58 cm
Collection privée
Cette jeune fille est probablement Julie Manet, sa fille, née en 1878. Morisot aimait peindre et dessiner des enfants, même si ceux-ci étaient parfois impatients.

Morisot
Fillette au panier
1891
pastel sur papier
56 x 39 cm
Paris, musée Marmottan
Morisot aimait saisir les enfants dans des attitudes naturelles.

discussions qui se tenaient dans les cafés, et ce n'est pas un effet du hasard si on ne la retrouve pas parmi ses contemporains dans les portraits du groupe des Batignolles réalisés par Bazille ou Fantin-Latour, groupe dans lequel elle jouait pourtant un rôle primordial.

Ce n'est que depuis une vingtaine d'années qu'un débat critique s'est fait jour qui permet enfin de traiter sa peinture, et celle de ses contemporaines, comme un produit de la pensée élaboré dans un environnement particulier par des créatrices à part entière et non plus uniquement par des femmes; ce qui a ouvert la voie à une nouvelle manière de considérer l'œuvre de Berthe Morisot. L'historienne Griselda Pollock, par exemple, a analysé la manière dont Morisot conçoit l'espace et les relations entre les figures de femmes en dehors du salon ou sous les balcons.

En 1896, à l'occasion du premier anniversaire de la mort de l'artiste, Durand-Ruel organisa une rétrospective de son œuvre qui vit Monet, Degas, Renoir et Mallarmé se battre pour accrocher telle ou telle toile. Chacun d'entre eux pensant qu'il la connaissait le mieux, exactement comme Édouard Manet, vingt ans plus tôt, croyait savoir mieux qu'elle ce qui était préférable pour le portrait que Morisot fit de sa mère et de sa sœur.

Morisot ayant été le voir dans son atelier relate le dialogue :

> *J'irai demain après mon envoi (au Salon) voir votre tableau, et fiez-vous à moi, je vous dirai ce qu'il faut faire. Le lendemain, il arrive vers une heure, il trouve cela très bien, moins le bas de la robe ; il prend les pinceaux, y met quelques accents qui font très bien, ma mère s'extasie. Voilà où commencent mes malheurs : une fois en train, rien ne peut l'arrêter, il passe du jupon au corsage, du corsage à la tête, de la tête au fond. Il fait mille plaisanteries, rit comme un fou, me donne la palette, la reprend, enfin à cinq heures du soir, nous avions fait la plus jolie caricature qu'il puisse se voir. On attendait pour l'emporter ; bon gré, mal gré, il me le fait mettre sur le brancard et je reste confondue. Mon seul*

Morisot
Lucie Léon au piano
1892
huile sur toile, 65 x 80 cm
Collection privée
Le motif du papier peint met en valeur l'aspect morose de la pâle jeune fille.

espoir est d'être refusée, ma mère trouve l'aventure drôle, moi je la trouve navrante.

Dans son journal, la fille de Berthe Morisot, Julie, évoque la rétrospective posthume consacrée à l'œuvre de sa mère en décrivant l'étonnement des visiteurs devant une production aussi importante en nombre et en qualité.

Pissarro en dit pour sa part :

Cette pauvre Madame Morisot, c'est à peine si le public la connaît.

Mary Cassatt

Mary Cassatt
Autoportrait
vers 1895
New York, Metropolitan
Museum of Art

Mary Cassatt passa une grande partie de sa vie en France et, avec Whistler et Sargent, elle fait partie du célèbre triumvirat des peintres américains expatriés ayant choisi de travailler en Europe. Les premières peintures de Cassatt évoquent des fins d'après-midi ponctuées d'une tasse de thé, des conversations aimables, l'admiration silencieuse des maîtres anciens dans les couloirs du Louvre (Degas reprend Mary Cassatt dans une de ses gravures inspirées par le grand musée parisien) et l'excitation des soirées théâtrales. Ces peintures offrent un point de vue intéressant sur les restrictions et les rituels de la vraie bourgeoise de la fin du XIXe siècle. D'autres tableaux montrent des femmes au travail, sa sœur Lydia travaillant à une tapisserie, Lydia tricotant au jardin, une femme donnant le bain à sa fille, toutes des images qui nous apprennent beaucoup sur l'intérêt réel que portait Mary Cassatt à l'évocation de la vie moderne d'une femme, comme, par exemple, l'éternelle *Tasse de thé*.

Cassatt
La partie de canot
1893-1894
huile sur toile
95 x 117 cm
Washington, National
Gallery of Art

La vie et l'œuvre : Mary Cassatt (1844-1925)

Je n'admets pas qu'une femme dessine aussi bien.

Edgar Degas

Mary Cassatt est née à Pittsburgh en Pennsylvanie le 22 mai 1844. À l'âge de dix ans, sa famille s'installe à Paris sous les conseils du docteur qui pensait que leur second fils, Robbie, pourrait trouver en Europe une réponse à sa maladie. Un an plus tard, ils quittent Paris pour l'Allemagne où le fils aîné poursuit des études d'ingénieur. L'Europe ne réussit pas à Robbie qui mourut très rapidement, poussant les Cassatt à retourner dans leur pays d'origine. Mary Cassatt poursuivit des études artistiques à l'Académie des beaux-arts de Pennsylvanie où l'enseignement reflétait la culture classique dominante en France également et qui poussait les professeurs à soumettre leurs élèves à de longs exercices de copies de plâtres d'après l'antique ayant déjà servi à des générations d'artistes.

Cassatt
La Lecture
1868
huile sur toile, 60,5 x 73,5 cm
Paris, musée d'Orsay
Cassatt choisit comme émules les plus traditionnels artistes du groupe des impressionnistes, ceux qui en fait avaient un style réellement impressionniste.

Deux ans plus tard, et malgré les craintes de son père qui disait qu'il préférerait qu'elle meure plutôt que de la voir devenir artiste, Cassatt retourna à Paris et commença à étudier chez Gérôme et Chaplin. Sa première toile *Le Joueur de mandoline* est acceptée au Salon en 1868, mais elle revient à Pittsburgh durant la guerre franco-prussienne et les événements de la Commune qui dévastèrent Paris.

En 1872, elle entreprend un voyage d'étude en Europe et copie les œuvres de Corrège et Parmigianino; elle passe ensuite par l'Espagne, la Belgique et les Pays-Bas, avant de se réinstaller durablement à Paris. *Le Portrait de Madame Cortier*, exposé au Salon de 1874 attira l'attention de Degas qui la sentit proche de sa sensibilité. Sa rencontre avec l'œuvre de Degas fut un événement crucial dans sa vie. Elle admira pour la première fois ses pastels à travers la devanture d'un marchand au boulevard Haussmann, s'imprégnant totalement de ces images. Ce n'est qu'à ce moment qu'elle entrevit les possibilités de la création artistique comme elle l'entendait.

De son côté Degas disait qu'elle pensait comme lui.

En 1877, les parents de Cassatt et sa sœur Lydia, qui posa souvent pour ses tableaux, s'installent définitivement à Paris.

En tant que protégée de Degas, Mary Cassatt participa régulièrement aux expositions impressionnistes. Elle exposa en 1879, 1880, 1881 et 1886. Ses liens intimes avec Degas expliquent

Degas
Estelle Musson
1872
huile sur toile
94,5 x 129,5 cm
Collection privée
Cette scène domestique est fort proche de la simplicité sereine des scènes intimes de Cassatt. Ici pourtant, le bouquet de fleurs aux couleurs éclatantes éclipse quelque peu la jeune femme.

Cassatt
Lydia
vers 1878
huile sur toile
81,5 x 65 cm
Collection privée
Cassat trouva la plupart de ses modèles parmi ses proches. Elle a représenté ici sa sœur Lydia.

Cassatt
La Tasse de thé
1880
huile sur toile, 64,5 x 92,5 cm
Boston, Museum of Fine Arts
Lydia Cassatt pose avec sa tasse de thé. Il s'agit d'une scène classique de Mary Cassatt.

son absence lors de l'avant-dernière exposition très controversée à laquelle participèrent Monet, Renoir et Sisley qui refusèrent d'exposer avec Degas et ses suiveurs. Malgré l'influence de ce dernier, l'œuvre de Cassatt reste originale et individuelle comme l'était son caractère. La première période est marquée par des compositions aérées, dont les sujets étaient inspirés du thème de la vie domestique cher à Berthe Morisot. Et, comme nous l'avons vu avec Morisot, Cassatt ne pouvait peindre certaines choses sans enfreindre les limites des conventions. Elle fut limitée dans le choix des sujets à son environnement immédiat mais non dans la manière de les traduire. Dans *Jeune Fille dans un fauteuil bleu* de 1878, Cassatt représente une enfant installée confortablement, et même si Degas a sans doute participé à la peinture, particulièrement dans l'arrière-plan, le tableau évoque la manière étonnante avec laquelle un enfant regarde le

Degas
Mary Cassatt au Louvre
1880
gravure, aquatinte et pointe sèche
26,7 x 24,5 cm
Paris, musée du Louvre
Degas soutint Mary Cassatt et l'invita à participer à la première exposition impressionniste.

Cassatt
Femme et enfant conduisant
1881
huile sur toile
89,5 x 131 cm
Philadelphie, Museum of Art
La toile n'est pas plus impressionniste dans le style que la plupart des peintures de Degas, en particulier à l'arrière-plan dans lequel la lumière ne joue qu'un rôle minime.

monde. La distorsion de l'espace à l'avant et la perspective plongeante à l'arrière de la pièce où se trouve le solide fauteuil montrent une artiste qui a assimilé ses connaissances de l'art classique et donne une vision très personnelle du monde, adoptant tout à tour le point de vue de l'enfant et de l'adulte. *La Tasse de thé* est l'une des plus célèbres toiles de Cassatt montrée à la cinquième exposition impressionniste de 1880. Celle-ci, ainsi que *La Mère de l'artiste et sa sœur*, fournissent une vision pénétrante d'un sujet conventionnel, lourd de significations implicites, qui constitue un des grands rituels de la bourgeoise de cette époque. Le sentiment du temps qui passe avec une langueur atroce est aussi tangible que l'atmosphère oppressante dans les pièces dans lesquelles il s'écoule. Dans les années 1880, Cassatt se détache d'un style qui ne fut jamais aussi délié et impressionniste que celui de Berthe Morisot, restant davantage fidèle à l'exemple de Degas et Manet. Elle fut d'autre part fort influencée par l'art japonais, particulièrement dans les estampes en couleurs qu'elle réalisa, et dans lesquelles elle tente de réconcilier la ligne et la couleur avec des résultats inégalés.

Bien qu'elle rejoignît le groupe des impressionnistes au moment où il commençait à se disloquer, Cassatt fut très respectée et fit beaucoup pour entretenir le sentiment d'un but commun à tous, travaillant par exemple avec Pissarro et Degas entre 1879 et 1880 à l'infortuné journal imprimé *Le Jour et la Nuit*.

Sur le plan commercial, Cassatt fut très importante, car elle introduisit l'impressionnisme aux États-Unis par l'intermédiaire de son frère Alexandre et en informa les grands collectionneurs Louisine et Henry Osborne Havemeyer. Mary Cassatt était une amie d'enfance de Loui-

Sargent
Étude pour le portrait de madame Gautreau
vers 1884
huile sur toile
206, 5 x 108 cm
Londres, Tate Gallery
Le peintre américain Sargent, qui comme Cassatt vivait à Paris, fut obligé de quitter la Ville Lumière pour Londres après que madame Gautreau eut dénoncé le portrait à l'huile qu'il fit d'elle.

Cassatt
La Loge
1882
huile sur toile, 80 x 64 cm
Washington, National Gallery of Art
Cette composition, une variante du thème traité par Renoir, Degas, Gonzalès et bien d'autres encore, met en scène deux jeunes femmes attendant impatiemment l'entracte.

sine et elle lui était reconnaissante d'avoir mis, dès les années 1880, des sommes conséquentes à la disposition des impressionnistes en France, assurant un revenu aux États-Unis grâce à la constitution d'une formidable collection de toiles impressionnistes françaises. La collection Havemeyer se trouve de nos jours au Metropolitan Museum de New York.

En 1892, l'année où elle acheta le Château Beaufresne, Cassatt fut chargée par Berthe Honoré Palmier de réaliser une peinture murale sur le thème de la femme moderne pour le "Women's Building of the World Columbian Exhibition" à Chicago. L'influence de Cassatt aux États-Unis où elle ne retourna que deux fois, en 1898 et 1908, devint considérable, via des protecteurs comme les Havemeyer et ses contacts avec les jeunes artistes américains qui venaient en nombre étudier à Paris. Le projet pour la *Femme moderne* est perdu mais des photographies démontrent à suffisance qu'il devait s'agir d'une œuvre majeure, abordant une nouvelle manière de considérer la dignité du travail des femmes et confirmant la position importante qu'occupe Cassatt dans le monde artistique.

Bien qu'elle soit en fait une citoyenne française en regard du temps qu'elle passa en France – elle reçut même la Légion d'honneur en 1904 – Cassatt soutenait qu'elle était Américaine. Dans ses dernières années, souffrant de cécité, de plus en plus en dehors du monde et privée de ses amis impressionnistes, elle devint ce qu'un visiteur de Beaufresne décrivit comme une femme seule, vitupérante, toujours animée par une force intérieure et une forte personnalité, capable de proférer dans un souffle des blasphèmes avec violence et de se lancer dans un procès pour défendre la jeune génération d'étudiants américains...

Elle mourut le 14 juin 1926, la même année que Monet, amère et solitaire.

Cassatt
Madame Cassatt lisant
vers 1883
huile sur toile, 101,5 x 81,5 cm
Collection privée
Cassatt rend sans affectation aucune l'atmosphère de la maison parentale. Les nuances y sont exprimées avec une grande sensibilité.

Crédits photo: Amsterdam, Gemeentemuseum: 169 • **Amsterdam**, Rijksmuseum: 8, 27 • **Baltimore**, Walters Art Gallery: 26, 58, 166 • **Berlin**, Staatliche Museen: 166 • **Boston**, Museum of Fine Arts: 44, 107, 153, 174, 176, 212, 280 • **Cambridge**, Fitzwilliam Museum: 224 • **Cambridge**, (Mass.)Fogg Museum of Art: 203, 224 • **Cardiff**, National Museum of Wales: 162 • **Chicago**, Art Institute: 9, 15, 30, 39, 43, 52, 53, 77, 88, 98, 108, 116, 138, 143, 147, 159, 186, 199, 210, 211 , 243, 255, 258, 273 • **Cincinnati**, Museum of Art: 22 , 257 • **Cleveland**, Museum of Art: 13, 62, 235 • **Collections privées:** 6, 24, 28, 29 , 29 , 29 , 45/Bridgeman Art Library, 51, 52 , 73, 86 , 78 , 80 , 83, 86, 91, 92, 103, 104, 114, 115/Giraudon, 117, 128, 122, 132, 133, 138, 146, 154, 163, 167, 170, 174, 175, 183, 185, 191, 192, 194, 199, 211, 213, 214 , 215, 216, 217 , 217, 218, 221, 240, 240, 242, 246, 249, 251, 253, 264/Giraudon, 269, 271 /Giraudon, 272, 275, 279, 283 • **Cologne**, Wallraf-Richartz-Museum: 244 • **Copenhague**, Ny Carlsberg Glyptotek: 149 • **Dallas**, Museum of Fine Art: 263 • **Dijon**, musée des Beaux-Arts: 148 • **Édimbourg**, National Gallery of Scotland: 140 • **Egham**, Royal Holloway College: 23/Bridgeman Art Library • **Essen**, Folkwang Museum: 221 /Bridgeman Art Library **Florence**, musée des Offices: 68/Visual Arts Library • **Fort Worth**, Kimbell Museum of Art: 108, 167 • **Gênes**, Palazzo Rosso: 66 /Visual Arts Library **Glasgow**, Art Gallery: 111, 183 • **Hambourg**, Kunsthalle: 163 /Bridgeman Art Library • **Hartford**, Wadsworth Atheneum: 205 • **Kansas City**, Nelson Atkins Museum of Art: 101• **La Haye**, Gemeentemuseum: 72 • **Londres**, Christie's: 35, 44 , 54, 55 , 117, 127, 197, 198, 237, 239, 250, 273 • **Londres**, Courtauld Institute Galleries: 169, 223 • **Londres**, courtesy of the Noortman Gallery: 6, 196 • **Londres**, National Gallery: 20, 22, 27, 34, 85, 94, 96, 98, 125, 129, 137, 145, 152, 165, 173, 185, 204, 209, 208, 227, 228, 230, 247, 266, 268, 270 • **Londres**, Tate Gallery: 95, 184, 209, 214, 248, 271, 282 • **Londres**, Victoria and Albert Museum: 29, 67, 151 • **Los Angeles**, Museum of Art: 64, 203 , 267 • **Lyon**, musée des Beaux-Arts: 181• **Madrid**, Prado: 75 /Visual Arts Library • **Mannheim**, Kunsthalle: 75 /Giraudon • **Minneapolis**, Institute of Arts: 230 • **Montargis**, Musée Girodet, 38• **Montpellier**, musée Fabre: 254/Giraudon, 259/Giraudon, 270 • **Moscou**, musée Pouchkine: 70/Edimedia, 227 • **Munich**, Neue Pinakothek: 119 • **Nancy**, musée des Beaux-Arts: 168 • **New York**, Frick Collection: 26, 156 • **New York**, Metropolitan Museum of Art: 12, 41, 46, 48, 72 /Edimedia, 82, 94 , 161, 162, 202, 229, 277 • **New York**, Museum of Modern Art: 129 • **Oberlin College**, Allen Memorial Art Museum: 76 • **Omaha**, Joslyn Museum of Art: 141• **Oslo**, Nationalmuseum: 76 • **Oxford**, Ashmolean Museum: 21 • **Paris**, Bibliothèque nationale: 57 /Visual Arts Library, 61/Visual Arts Library, 74 /Visual Arts Library • **Paris**, musée du Louvre: 19 , 25/Giraudon/Bridgeman Art Library, 39 /Edimedia, 42, 47/Edimedia, 55 /Edimedia, 59, 65, 65, 109, 139/Giraudon, 168 , 281 • **Paris**, musée Carnavalet: 88/Visual Arts Library • **Paris**, musée d'Art Moderne de la Ville: 36/Edimedia • **Paris**, musée d'Orsay: 10, 11, 32/Giraudon, 33, 37/Giraudon, 40, 41 , 42 /Edimedia, 49, 56, 57 /Giraudon, 59, 60, 63, 63, 69, 71, 79, 80 , 84, 89, 97/Edimedia, 100 /Giraudon, 102 , 105 , 105 , 106 , 109 /Visual Arts Library, 110, 112, 112, 123, 126, 130, 131, 134, 134, 135, 136, 136, 138, 142, 148, 154, 155, 157/Giraudon, 158, 164, 167, 168, 171, 177, 179 /Giraudon, 180, 181, 182, 187, 190, 195, 200, 200, 201, 204, 206, 206, 220, 225, 226, 232, 237, 238, 239, 241, 244, 245, 247, 248, 249 , 251, 252, 256, 260/Giraudon, 261/Edimedia, 262/Giraudon, 269 /Giraudon, 278 • **Paris**, musée Marmottan: 90, 102, 107, 207, 207, 212 milieu, 274 • **Paris**, musée Picasso: 182 , 238 • **Paris**, musée du Petit Palais: 30, 116, 209, 236, 252 • **Pasadena**, Norton Simon Foundation: 78, 188 • **Pau**, musée des Beaux-Arts: 178/Giraudon • **Philadelphie**, Museum of Art: 31, 96, 101, 152, 158, 179, 189, 234, 266, 281 • **Providence**, Rhode Island School of Design Art Gallery: 87, 268 /Giraudon • **Saint-Petersbourg**, Ermitage: 106 /Edimedia, 144 • **Santa Barbara**, Museum of Art: 267 • **Stockholm**, Nationalmuseum: 82, 193 • **Strasbourg**, musée d'Art Moderne: 234 • **Toledo**, Museum of Art: 100, 144, 246, 272 • **Tournai**, musée des Beaux-Arts: 95, 113/Edimedia • **Washington**, National Gallery of Art: 43, 81, 99, 99, 151, 156, 164, 210, 212, 277/Edimedia, 282 • **Washington**, Phillips Collection: 150, 172, 231 • **Williamstown**, Clark Institute of Art: 11, 213, 219, 233 • **Winterthur**, Oscar Reinhart Foundation: 222 • **New Haven**, Yale University Art Gallery: 150.